JN485692

도시 경영의 옷 입다

우동기 禹東琪

1952년 경북 의성군 안계면 교촌리에서 태어나다. 대구고등학교, 영남대학교 행정학사, 태국AIT 과학석사, 대구가톨릭대학교 신학석사, 일본 쯔쿠바대학교(筑波大学), 사회공학연구과 학술박사, 미국 볼 주립대학교(Ball State University)에서 명예 인문학 박사학위를 받았다. 현재는 2019년에 대구가톨릭대학교의 박사과정에 입학하여 신학을 공부하고 있는 학생이다.

주요경력으로는 1979년 국토개발연구원의 연구원을 시작으로 서울시정개발연구원의 연구부장, 영남대학교 행정학과 교수, 같은 학교의 제12대 총장, 미국 뉴욕알바니 주립대학교(State University of New York, Albany), 스탠포드대학교(Stanford University), 영국 옥스포드대학교(University of Oxford)의 방문학자, 제 8, 9대 대구광역시 교육감의 길을 걸어왔다. 현재는 2·28 민주운동기념사업회 회장과 대구가톨릭대학교 총장을 맡아 지역사회에 봉사하고 있다. 그동안 도시경영론, 협상론, 위기관리론 분야의 연구와 강의를 대학에 도입하였다.

많은 논문과 칼럼, 연구보고서 등이 있으며 「성공전략 협상」, 「교육수도 대구」, 「사람·미래」, 「소명·열정」, 「협상 주고받기」, 「위기관리론」, 「위기발생과 대응」, 「행복플러스 교육」 등의 저서가 있다.

도시 경영의 옷 입다

초판 발행 2021년 3월 10일
지은이 우동기
펴낸곳 영남대학교출판부
펴낸이 최외출
출판등록 1975년 9월 5일 경산 제16–1호
주소 경북 경산시 대동 214–1
전화 053) 810–1801~3
팩스 053) 810–4722
홈페이지 book.yu.ac.kr

ISBN 978-89-7581-833-2 03356

값은 표지 뒷면에 있습니다.
잘못 만들어진 책은 바꾸어 드립니다.

도시 경영의 옷 입다

URBAN MANAGEMENT

우동기 지음

영남대학교출판부

머리말

4차 산업혁명 시대로 접어들면서 오늘날의 우리 사회는 여러 가지 복잡한 요인들에 의해 급속히 변화하고 있다. 또한, 국가는 분권화와 자치화에 의한 행정환경의 변화라는 급격한 전환기를 맞이하고 있다.

총량적 경제 합리주의에 기반을 둔 고도 경제성장 정책은 그동안 국가 발전에 괄목할 만한 파급효과를 가져다 주었다. 그러나 이러한 중앙집권적, 공급자 중심의 행정은 급변하는 국내외적 정치, 경제, 환경의 변화와 행정수요에 대한 시민의 요구를 적극적으로 수용하는 데 한계를 보여 왔다. 그리고 공공지출의 팽창주의 관리체제로는 분권화 시대의 증가되는 주민의 욕구를 적절히 수용하기에 한계가 있는 것도 사실이다.

도시정부는 이제 지방화 시대의 정착과 함께 재정압박을 경감시키면서 동시에 도시문제를 적극적으로 해결하고 더불어 양질의 복지서비스를 공급할 수 있는 새로운 차원의 개념체계 도입을 필요로 하고 있다.

도시경영이란 '도시정부를 하나의 경영체로 생각하고 최소의 시민부담으로 최대의 복지효과를 달성하도록 도시를 개발하고 운영하는 것' 이라고 정의할 수 있다. 그 핵심에 바로 단체장인 CEO가 있다. 단체장이 도시경영에 대한 어떤 개념과 인식을 가지고 있느냐에 따라 임기 4년 뒤 도시는 엄청난 변화와 발전을 이룰 수도 있고 그렇지 않을 수도 있다.

저자는 1985년 일본 정부 장학생으로 초청받아 쯔쿠바대학 사회공학 연구과 도시경영연구실의 박사과정 학생이 되었다. 도시행정이란 어휘에 익숙해져 있던 나에게 도시문제의 사회공학적, 도시경영적 접근은 학문적 충격 그 자체였다.

1990년 모교인 영남대학교 행정학과 교수로 부임하여 1992년 봄학기에 처음으로 행정대학원에 「협상론」, 「위기관리론」과 함께 「도시경영론」 강좌를 논란 끝에 개설하였다. 1993년, 서울시정개발연구원(현재는 서울연구원)이 설립되어 도시경영 연구부장으로 2년간 연구활동을 할 수 있는 기회를 가지게 되었다. 공공조직 명칭에 도시경영이란 어휘가 처음 도입된 경우였다.

이 책은 벌써 출판되었어야 했다. 1992년부터 사용한 강의 노트와 여러 학술지에 발표한 30여 편의 글들을 모으고 정리하여 출판하기 위해 자료 수집과 보완을 계속하여 왔다.

그러나 대학총장, 교육감 등 외도에 가까운 긴 시간은 연구활동을 제대로 할 수 있는 정신적, 물리적 여유를 주지 않았다. 그 동안 학계에서는 도시경영 관련 연구활동이 매우 활발하게 이루어졌으며 많은 교재도 출판되었다.

공직에서 퇴직을 하고 책장 한 켠에 밀쳐 두었던 원고를 꺼내어 마음 한구석에 숙제로 남아있던 「도시경영론」 출판을 서둘렀다. 그러나 반듯한 전문서를 출판하겠다는 나의 생각은 욕심일 뿐, 많은 한계가 있음을 깨달았다. 학술서가 아니라 도시정부의 CEO를 비롯한 정책가, 그리고 지역사회 지도자들의 사고와 발상의 전환에 조금이라도 도움을 줄 수 있는 책을 출판하기로 마음을 바꾸었다.

읽기 쉽고 이해가 빠른 책으로 편집을 하였다. 책이름도 「도시, 경영의 옷을 입다」로 바꾸고, 각주도 없앴으며, 장별 참고문헌을 일러두기에 명시하였다. 저자 능력의 한계로 독자들에게는 만족스러운 책이 아닐 수 있을 것이라고 생각하니 안타까운 마음이다. 독자 여러분에게 이해를 구한다.

1985년부터 시작된 나의 도시경영 관련 연구활동을 「도시, 경영의 옷을 입다」의 출판으로 마무리하고자 한다. 국토연구원, 서울연구원, 영남대학교 교수, 총장, 대구광역시 교육감의 공적활동을 하는 동안 나만을 위해 헌신해 준 사랑하는 아내 프란체스카(綸泉 李銀淑), 두 아들 주헌(周憲) 프란치스코, 주한(周翰) 가브리엘에게 감사한 마음뿐이다. 특히 프란체스카는 지루한 교정을 아주 꼼꼼하게 챙겨주었다. 국문학을 전공한 도움을 많이 받았다. 장성호 선생님은 마지막 교정을 챙겨 주셨다. 감사를 드린다.

여러차례 원고 수정을 하는 동안 많이 참고 기다려준 ㈜지식중심의 전계완 대표와 박봉식 실장 그리고 이필호 부장, 출판을 도와준 영남대학교 언론출판문화원의 모든 분들께 고마운 마음을 전한다.

2021. 2.
震革 禹東琪 파스칼

차례

04

도시경영 전략의 최대변수, 주민욕구에 대한 조명

05

지방자치의 경영화와 정치화

06

기업가형 자치단체장과 도시경영시스템

07

21세기 도시경영의 전략적 전개, 그 새로운 도전

08

21세기 도시정부의 경영혁신 방향

09

도시정부의 세계화 전략

10

컨벤션도시 구상의 의의와 전략

11

공공서비스 공급과 민간위탁

12

지역혁신시스템의 구축과 대학의 역할

16

도시정부의 위기관리

17

도시정부 경영진단시스템의 개발과 도입

18

주식회사라 불리는 일본 고베시의 도시경영

일러두기

이 책 「도시, 경영의 옷을 입다」의 대부분 내용은 저자가 발표한 다음의 글을 다시 수정하고 보완한 것입니다. 각주는 편집상의 문제로 생략합니다. 다음의 글에 명시된 각주를 참고하기 바랍니다.

01. 왜, 도시경영인가?

02. 도시행정의 한계와 도시경영

"도시행정에서 도시경영으로 전환", 「자치공론」, 1996년 6월, 한국지방자치연구원, 47-61.
"도시행정에서 도시경영으로", 「지방자치」, 1995년 2월, 현대사회연구소, 96-100.
"도시행정과 도시경영", 「도시문제」, 1999년 6월, 대한지방행정공제회, 9-24.
"지방경영의 개념과 실천적 접근", 「지방행정」, 1994년 1월, 대한지방행정공제회, 19-30.
"민선자치단체장 시대의 도시경영", 「도시문제」, 1995년 1월, 대한지방행정공제회, 44-55.

03. 도시경영의 내용과 전략적 접근

"도시경영 목적과 원리", 「지방자치」, 1995년 4월, 현대사회연구소, 110-114.
"도시경영의 전략적 접근", 「자치공론」, 1996년 7월, 한국지방자치연구원, 118-121.
"도시경영 전략의 내용과 과제", 「지방자치」, 1995년 5월, 현대사회연구소, 112-117.
"도시경영 전략의 내용과 과제(2)", 「지방자치」, 1995년 6월, 현대사회연구소, 111-115.

04. 도시경영전략의 최대변수, 주민욕구에 대한 조명

"도시경영과 주민욕구", 「지방자치」, 1995년 12월, 현대사회연구소, 95-99.

05. 지방자치의 경영화와 정치화

"지방자치의 경영화와 정치화", 「지방자치」, 1995년 3월, 현대사회연구소, 102-105.

06. 기업가형 자치단체장과 도시경영시스템

"기업가형 지방자치단체장과 시민의 협력", 「도시문제」, 1995년 6월, 대한지방행정공제회, 47-61.
"지방자치단체의 기업적 경영원리 도입과 전략", 「지방자치단체의 지역경영 어떻게 할 것인가」, 1996년, 금강기획, 55-79.
"지방행정조직과운영의재구조화", 「신문로포럼」, 1995년 4월 60-65

07. 21세기 도시경영의 전략적 전개, 그 새로운 도전

"21세기의 도시경영전략: 생활미, 도시미, 경영미의 창조", 「국토정보」, 1996년 4월, 국토개발연구원.

08. 21세기 도시정부의 경영혁신 방향

"국제화·분권화 시대의 지방정부 개혁과 경영혁신"
「국제교류」 1999년 8월 Vol.32 지방자치단체 국제화재단, 8-11

09. 도시정부의 세계화 전략

"도시경영과 국제교류", 「지방자치」, 1995년 10월, 현대사회연구소, 94-99.
「세계화와 지방자치단체의 정책과제」, 1995년, 지방자치단체 국제화재단 연구과제 보고서.

10. 컨벤션도시 구상의 의의와 전략

"컨벤션도시의 의의와 성립요건", 「지방자치」, 1996년 4월, 현대사회연구소, 74-78.
"컨벤션도시 구상의 과제와 전략", 「지방자치」, 1996년 5월, 현대사회연구소, 73-78.

11. 공공서비스 공급과 민간위탁

"민간위탁의 전략적 활용과 네트워크형 시스템", 「지방자치」, 1995년 11월, 108-115.

12. 지역혁신시스템의 구축과 대학의 역할

"지방의 침체와 지방대학의 역할과 과제", 「도시문제」, 2004년 2월, 대한지방행정공제회, 30-44

13. 환경도시 구축의 과제와 경영전략

"환경자치제 구축을 위한 자치체 경영전략", 「환경행정」, 제1권 제1호 1993년, 한국환경행정학회 149-194.

14. 도시정부의 조직개편과 저항

"세계화 시대의 지방정부경영과 행정개혁", 「지방자치」, 1995년 1월, 현대사회연구소, 106-111.

"도시경영과 자치단체의 조직개혁", 「지방자치」, 1995년 9월, 현대사회연구소, 112-120.

"지방자치단체의 조직개편과 저항 극복 방안", 「사회과학논총」, 1995년, 계명대학교사회과학연구소, 97-119.

15. 도시정부의 갈등관리와 협상

「도시경영전략: 갈등관리와 협상」, 2001년 영남대학교 행정대학원, "협상론", 수업교재로 작성한 자료임

「성공전략 협상」, 영남대학교 출판부, 2003.

16. 도시정부의 위기관리

"지방자치단체의 도시경영과 위기관리", 「대구경북포럼」, 1998년 11·12월. 제13권. 제6호. 대구경북개발연구원, 6-16

"우리나라 위기관리시스템의 구조와 내용 그리고 과제", 「한국도시방재학회지」, 2003년 6월. 한국도시방재학회. 6-25

17. 도시정부 경영진단시스템의 개발과 도입

"직선단체장 취임과 자치단체 경영진단", 「지방자치」, 1995년 7월, 현대사회연구소, 64-71.

"지방자치단체 경영진단시스템 개발을 위한 연구", 「행정연구」, 제 17집, 영남대학교, 51-106.

18. 주식회사라 불리는 일본 고베시의 도시경영

"주식회사라 불리는 일본 고베시의 도시경영", 「자치경영」, 1995년 신년호, 지방자치경영협회, 80-90.

01 왜, 도시경영인가?

도시, 좀 살만 하십니까?

도시사회는 고도의 선택사회라고 한다. 다른 가치관을 가진 시민의 선택, 기업의 선택, 자치단체의 선택이 자신의 요구를 내걸고 서로 겨루는 무한경쟁 사회이다. 시민의 요구라고 해도 개인적 이기주의에서부터 시민생활에 필수불가결한 것의 요구까지 그 범위가 넓다. 또 시민생활에 필수불가결한 것도 기초적인 것으로부터 선택적인 것까지 매우 다양하다. 그 때문에 자치단체의 재정적 한계 내에서 단계적으로 해결할 수밖에 없다. 도시단위로 노력한다면 도시는 지켜지고 생활은 열려지게 될 것이다.

도시의 경영이란 과학이다. 일을 조금씩 처리해 나가는 식이나 임기응변식 선택으로는 '힘의 손실'이 너무나 크다. 도시경영은 주어진 것을 최대한으로 활용하는 과학이며 도시가 가지는 공간과 에너지, 지혜를 결집시키는 것이다. 자치단체가 무엇을 했느냐고 엄하게 다그치는 현재의 도시경영은 자치단체가 맡아서 고민하는 '관리경영'으로부터 탈피하여 시민이 '참가하는 경영'을 지향하는 전환기에 와 있다. 도시경영이 도시현상을 분석하고 장래의 환경변화에 적응해 가는 데는 관료의 수직적 사고, 단편적 사고형만으로는 한계가 있다. 시민이 가지고 있는 창의와 선택을 기조로 하여 도시가 선택하는 경영전략을 설정하는 코페르니쿠스적 발상의 전환이 필요하다.

지방자치제가 실시된 지 20여 년이 지나면서 도시경영론에 대해 주목하고 그 필요성을 논의하는 단체가 늘어나고 있다. 그 배경은 한정된 재원구조와 무한정으로 발생하는 행정수요와의 갈등구조가 더욱 심화될 것이라는 전망에 있다. 따라서 이러한 도시문제의 해결을 위해서는 새로운 접근방법의 모색이 불가피해졌다. 다시 말해 도시의 바람직한 모습을 전체적으로 재검토하기 위해서 기존의 도시행정, 도시재정, 도시계획 등을 포괄하고 종합하는 새로운 학문적 영역의 설정이 필요하게 되었다. 이러한 맥락에서 도시경영론의 논의가 급속하게 이루어지고 그 구성이 점차 구체화되고 있다.

도시경영론은 아직 학문적으로 체계화되었다고 볼 수 없고, 실천면에서도 정착이 되지 않고 있다. 그러나 여기서 지적할 수 있는 것은 도시경영론이란 도시전체의 존재방식을 재정적 측면에서만 파악하려고 하는 도시재정도 아니며, 도시관리적 측면의 도시행정도 아닌 새로운 종합적 접근 방법이라는 점이다. 그러면 새로운 종합적 접근으로서의 도시경영론은 어떤 것일까?

도시경영은 '도시정부를 하나의 경영체로 생각하고 최소의 시민부담으로 최대의 복지효과를 달성하도록 도시를 개발하고 운영하는 것'이라고 정의할 수 있다. 도시경영론은 이러한 도시경영의 개념을 바탕으로 시정(市政)을 경영자의 시점에서 도시경영의 이론과 정책, 그리고 실천을 연구하는 것이다. 이러한 도시경영론은 도시경영학이라고도 할 수 있다. 그러나 주로 기업을 연구대상으로 경영학과는 달리 행정학, 법학, 재정학, 경제학, 사회복지학, 도시계획학, 도시공학, 사회학 등 인접과학의 많은 협력을 필요로 한다. 그러므로 도시경영론은 학제적, 융합적 연구이며 도시문제 해결을 위한 경제적 측면이나 재정적 측면의 단순한 부분적 접근과는 본질적으로 다르다. 학제적 연구가 관련 인접과학의 단순한 종합만으로 끝나지 않기 위해서는 그 성과를 종합하는 시스템적 접근방법이 필요하다.

도시를 정의하는 데 반드시 필요한 요소는 '일정의 인구'와 '특정의 지역' 두 가지다. 여기서 전자는 도시주민인 시민, 즉 개인을 뜻하고 후자는 도시의 내부 환경 즉, 물리적, 사회적, 정치적, 경제적, 문화적 환경을 의미한다고 할 때 도시의 특질을 생각해 보기로 하자.

현대 경영학에서 지배적인 인간에 대한 가설에 의하면 개인은 일정의

개인목적, 예를 들면 행복한 생활을 추구하려는 의사를 가지며, 그러한 목적을 가급적 합리적으로 추구하기 위해서 행동한다. 그러나 개인을 둘러싼 환경은 개인의 목적을 달성하고자 할 때 제약요소로 작용한다. 이 제약은 개인의 생물학적 능력과 환경의 물리적 조건으로 구성된다. 따라서 이러한 제약요소를 극복하고 개인의 목적을 달성하기 위해서는 개인 혼자만의 행동이 아니라 협력 시스템을 결성하거나, 혹은 기존의 시스템에 참여하는 등의 방법을 모색하게 된다. 개인적으로 한계가 있는 능력은 도시의 사회적 분업을 기반으로 한 협동 시스템에 참여하여 그 기능의 일부를 담당함으로써 개인적 한계를 극복한다. 그렇게 함으로써 개인은 협동의 성과를 배분받게 되고 도시의 편익을 향유하게 된다. 그러나 현대도시는 특히 개인의 생물학적 능력에 제약을 가하게 되어 개인의 행복한 생활이라는 개인의 목적달성을 위협할 가능성을 많이 지니고 있다. 산업혁명에 의한 도시의 기계적 생산기업이라는 협동시스템의 발달과 농촌인구의 도시유입이라는 현상들에 의한 도시성장의 가속은 개인의 생물학적 능력발휘에 매우 위협적인 요소로 작용하여 왔다. 한편으로는 도시성장에 뒤따르는 정보, 교육, 의료, 보건, 스포츠 등의 기능분화와 그것과 관련된 협동시스템의 발달은 개인의 생물학적 능력을 신장시키는 환경을 제공하기도 한다. 따라서 이러한 것들이 때로는 개인의 요구를 충족시킬 수 있는 가능성도 있다.

실제의 도시는 항상 개인의 욕구를 충족시켜 주는 매력있는 환경만을 제공하는 것은 아니다. 지금까지 우리들이 경험한 오늘날의 도시화는 앞에서 지적한 개인의 욕구를 충족시키는 데 있어서 제약적 요소로 작용한 것임에 틀림없다. 도시의 과밀현상, 환경오염, 범죄, 실업 등 전형적인 도시의 병리현상 등이 행복한 삶의 추구라는 개인적 목적달성의 가능성을 보여주지 않으니 이른바 유턴현상, 도시에서의 이탈현상이 생기기도 한다. 도시가 개인의 행복을 위한 기본적인 삶의 틀이 아니라 도시를 위한 도시로 변모함으로써 인간은 도시에 대해 소외감을 느끼게 된다.

최근 '자연인'이라는 방송 프로그램이 인기를 끌고 있는 것도 이런 이유와 무관치 않다. 도시, 좀 살만 하다고 생각하는 사람들이 그리 많을 것 같지 않다. 그렇다고 이곳을 벗어나서 살 수도 없다. 인간이 행복감을 느끼며 사는 도시를 만드는 데, 도시경영은 그 초석을 닦는 첫걸음이다.

도시는 협동시스템이 작동될 때 제 기능 발휘

도시는 인구와 산업이 유입되거나 유출되는 가운데서 개인의 욕구 또는 목적을 추구하기 위한 행동을 하고, 다른 한편으로는 보완적, 경합적, 기생적인 여러 가지 상호작용을 하는 개인의 집합체라고 할 수 있다. 그러나 도시는 단순한 개인의 집합체가 아니라 개인적 제약을 극복하기 위해 관계를 맺고 있는 다수의 협동시스템으로 형성된 개인 집합체다. 그러한 협동시스템은 관청, 공기업, 사기업, 학교, 병원, 문화시설, 지역단체 등과 같은 개인의 사회적 활동과 직·간접으로 관계를 가진 시스템이다. 도시는 개별적인 협동시스템을 하부시스템으로 가진 복합적 사회시스템으로 구성되어 있다.

도시는 복합적인 각종의 기능을 분담하고 있는 다수의 협동시스템이 제대로 조정·통제되면서 작동되어야만 제대로 기능한다. 각각의 협동시스템이 제대로 기능하기 위해서는 의식적이고 계획적인 조정과 통제, 즉 경영을 필요로 한다. 이러한 각각의 협동시스템으로 구성된 도시 또한 하나의 거대한 경영단체라고 할 수 있다.

도시에 존재하는 각종 다수의 협동시스템인 경영단체는 한편으로는

시민 개인을 구성원으로 하여 도시의 하부시스템이 됨과 동시에 다른 한편으로는 그 대부분이 '법인'으로서 그 자체도 시민이 된다. 넓은 의미의 시민의 개념은 이러한 양자를 포함하여 도시는 개인과 각종 경영단체의 복합단체라고 할 수 있다.

도시는 관청이나 공기업, 사기업 등의 하부시스템인 각종 개별 경영단체로 구성된 복합적인 경영단체로서 도시정부다. 개별 경영단체는 개별 경영단체대로, 도시라는 복합적 경영단체는 복합 경영단체대로 각각의 경영목적이 있다. 경영목적은 참가자의 개인목적과는 일반적으로 다르고 또 참가자의 개인목적의 단순한 종합도 아니다. 일반적으로 경영단체의 목적은 이념과 목표를 포함하고 있다. 이념은 목적의 가치적·사상적 측면이고 목표는 목적의 사실적 측면이다.

'도시경영의 목적은 시민복지의 극대화'라는 표현은 도시경영의 궁극적인 도달점을 나타내고 있지만, 도시경영의 추진방향을 나타내는 것은 아니다. 도시경영의 구체적인 진전을 위해서는 복지라는 목적을 달성하기 위한 하위목표를 설정해야 한다. 이러한 목표의 전개는 수차 반복적으로 실시하고 목적·수단 시스템, 즉 상위·하위 목표 체계를 이루어야 한다. 반대로 말하면 도시가 구체적으로 달성해야 하는 상당수의 목표를 목적으로 하는 복지와 관련해서 구체적으로 파악하는 것이 도시경영의 전제가 된다.

왜, 도시를 경영해야 하는가?

도시경영의 목적성은 다음과 같이 중요한 문제를 제기한다. 도시경영의 목적을 주민복지의 극대화라는 차원에서 파악하면, 최소의 주민부담으로 최대의 주민복지가 달성되도록 도시를 개발하고 운영한다라는 표현은 타당하다. 이러한 목적 달성의 제약을 극복하기 위해서는 다음과 같은 접근이 필요하다. 첫째, 목표체계를 명확히 하고, 각 개별 목표 간에 우선순위를 정하는 것은 도시경영의 전략적 목표의 선택문제다. 둘째, 각 개별목표가 달성해야 할 목표수준을 설정하고 이를 구체화하는 것이 이른바 시빌미니멈(Civil Minimum)이다. 이런 접근은 상호 밀접한 관련성을 가지고 있으며 도시내외의 환경변화에 따라서 선택되는 전략적 목표의 내용과 각 목표의 목표수준은 변화한다는 사실에 주의해야 한다. 예를 들면, 도로망 정비라는 전략적 목표는 특정상황에서는 전략적 목표가 되지만 미세먼지가 심각해진다는 상황의 변화가 있으면 비전략적 목표가 되고 미세먼지 방지라는 목표가 새로운 전략적 목표가 될 수 있다. 환경기준이라는 특정의 목표수준은 당초에 설정된 기준으로 전환된다.

전략적 목표의 선택과 목표수준의 설정은 기본적으로 자치단체의 구성원인 시민의 의사결정으로 이루어진다. 이렇게 시민의 의사결정으로 설정된 목표를 추진하는 것이 도시경영 활동이다. 그러므로 도시경영 활동은 추상적·궁극적·장기적으로는 시민복지의 극대화를 지향하는 것이 되지만, 구체적·현실적·단기적으로는 목표수준을 달성하는 만족화 원리가 된다.

02 도시행정의 한계와 도시경영

도시행정의 한계

우리나라의 도시화는 유럽에 비하여 훨씬 뒤떨어져 있었다. 1970년대 이후의 급속한 도시화에 의해 우리나라는 유럽에서는 어느 정도 해결된 20세기적 도시문제와 21세기 초반에 발생한 새로운 형태의 도시문제에 직면하고

있다. 따라서 한국의 도시문제는 그 성격상 매우 복합적이어서 해결 방안 또한 난해하다.

우리나라는 유럽에 비하여 도시문제가 국부적으로 발생하였기 때문에 시민사회를 중심으로 한 도시행정이나 도시정책은 크게 발전되지 못하였다. 도시행정은 기본적으로 도시문제의 모순 가운데 놓여져 있는 시민복지를 회복하고 새로운 시대변화에 적응하기 위해서 도시정책의 입안과 추진을 중앙정부가 아닌 시민이 직접 도시정부에 요구하는 시스템이어야 한다. 그러기 위해서는 시민이 구성한 자치정부로 새롭게 고치고 그 자치정부가 시행기관이 되어야 한다. 그러나 현재 우리나라의 자치단체는 매우 나약하여 도시정책의 주체가 될 수 없다. 지금의 제도는 자치단체의 주체성을 인정하지 않고 있으며, 자치단체 스스로도 낡은 관료 기구적, 하청적 이미지를 탈피하지 못하고 중앙정부의 하급기관으로 행세하면서도 주민에게는 군림하는 태도를 가지고 있다. 자치단체의 이러한 형태는 단체장의 직접선출에 의해 점진적으로 변모하고 있지만 오늘날의 도시행정은 다음과 같은 한계를 지니고 있다.

첫째, 자주성 내지 주체성이 부족하다. 둘째, 종적 조직이고 부서 할거주의적이다. 셋째, 관료적·관청적이고 시민의 권리는 무시되어 있다. 넷째, 법률과 관례에 의해 행동하고 수동적이다. 다섯째, 획일적·기계적인 행정으로 인간성이나 창조성이 부족하다. 이같은 도시행정의 한계위에서 살펴볼 때, 자치라고 하기보다는 '지방행정'에 불과하였다. 지방자치의 완전실시는 중앙정부의 수직적·하청적 위치에 안주해 있던 자치단체 스스로가 자치정부로서 도시의 경영주체가 되는 계기가 되었다. 우리는 이러한 계기를 살려 지금까지의 획일적·정형적·몰시민적 도시행정에서 탈피하여 탄력적이고 시민 중심적인 도시경영체제로의 큰 전환을 시도하여야 한다.

정부의 실패

정부는 관료적인 시스템의 한계로 민간부분의 효율성을 따라잡을 수 없다. 또한 정부 행정은 이론적인 측면에서는 민간부문의 실패 즉, 시장의 실패가 존재하는 영역에 자리잡고 있다. 따라서 행정의 영역을 담당하는 주체인 정부는 기본적으로 시장의 실패를 치유하기 위한 사명을 지니고 있다. 그런데 오늘날의 정부부문은 편익과 비용의 분리, 관료들의 높은 시간비용, 정치적 조직화와 권익신장 그리고 정부서비스의 범위와 측정의 곤란, 독점적 생산, 최저선과 종결 매커니즘의 결여 등으로 인해 실패현상을 나타내고 있다. 여기에는 정보의 한계, 시장통제의 한계, 관료제 통제의 한계, 정치과정의 한계 등에 그 원인이 있다.

1970년대 이후 미국의 도시정부들은 심각한 재정위기를 겪게 되자 그동안 전개되어 온 무차별적인 복지서비스 프로그램에 대한 비판과 함께 정

부개입의 실효성 문제에 직면하게 되었다. 1978년 6월 1일 미국 캘리포니아 주에서 일어난 'Proposition 13'이라는 주민 발의안은 지방정부의 공공지출에 엄청난 충격을 가져다 주었다. 이를 계기로 미국 내에서는 계속적인 지방정부의 재정통제가 가속화되었으며, 높은 세금에 대한 시민의 반발도 본격화되었다. 따라서 이제까지 자유롭게 세금을 올려 세입 확대에 기반을 둔 팽창주의 관리방식은 더 이상 존속할 수가 없게 되었고, 주민에 의한 공공지출 통제는 도시정부에 대해 또 하나의 부담을 안겨주었다. 도시화의 급속한 진전은 도시 공공서비스의 폭발적인 수요를 계속 증가시켰고, 이에 대한 도시재정의 한계는 도시발전의 큰 딜레마로 대두되었다.

도시 정책론자들은 이러한 도시정부의 딜레마를 해결하기 위해 더 많은 세금을 거두어 들이든지 아니면 공공지출의 경비를 감축하는 감량경영이라는 대안을 선택하게 되었다. 이러한 일련의 시대적 현상은 이제까지 관료내부의 의사결정에 의한 일방적 행정서비스의 공급 및 전달체계가 지역주민의 참여라는 협동생산 시스템으로 전환될 수 있는 계기를 마련하였다고 볼 수 있다. 그래서 공급자 중심의 서비스 생산 및 전달체계가 소비자 중심의 생산체계로 변화되고, 절대적·양적 측면의 팽창이 상대적·질적 수준의 행정 서비스 가치체계로 사고의 중심을 이동시키게 되었다. 도시정부는 기존의 세금을 유지 또는 감축하면서 어떻게 하면 도시경영서비스 공급의 양적·질적 수준을 향상시킬 수 있을 것인가에 초점을 두게 되었다. 그러므로 이것은 도시정부의 행정시스템을 도시경영이라는 새로운 접근법으로의 전환을 가능하게 하는 점화장치로 작용하였다.

도시경영론의 대두

혁신과 함께 관료제의 철폐, 조세저항으로 특징되는 행정환경에 직면한 도시행정은 관리·조직의 전통적인 도시행정 원리에서 탈피하여 새로운 도시경영의 시대로 전환되고 있다. 도시경영론은 여러 사람들에 의해 다양하게 특징이 분류되고 있지만 일반적으로는 다음과 같은 특징을 가진다.

첫째, 공공부문과 사적부문의 차이는 그렇게 중요한 것이 아니라는 데서 출발하며 공공부문의 조직이나 사적부문의 조직은 비슷한 기초 위에서 관리될 수 있다는 것이다.

둘째, 절차에 대한 책임보다 결과에 대한 책임을 중시한다. 투입에 대한 통제와 관료적 절차, 규칙과 표준보다 양적인 산출 측정과 업적에 더 중요성을 둔다.

셋째, 정책보다 경영을 강조하고 특히 일반적으로는 새로운 경영적 기술을 강조한다.

넷째, 관리통제를 보고, 감시, 책임이라는 매커니즘의 개선과 발전으로 연결시킨다.

다섯째, 비기업적 기능과 기업적 기능, 규제기능과 정책자문 기능을 분리하여 거대한 관료제의 구조를 변화시켜 자율성을 갖는 기관으로 만든다.

여섯째, 대부분의 서비스를 민영화, 경쟁적 공급, 계약제를 통해서 공급하는 것을 선호한다.

일곱째, 다양한 형태의 계약을 선택한다. 예를 들면, 장기적이고 일반적으로 덜 구체화된 계약도 있고 단기적이고 구체적인 계약도 있다.

여덟째, 사적부문의 경영과 마찬가지로 노동자와 단기계약 전략계획, 공조계획, 업적과 임무의 기술, 성과급제, 새로운 경영정보시스템을 발전시키고 공조의 이미지를 강화한다.
아홉째, 윤리, 도덕, 법과 같은 비경제적 유인보다 경제적 유인을 선호한다.
열째, 비용절감, 능률성과 감축관리를 선호한다.

왜 여기서 종래의 '행정'을 대신하여 '경영'이라는 용어를 도입하지 않으면 안 되는가?

지금까지의 도시행정은 넓게 지방행정의 테두리 속에 내재하였다. 지방이란 당연히 중앙에 대한 하위 개념으로 '지방자치'는 '자치'라기보다는 '지방'이라는 뜻밖에 없었다. 따라서 우선 중앙정부의 '행정'이 존재하고 그 하부 집행기관으로서 '지방행정'이 자리잡아 왔다. 물론 헌법에는 지방자치가 명문화되어 있고 지방자치법에 의한 자치제도 또한 갖추어져 있다. 그러나 실제는 자치와는 거리가 먼 중앙의 지도, 감독하의 집행기관으로 그 위치가 설정되어 있다. 이러한 상황에서 도시정부가 행하는 '도시행정'은 중앙 각 부처→특별시·광역시·도→시·군·구라는 계층 속에서 빈틈없이 짜여져 있어 개별도시의 주체성에 기반을 두고 행해지지 못하고 있다. 따라서 지금까지의 '도시행정'이라는 테두리를 넓혀서 스스로 다스리는 자치조직으로서의 도시를 자리매김하기 위한 새로운 수단이 필요하다. '도시경영'이란 이와 같은 새로운 관점에서 도시를 하나의 통합된 경영주체로 보는 사고방식이다.

자치단체로서의 도시는 당연히 시민에 의해 구성되고 시민에 의해 운영된다. 그러나 지금까지의 '행정' 관념이 국가를 중심으로 생각해온 결과 국가 목적이라는 대단히 막연한 내용을 가지고 공공성이라 부르고 시민은 단순히 피치자에 지나지 않은 채 '행정' 주체는 '위'에서 군림하였다. 그 결과 시민은 공급자 중심체계 행정의 단순한 대상에 지나지 않았다.

이것에 비하여 '도시경영'은 시민도 경영의 주체로서 권리와 책임을 재확인하는 것이며 도시와 시민을 직접 연결시키는 사상이다. '행정'이라 할 때 시민은 자신들과 무관한 방관자적 관계였으나 '경영'이라 하면 시민이 중심이 되고 자치단체의 사업을 시민의 역할을 가지고 적절한 위치 설정과 방법을 부여하는 시민 중심, 소비자 중심의 행정시스템으로의 전환을 의미한다.

'도시행정'은 오로지 법규의 해석과 운영으로 일관하여 법률의 테두리 내에 스스로를 구속하여 버린다. 우선 '할 것'과 '하지 않을 것'을 구별한다. 법규에 규정되어 있지 않은 것은 '할 일'도 아니고 '해야 할 일'도 아니다. '할 일'은 가능한 한 적게 하고 불필요한 것은 하지 않는다. 정해놓은 테두리를 넘어선 일을 하는 것은 행정을 모르는 사람들이 하는 것이라는 것이 지금까지 자치단체의 모습이다. 법규를 문자대로 지키고 의문이 있으면 하나하나 중앙정부에 질의를 하여 법해석을 한다. 수동적 행정이다. 그러나 공무원은 그렇게 함으로써 모든 것이 면책되고 자신이 책임지지 않아도 되기 때문에 그렇게 한다. 한편 시민에 대하여는 중앙정부에서 부여해 준 권위를 내세워 고압적인 태도를 취하게 된다.

이러한 상태에서는 비록 시민생활에 장애가 되는 중대한 문제가 발생하여도 법규에 규정되어 있지 않으면 자치단체는 아무것도 할 필요가 없는 입장이 된다. 그러나 이러한 행태는 자치단체로서의 운영이 아니다. 앞으로는 시민생활에 장애가 되는 문제가 발생한다면 시민은 이전처럼 말없이 그대로 용인하지 않는다. 지방자치단체에 당당히 그리고 강경히 문제해결을 요구한다. 능동적 행동이 필요하게 될 때 종래의 행정 틀은 오히려 역작용만 하게 된다. 따라서 도시행정이 아닌 도시경영의 이념이 필요하다.

법규나 개별사업은 소관부처가 다르고 상호관련성을 가지지 않기 때문에 오늘날의 도시행정은 각각의 교통행정, 건설행정, 환경행정 등만을 준비하는 데 지나지 않는다. 자치단체의 각 부서는 각각의 행정업무나 예산집행에 대하여 자신의 단체장이 아닌 중앙정부의 대응기관에 책임을 지는 행동을 하고 있다. 이렇게 되면 도시전체의 종합성이나 시민복지의 실현은 어렵게 된다. 각 부서의 개별업무가 도시 전체의 관점에서 통합 조정되기 위해서는 보다 종합적 운영의 시각을 가진 도시경영 이념을 수용하여야 한다. 다시 말해, 각 부서별 책임과 권한밖에 없는 도시행정의 한계를 극복하고 역동적이고 생동적인 자치단체로 개혁하기 위해서는 도시경영으로 전환되어야 한다.

이상에서의 논의를 종합하여 도시행정과 도시경영의 차이는 표와 같

요소	도시행정	도시경영
환경	정태적, 안정적 환경	동태적, 유동적 환경
목표	국가 최저기준의 달성	생활의 질 향상
가치지향	물질적, 경제적 가치의 제공과 量의 사상	생활문화 가치의 제공과 質의 사상
경영지향	투입지향	산출지향
의사결정	정보 처리형	정보 창조형
행정책임	수동 책임형	능동적 책임형
행동원리	공급자 우위의 발상과 효율성 중시	소비자(생활자) 우위의 발상과 창조성 중시
니-즈에의 대응	최대공약수적 니-즈의 충족	다양한 니-즈의 충족
서비스기준	기능적, 사회적 가치기준의 중시	감성적 가치기준의 중시
서비스중심	필수적, 공익적 서비스 제공	선택적, 사익적 서비스 제공
서비스형태	직영형(단일적 규모의 이익)	참가형(복합적 규모의 이익)
조직형태	집권, 계층제 중시형	분권, 네트워크 중시형
조직운영	무중심주의(속인성의 배제)	인간중심주의(구성원개성의 중시)

도시행정과 도시경영의 차이

이 정리할 수 있다.

도시경영은 첫째, 도시정부의 주체성에 바탕을 둔 것이고 둘째, 시민을 피지배자로부터 책임있는 경영주체로 전환하는 것이며 셋째, 경직된 법규운용으로부터 상황변화에 대응할 수 있는 능동적인 행동을 가능하게 하며 넷째, 종합적이고 효율적인 운용을 중심으로 하고 다섯째, 목표가 시민복지의 극대화에 있다. 이러한 도시경영론에 입각할 때 도시는 지금까지 타인에 의해 다스려져온 '타치체(他治體)'가 아닌 스스로가 다스리는 '자치체(自治體)'가 될 수 있다.

도시경영의 개념과 대상영역

1. 배경

1990년대에 접어들면서 도시정부 부문에 새로운 모델로서 도시 경영론적 접근이 다양한 명칭으로 제기되었다. 예를 들면, 관리주의(Managerialism), 신공공관리(New Public Management), 기업가형 정부(Entrepreneurial Government), 통치관리 이론(Governance Theory), 경영행정(Management Administration), 고객지향적 행정(Customer-oriented Administration) 등의 표현이 있으나 행정학 분야에서는 일반적으로 공공관리라는 명칭으로 불리고 있다. 그러나 필자는 공공관리라는 명칭이 시사하는 통제적 개념에 대한 거부감에서 이상과 같은 다양한 표현들을 종합적으로 수용할 수 있는 용어로서 '도시경영론'을 도시정부 차원에서 쓰고자 한다.

학자들의 다양한 견해를 종합해 보면, 도시경영은 행정학, 경영학, 법학, 정치학, 경제학, 사회복지학, 사회학, 도시계획학의 결합으로 구성되는 학제적 종합과학적 성격을 띠고 있다. 특히 도시경영론은 그 중에서도 정책학과 경영학의 융합적 학문이라고 할 수 있다. 따라서 도시경영론은 이론보다는 처방적 정책의 중요성이 더욱 강조된다. 도시경영은 행정실무가와 행정이론가들의 노력의 경합에 의한 것이다.

도시경영의 주요한 이론적 배경은 다음과 같다.

1) 본인-대리인 이론(Principal-Agent Theory)

본인-대리인 이론은 본인과 대리인이 모두 각자의 이익을 극대화하기 위해 행동하는 것을 전제로 하여 어떻게 하면 대리인이 자신의 이익보다는 본인의 이익을 위해 행동하게 하는가에 관한 이론이다. 즉, 가게주인이 본인이고 종업원이 대리인이라면 본인의 이익인 가게의 이윤을 극대화할 수 있도록 대리인인 종업원을 관리하는 것을 말한다. 그러나 공공부문에서는 담당자가 본인인 동시에 대리인인 경우가 많다. 따라서 행정가는 본인의 이익인 공익을 위해 일하고 대리인의 이익인 보수를 받게 된다.

2) 시장이론

공공업무를 수행하는 데 있어 시장원리에 의존하여 경쟁을 시키는 방법과 계층적으로 임무를 할당하는 방법, 그리고 정책목표를 달성하기 위해 집단 간의 정치적 관계를 중시하는 방법 중 가장 효율적인 관리방법을 선택한다.

3) 제한된 합리성과 인식 유형

완벽한 합리성의 추구는 불가능하기 때문에 제한된 합리성의 개념을 받아들여야 한다. 따라서 행정가는 주관적 관점에서 자신의 조직뿐 아니라 다른 조직의 강점과 한계점을 파악할 수 있어야 한다.

4) 재량권

행정가의 재량권의 범위를 어느 정도로 할 것인가를 제시해 준다. 또한 동기부여 이론을 통해 관료제 내의 유인책을 제시할 수도 있다.

5) 총체적 품질관리

총체적 품질관리는 기업체에서 사용하는 생산라인에서의 품질통제와 품질보장의 개념에 서비스 차원에서의 고객만족과 고객지향의 개념을 합한 것이다. 총체적 품질관리(Total Quality Management:TQM)는 민간기업체에서 시작되었다. 초기에는 고객만족을 위해 고객을 직접 대하는 부서와 사원에게 국한되었으나, 현재는 품질관리와 고객만족을 위해 전체 조직의 모든 부서와 전체 관리과정에서 고려되고 있다. TQM은 총체적 품질관리를 위해 관리과정에 중점을 두고 사업성과와 같은 계량적 지표를 사용하여 효과성을 측정하는 것까지 포함하게 되었다.

6) 공공선택과 게임이론

공공선택이론과 게임이론은 사회내에 존재하는 다양한 집단과 조직들 간의 갈등해소와 협력방안을 제공한다. 게임이론은 갈등 또는 경쟁상황 하에서 수리적 분석을 통하여 최선의 선택을 할 수 있도록 한다.

2. 개념

도시경영의 개념 규정에는 학계에서도 아직 일치된 견해를 가지고 있지 않으며 실천적 측면에서도 미정착 단계에 있다. 그러나 도시경영이라는 용어가 학계에서나 정부, 언론 그리고 일반 주민들 가운데서도 별부담감 없이 폭넓게 쓰여지고 있는 것도 사실이다.

이웃 일본에서는 우리나라에서 흔히 쓰여지고 있는 '도시관리', '도시행정'이라는 용어보다 도시경영이라는 어휘가 지배적으로 통용되고 있다. 대학의 학부과정에서부터 '도시경영론'의 강좌가 개설되어 있으며, 관련 학회도 여러 개가 있으며 그 활동 또한 매우 활발하다. 여기서 지적할 수 있는 것은 도시경영이란 도시 전체의 존재방식을 재정적 측면에서 파악하려고 하는 지방재정도 아니며 관리적 측면의 도시행정도 아닌 새로운 종합적 접근방법이라는 점이다. 도시행정을 지역주민을 위한 공공서비스 활동이라고 한다면 도시정부는 하나의 경영체이고, 지역주민은 행정작용의 단순한 수혜자가 아니라 공공서비스 제공의 고객이자 소비자라고 할 수 있다. 따라서 도시경영의 목표는 도시정부를 하나의 경영체로 생각하고 최소의 주민부담으로 최대의 주민복지를 달성하도록 도시를 개발하고 경영하는 것이다.

이와 같은 논의를 배경으로 할 때 도시경영의 개념은 "도시정부가 자치재정권, 자치 조직권, 자치입법권, 자치 계획권에 입각하여 기업경영의 사고와 기법을 도시행정에 도입하고, 효율적인 행·재정 관리와 공공서비스 공급주체를 갖추어 가장 적절한 정책선택을 통하여 최소의 비용으로 최대의 서비스 효과를 달성하고자 하는 도시정부의 제 활동이다."라고 정의할 수 있다. 따라서 도시경영은 적극적인 자원의 확보와 자원의 낭비와 누수의 방지, 거기에다 탄력적인 조직과 공무원들의 의식과 태도까지를 경영 지향적으로 변화시켜 주민복지 서비스공급의 극대화를 목표로 해야 한다.

3. 대상영역

도시경영의 대상은 일차적으로 도시정부의 행정시스템과 행정관리를 대상으로 한 '내부경영'과 도시정부가 관할하는 지역의 사회시스템, 경제시스템, 공간시스템을 대상으로 한 '지역경영'으로 구분할 수 있다.

요소	도시경영	기업경영
경영목적	복지 극대화	수익 극대화
경영원리	수요충족원리에 입각한 공공성 추구	이윤원리에 입각한 기업성 추구
운영원리	예산배분방식에 입각한 합의형성	기업회계방식에 입각한 수지계산
경영수단	강제경제에 입각한 조세징수, 공공서비스 제공	자유경제에 입각한 자본 조달, 시장서비스 제공
경영의식	희생원리 지배의 게마인 샤프트(공동사회)	시장경제원리에 입각한 경쟁사회에서 확대원리
경영환경	공동경제원리에 입각한 상호의존사회에서 배분원리	시장경제원리에 입각한 경쟁사회에서 확대원리
추구수단	권력적 규제, 참가제도, 경제개입에 의한 이해 조정	광고 선전, 비용추구, 이익공여에 의한 이익 유도

도시경영과 기업경영의 차이

내부경영은 도시정부 내부에 존재하는 인적자원, 물적 자원, 재정적 자원 등 각종 자원이 경영의 대상이다.

지역경영은 당해지역의 인적자본, 토지, 자본, 기술 및 정보 등의 자원을 상호 결합하여 어떻게 활용할 것인가와 이러한 자원을 획득, 활용하기 위한 시스템을 어떻게 형성할 것인가 등이 경영의 대상이다.

내부경영과 지역경영은 다시 각 영역에 관련된 경영환경의 혁신, 경영형태의 결정 등에 관련된 시스템 선택과 관련된 부분과 시스템의 운영과 관련된 부분이 있다. 이 두 가지 요소를 결합하면 도시경영의 대상은 경영효율, 경영역량, 지역시스템 연계성, 공공서비스 수준의 네가지 유형으로 구분할 수 있다.

첫째, 경영시스템의 효율은 중앙과 지방간의 관계 및 기능배분, 행정구역 및 계층구조, 정책결정 시스템, 공사부문간 역할분담 시스템 등을 포함

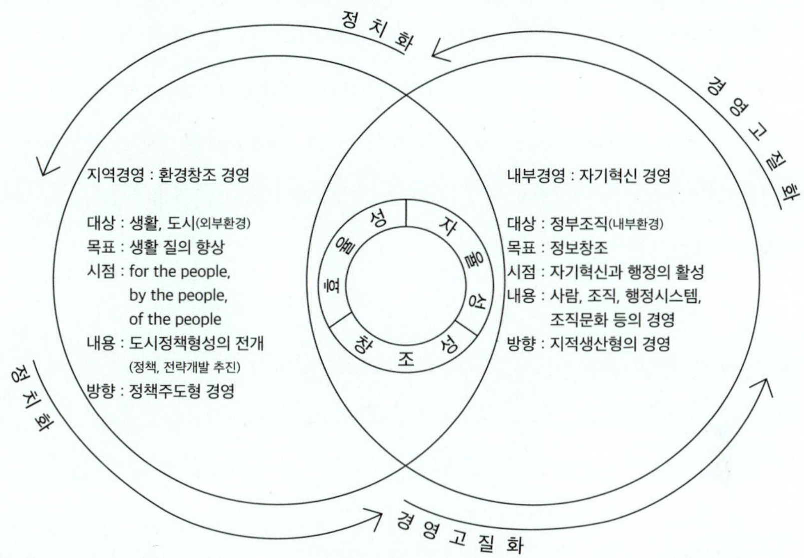

도시경영의 대상과 전개

한다.

둘째, 경영역량은 경영시스템의 조직, 인력, 예산, 정보 등을 활용하는 경영역량을 말한다.

셋째, 지역시스템 구조는 해당지역의 사회시스템, 경제시스템, 공간시스템의 유기적 연계성을 말한다.

넷째, 공공서비스는 도시정부의 투자와 서비스제공 활동과 그 질적 내용과 수준을 뜻한다. 도시경영은 이와 같은 네 가지 부문의 개별 요소를 대상으로 도시경영의 기본원리를 적용하는 것이다. 도시경영 원리를 어떤 분야에 어느 정도, 어떤 방법으로 도입하느냐에 따라 도시경영의 유형을 분류할 수 있다. 도시경영의 대상을 선정함에 있어 내부경영에 우선순위를 둘 것인가, 아니면 지역경영에 우선순위를 둘 것인가는 주민의 요구와 지역의 특성에 맞게 선정하여야 한다. 경영시스템 구축이나 사회, 경제, 공간시스템의 구축에 우선순위를 둘 것인가, 아니면 관료의 경영역량이나 지역주민과 지방기업에 대한 공공서비스의 운영수준과 질적 내용에 둘 것인가는 관료의 경영 마인드와 주민, 기업의 공공서비스 수요에 맞추어 동태적 비교우위를 고려해야 한다.

공공서비스는 비용이 들지 않고 무한히 공급할 수 있는 것이 아니므로 도시경영의 대상에 인력, 재정, 시간을 투여함에 있어 미래 편익의 창출과 지속적 비용부담을 계산하는 비용-편익 분석을 도입해야 한다. 예를 들어, 일본 오이타켄(大分縣)의 '일촌일품(一村一品) 운동'과 같이 지방정부가 앞장서서 지역의 특성을 산업화시키고 지역경제를 활성화시키는 노력을 집중적으로 기울일 경우, 이를 '생산자형 도시경영'이라고 할 수 있다. 이에 비해 지역주민들에게 제공되는 서비스의 질적, 양적 수준을 혁신하고 주민참여를 확대하는 노력을 기울이는 도시경영자는 '소비자형 도시경영'이라고 할 수 있다. 따라서 각 도시정부는 도시경영의 대상을 선정함에 있어 지역적 특성과 강점을 도시산업의 차별화 전략의 수단으로 활용하여 지역경제를 활성화시키는 '생산자형 도시경영'에 중점을 둘 것인지, 아니면 주민의 의욕을 주민만족의 원천수단으로 삼아 주민참여를 극대화하는 '소비자형 도시경영'에 중점을 둘 것인지를 선택해야 한다.

도시경영시스템의 구축과 기본원리

1. 주체와 경영이념

도시경영의 목적을 복지라는 측면에서 볼 때, 최소의 시민부담으로 최대의 복지효과가 달성되도록 발전시키고 운영한다라는 표현은 매우 의미가 있다. 최소의 인력에 의한 최대의 출력이라는 극대화 원리는 이러한 추상적이고 궁극적 차원의 도시경영 원리가 될 수 있다. 따라서 도시경영시스템을 구축하기 위해서는 다음과 같은 몇 가지 선행요건이 전제되어야 한다.

1) 주체

도시정부에는 경영주체의 하나인 지역주민은 말할 필요도 없고, 상점, 은행, 기업, 공사, 공단 등의 산하기관뿐만 아니라 전기, 가스, 교통, 통신 등의 공익사업이 존재하고 있다. 이러한 기업, 기관, 지역주민이 각각 나름대로 도

시경영의 관리주체로 간주되어야 한다. 이러한 경영주체들이 종합적인 계획 하에서 지역개발 또는 도시개발 등을 행하지 않는다면 , 쾌적하고 효율적인 지역 공간구조의 창조에는 실패할 것이다.

다양한 도시경영의 관리주체는 우리가 말하는 도시경영시스템의 의사 결정 주체이다. 그래서 지방자치에 근거한 도시경영의 기본구상은, 도시정부의 주체적인 의사에 의해 계획되어야 한다. 그 실시에 있어서도 지방자치의 본질적 취지에 입각하여, 필요한 법 개정이나 재원확보 등의 정책적 배려를 하는 것도 당연히 각 개별 지방자치단체의 수준에서 선행적으로 해결되어야 할 도시경영의 정책적 과제라고 할 수 있다.

2) 경영이념

도시경영은 본래 민주적이면서 능률적으로 이루어져야 한다. 특히 도시정부의 기능이 내포적으로 점점 다양화되고 외연적으로 광역화하고 있는 현재에는 이 원리가 더욱 강하게 요구된다. 중요한 것은 방법론적인 경영문제에 들어가기 전에 올바른 경영이념을 확실하게 정립해 두는 것이다. 이것의 요체는 도시정부나 기업경영 모두 '경영'이라는 범주에서는 같다는 것이다.

특히 올바른 경영이념의 방향설정이 중요하다. 여기에는 주로 '이 사회는 무엇을 위해서 존재 하는가?', '경영을 어떤 목적으로, 또 어떤 방법을 사용해서 행해야 하는가?'라는 의미가 내포되어 있다. 예를 들어, 도시개발의 기본이념, 즉 경영이념으로서는 인간적 도시개발이라는 것을 들 수 있다. 그러면 양자가 완전 일치하여 같아지는 것이다.

결론적으로 말하면 도시경영은 이러한 도시개발의 기본이념, 즉 인간적 도시의 실현을 경영이념으로 삼아야 한다. 따라서 도시경영은 인간적 도시의 실현이라는 경영이념을 확립하는 것이 전제가 된다. 도시경영의 건전한 발전을 이룩하기 위해서는 먼저 이 인간적 도시개발이라는 도시정부의 경영이념부터 확립해 두어야 한다.

2. 기본원칙

1) 계획성

경영의 제1의 원칙은 계획성이다. 고도성장 시대에는 어느 정도의 무계획성도 허용된다. 완벽한 계획이 전제되지 않아도 풍부한 재정에 의해서 성장을 하여 왔다. 그러나 저성장 재정상태 하에서의 무계획성은 혼돈상태에 빠지게 될 것이다.

또한 경영의 계획성을 확보하기 위해서는 앞에서 말한 것과 같은 중(장)기계획의 확립 이외에 몇 가지 새로운 문제가 제기되고 있다. 이것은 재정운영의 합리화 문제인데, 여기에는 2개년 예산의 도입문제 이외에도 연결결산방식과 자본예산제도의 도입, 제로베이스 예산의 편성방식 등을 들 수

있다. 이것은 모두 도시경영에 새로운 경영원칙을 전개하려는 계획성 차원의 실례들이다.

2) 탄력성

두 번째 원칙은 탄력성이다. 특히 재정운영상 이 원칙은 중요하다. 경제여건 및 영향요인의 상호역동성과 더불어 도시정부 재정에도 다양한 변화가 일어날 수 있다. 그러나 예를 들면, 복지와 마찬가지로 고통스럽다고 해서 현재 시행중인 시책을 무턱대고 중단할 수 없는 것도 있다. 이러한 탄력성은 행정이 환경의 변화에 따라 대응하듯이, 조직동태화의 기법에도 적극 도입되어져야 할 것이다.

3) 합리성

세 번째는 합리성의 원칙이다. 그 속성으로서는 낭비를 없애는 것, 능률을 올리는 것, 능력을 활용한 적재적소주의를 취하는 것, 소질을 개발하는 것 등이 요구된다. 고도경제성장 하에서 행정수요가 증대함에 따라 행정기구도 팽창했다. 그러므로 사무와 사업을 총점검하고, 조직과 기구의 간소화를 도모하고, 신규 행정수요에 적응하기 위해서는 조직 개혁과 운영 개선에 적극성을 발휘해야 할 것이다.

4) 적극성

네 번째 원칙은 적극성이다. 도시정부를 경영하는데 있어서 재원의 확보가 가장 중요한 요소이다. 어떤 의미에서는 도시경영의 성과는 도시정부의 재정사정 여하에 달려있다 해도 과언이 아니다. 그러므로 재원개발은 적극적으로 추진되어야 한다. 주민의 적정한 비용부담의 문제와 함께 자주재원의 획득이나 기채발행을 통한 필요재원 확보의 문제는 중요한 검토대상이 되며, 이를 통한 적극적인 재정확보 전략이 요구된다.

5) 형평성

다섯 번째는 형평성의 원칙이다. 도시재정의 중핵을 이루는 것은 시민의 납세이다. 이것을 공정하게 사용하고, 형평성 있게 조치해 나가야 하는 것은 당연하다. 따라서 그것만으로도 경영원칙으로서는 중요한 의미를 가진다.

6) 일체성

여섯 번째는 일체성의 원칙이다. 도시경영에는 모든 지역주민이 관심을 집중해서 운명공동체라는 자각으로 노력하는 것이 가장 중요하다. 복지 하나를 봐도 행정시책만으로는 성공적으로 정책목표를 달성할 수 없다. 시민이 이해심을 가지고 마음을 하나로 뭉쳐서 일체가 되어 적극 노력할 때 비로소

주민복지의 극대화가 달성될 수 있을 것이다.

3. 기본원리

1) 고객중심주의적 경영

도시경영은 지역주민들을 납세자나 일반적 서비스의 수혜자로 인식하지 않고 도시정부의 고객으로 인식한다. 따라서 도시정부는 고객이 가치를 부여하는 결과를 산출하여야 하고 서비스의 질과 가치를 중시하여야 한다. 경영서비스를 제공함에 있어 도시정부나 공무원들의 편의보다는 고객인 지역주민들의 입장에 입각하여 지역주민들이 어떠한 서비스를 원하고 있으며, 어떤 수준과 질의 서비스를 원하고 있는가를 파악하여 반영함으로써 지역주민들의 만족을 최우선으로 하는 것이 기본원리 중 하나이다.

전통적으로 도시경영 서비스의 공급은 도시정부 고유의 권한 혹은 기능으로 인식되었다. 그러나 경영서비스의 도시정부 독점공급은 여러 가지

폐해를 낳았다. 이 폐해의 원인은 경영서비스가 수혜자가 되어야 할 시민의 선호보다는 공급자 중심으로 공급되어 왔다는 점이다. 그러나 중앙집중화된 의사결정으로 인한 서비스 공급 현장과의 격리감, 주민수요에 대한 둔감성 및 이로 인한 신뢰감 상실, 부서 간 이기주의 등에 의한 폐해는 주민들로 하여금 보다 책임감있고 효율적인 도시정부를 요구하고 있으며, 이 요구는 정치경로를 통하여 현실화되기 시작하였다. 그 결과 최근의 경영부문은 공급자 위주의 접근방법에서 벗어나기 시작하였다.

최근에는 도시경영의 최우선권을 고객 혹은 수요자에게 부여하는 접근방법이 주류를 형성하고 있다. 이에 따르면 모든 정책의 우선권을 고객의 만족에 두는 동시에 정책의 수립, 집행, 평가 등의 전 과정이 고객의 반응을 기초로 하고 있다. 고객중심적 도시경영을 전개하기 위해서는 공공서비스 제공의 다양화(Varity), 즉시화(Instant), 안정화(Peace)라는 소위 경영서비스 제공의 'VIP' 를 구현하는 것이 필요하다. 이를 위해서 도시경영 시스템은 주민들이 추구하는 공익적 가치를 수용해야 한다는 점에서 주민들의 요구에 대응하는 '대응의 기본가치', '대응의 태도', '대응의 방법'을 새롭게 정립해야 한다.

2) 개별적, 선택적 경영

1970년대 이전의 도시정책은 시민사회의 요구가 동질적이기 때문에 전문가 혹은 정책결정자들에 의해 규정될 수 있다는 견해를 기초로 수립·집행되었다. 따라서 공공서비스도 규모의 경제에 입각한 대량생산이 주된 공급방식이었다. 빈민, 노인, 장애자 등은 그들의 환경, 생활방식, 잠재능력 등의 차이가 있음에도 불구하고 동질의 집단으로 간주되었다. 그러나 경영서비스의 공급이 공급자의 이해보다는 다양한 선택이 보장되는 개별 소비자 위주로 전환됨에 따라 소비자주의와 더불어 개별주의 혹은 선택주의로의 전환이 불가피하다. 도시경영의 개별적, 선택적 경영원리는 경영서비스 공급방식을 주민이 원하는 형식과 절차, 시간과 공간에 부응할 수 있도록 다원화하여 이중에서 주민들이 자신들의 선호에 따라 선택할 수 있도록 하여야 한다.

3) 품질중심의 경영

경영부문의 고질적인 문제 중의 하나는 성과 혹은 효과를 측정하기 어렵다는 점에서 비롯된다. 투입은 정확히 알 수 있는 반면 그 결과는 알 수 없는 특성이 있다. 정책효과의 측정기준도 효과가 아니라 얼마나 투입했는가를 기준으로 평가하는 경향이 있다. 도시정부의 공공서비스 부문도 어떤 문제에 대해 우선, 인력, 장비를 얼마나 투입하였는가를 기준으로 삼아왔다. 정책효과에 대한 측정 기준의 부재는 공공서비스의 품질에 대한 무관심으로 연결되었다.

공공서비스 분야에서도 품질을 측정하는 다양한 방법이 개발되면서부터 정책효과의 판단기준이 물량 위주에서 질 위주로 전환되고 있다. 오늘날 질 위주의 도시경영은 고객 중심적 경영과 더불어 도시경영의 핵심 원리가 되고 있다.

4) 분권적 시스템 경영

분권화는 전통적으로 중앙정부가 지방정부에 합법적인 자치권한을 부여하는 것은 핵심으로 한다. 그러나 도시정부 차원의 분권화는 도시정부의 조직과 권한의 경직성에 의해 야기되는 폐해의 인식에서부터 제기되었다. 도시정부의 분권화는 상위계층으로 집중된 권한을 태스크포스, 일선공무원, 민·관 협동기구 등에 대해 최대한 의사결정권한이나 공공서비스 공급권한

을 이양하는 형태를 취한다. 특히 분권화는 공공서비스의 품질이 정책, 지출수준, 공무원 등이 복합적으로 작용하여 결정된다. 그러나 그 품질의 평가는 서비스가 제공되는 현장에서 사용자에 의해 결정된다. 현장 및 사용자에 대한 정보는 일선공무원이 가장 많이 가지고 있다는 점에서 일선공무원의 재량권을 확대해 주는 방향으로 진행되고 있다. 분권적 시스템경영은 개별주의와도 연관이 있다. 공공서비스에 대한 의존도가 높으면서 도시정부에 대표성이 낮은 여성, 노인층, 빈곤층, 장애인층에게도 동등한 권한을 부여한다는 측면에서도 큰 의의가 있다.

5) 경쟁적 경영

전통적으로 도시정부의 조직과 권한은 업무의 중첩으로 인한 비능률을 방지하고 전문성을 높이기 위하여 무경쟁의 원칙을 기초로 하였다. 그러나 경쟁적 경영의 형태는 첫째, 도시정부 내 부서 간의 경쟁으로 둘째, 도시정부와 민간부문 간의 경쟁 마지막으로, 도시정부 간의 경쟁으로 나타난다.

정부 내 부서 간의 경쟁은 공공서비스의 품질이 측정되기 시작하면서

원가계산, 성취도 등을 기준으로 각 부서의 업적평가에 의해 자연스럽게 유발된다. 도시정부와 민간부문 간의 경쟁은 이미 알려진 바와 같이 치열하게 진행되고 있다. 도시정부는 민간기업과 경쟁하기 위해 조직과 회계시스템을 재편하거나 경쟁력이 없는 업무를 민영화함으로써 운영의 효율성을 높이고 재원을 절감한다. 한편, 도시정부간의 경쟁은 지방자치제도의 장점 중의 하나인 도시정부 간 선의의 경쟁을 기초로 하면서 전개된다. 예컨대 중앙정부가 지방정부의 사업지원 등 자원배분에 있어 지방정부의 업적평가, 제안서 내용 등에 따라 차별적으로 지원하는 경우이다.

6) 간접공급시스템 경영

간접공급시스템 경영이란 도시정부가 공공서비스를 직접 공급하던 시스템에서 탈피하여 민영화, 민간위탁, 공·사간의 파트너십 등을 통하여 간접적으로 공급하는 것을 의미한다. 간접공급시스템에 의해 공급될 수 있는 서비스는 폐기물 처리, 시설물관리, 응급서비스 제공 등 다양하다. 독점적 지위에서 세금을 통하여 공공서비스의 공급비용을 징수하던 과거방식으로부터 철저히 사용자부담원칙에 입각하여 다양한 시스템을 통하여 공급하는 간접공급방식은 공공서비스의 공급의 효율성은 물론 도시재정의 건전화에도 크게 기여한다.

03 도시경영의 내용과 전략적 접근

도시의 구조

경영단체로서의 도시는 다음과 같은 세 가지의 하부시스템을 가진다. 이런 요소들이 잘 맞물려 돌아갈 때 도시경영도 원활하고 효율적으로 전개될 수 있다.

1. 물리적 시스템

도시와 관련 있는 물적 요소 시스템을 말한다. 건축물, 도로망, 항구시설, 철도망, 통신망, 상·하수도와 같은 인공적 요소와 지형, 하천, 기후, 기상과 같은 자연적인 요소로 구성된다.

2. 사회적 시스템

도시의 사회적 요소 시스템을 말한다. 시민 상호 간의 공적 및 개인적인 관계 혹은 시민 간의 보완적·경쟁적·기생적 상호작용은 물론 그러한 여러관계에 내재하거나 그러한 것들을 규율하는 관습, 풍습, 법률, 조례 등의 각종 규범이 포함된다.

3. 개인적 시스템

도시의 개인적 요소 시스템을 말한다. 도시의 개인은 시민으로서 도시경영에 협력하는 측면(시민인격)과, 도시경영에서 효용을 얻어 개인목적을 충족하는 측면(개인인격)을 가진다. 이러한 협력과 효용배분의 총체가 개인적 시스템이 된다.

이러한 세 가지 시스템은 개념적으로 구분되지만 현실적으로는 중복되는 것이 많다. 예를 들면, 개인 소유의 건축물이 법률·조례·도시계획에 의해서 규제되는 일이 있다. 도시경영은 이러한 세 가지를 도시목적 달성을 위해 의식적으로 조정하고 통제한다. 그러나 의식적인 조정을 위해서는 이러한 세 가지 도시 하부시스템과 관계를 가지면서, 또한 그것과는 다른 별개의 하부시스템이 필요하다. 그것이 자치단체이며, 자치단체 그 자체가 경영단체로서의 도시 하부시스템이지만, 위에서 말한 세 가지 하부시스템을 통합하고 조정하는 도시의 중핵적 시스템이다.

자치단체는 도시경영의 목적인 시민복지를 실현하기 위한 시민에 의한 자주적 경영조직이다. 그 특질은 다음과 같다.

첫 번째, 자치단체의 자주성의 크기는 도시의 역사적 연혁, 도시와 그 외부환경과의 관련 및 시민의식에 의해서 결정된다. 이 중에서 도시경영의 관점에서 가장 중요한 것은 외부환경을 구성하고 있는 각종 환경주체, 특히

국가와의 관계다.

국가는 자치단체를 하위시스템으로 포괄하는 상위시스템이면서, 한편으로는 자치단체와 대등한 상호작용을 하나는 외부시스템이라는 양면성을 지닌다. 이 두 가지 측면 때문에 자치단체의 자주성은 상대적인 것이다. 그러나 자치단체의 발전이란, 상위 시스템으로서의 국가 지배에서 이탈하고 국가와 사회적 기능을 상호 부담하면서 상호보완적 작용을 하는 방향으로 진행하는 것을 말한다. 원칙적으로 말하면, 자치단체는 이른바 내정(內政)이라고 불리는 대내적 환경적응에, 국가기능은 대외·국방과 같은 대외적 환경적응과 자치단체 간의 조정에 해당한다.

두 번째, 자치단체는 도시경영, 도시행정, 도시활동이라는 포괄적인 삼층 기능구조를 가진다.

도시경영의 내용

1. 조직적 의사결정

자치단체의 설립·합병·해산 등의 조직기반, 주요인사, 경영목적의 공식화에 관한 의사결정을 한다. 예를 들면, 주요인사는 단체장과 의원의 선출이다.

2. 전략적 의사결정

전략적 의사결정은 경영개념의 명확화, 경영목표의 공식화, 전략적 목표의 선택, 목표수준의 실정, 도시의 경영구조의 결정, 도시의 경영구조를 작동시키는 기간·예산 등에 관한 의사결정이다.

3. 경영진단

전략적 의사결정은 도시경영을 경유해서 도시활동으로 실천된다. 그 성과를 평가·분석하고, 조정적·전략적 의사결정으로 전환하는 것이 경영진단이다. 도시경영은 도시경영층의 의사결정, 특히 전략적 의사결정의 내용을 도시활동 속에 가장 능률적으로 실천하기 위한 중간관리 내지 집행적 리더십 기능이다. 보다 구체적으로 실시계획을 설정하고 기구나 절차적인 실행조직을 만들고 관계자에 동기부여를 하고, 활동효과를 평가·분석해서 도시경영 차원으로 전환한다.

도시경영의 두 가지 측면과 전제조건

1. 두 가지 측면

도시경영의 기본 작동원리는 전통적 의미의 정부행정에서 접근하는 것과는 다른 측면의 효율성과 주민참여라는 양대 축을 중심으로 한 새로운 관점에서 살펴볼 필요가 있다. 이런 점에서 도시경영의 구체적인 내용은 두 가지 측면에서 접근해 볼 수 있다. 자치단체의 수지균형이나 사무의 능률성과 생산성을 제고하고, 경비를 절약하는 등의 행정관리적 측면에서의 내부경영이 그 하나다. 자치단체의 지역을 개발하고 환경을 가꾸며 교통, 통신 또는 에너지를 원활하게 공급하는 것을 뜻하는 지역경영 즉, 외부경영이 또 하나의 측면이다.

두 번째 측면의 도시경영 즉, 지역경영은 기본적으로 도시 미래의 자치단체로서 주체성을 가지고 능동적인 경영주체로 전환함으로써 도시문제를 극복하고자 하는 논리다. 앞으로의 도시경영은 이러한 의미를 중심으로 해야 하며, 행·재정 운영의 효율성을 높이는 것이 도시경영의 전부인 양 오도되어서는 안된다. 이것을 다른 의미에서 본다면 효율적 행정관리를 뜻하는 도시경영은 자치단체라는 조직의 운영 효율론을 말한다. 이것에 비해서 외부경영적 의미의 도시경영은 자치단체를 구성하는 시민이 자치단체라는 자신들의 조직을 통하여 그 지역과 시민의 삶의 질을 어떻게 높여 나가는가에 관한 것이다. 이를 위해서 도시경영은 좁은 의미의 효율론만이 아니라, 지역과 시민에게 주어지는 효과가 무엇인지에 대해서도 초점을 맞추어야 한다. 지역경영적 의미의 도시경영은 도시가 시민에 의한 자치단체로 확립되는 것이며 또 그러한 방향을 지향하는 것을 말한다. 주체적 자치단체는 쓸데없는 경비나 남아도는 인력을 감싸는 안이한 경영이나 낭비적인 투자는 물론 엄격하게 피해야 한다. 도시경영의 주체성이 확립되면 자원을 더 한층 유효하게 활용하려고 노력하는 것이, 하나의 조직체로서 그리고 시민으로부터 신탁된 조직체의 입장에서 당연한 의무다. 지역경영적 의미의 도시경영시스템이 확립되면 내부경영적 의미의 효율성과 능률성은 한층 엄격하게 평가되어 단순한 회계상의 수지만이 아닌 시민복지의 질적 효과성이 더욱 중요시된다. 효율성은 위에서부터 누르는 것이 아니라, 자치에서부터 생겨나야 한다. 이렇게 될 때 도시경영의 두 가지 측면은 동시에 의의를 가진다.

예로부터 중앙정부 내에서는 자치단체에 업무를 맡길 수 없다는 관념이 강하게 작용하고 있다. 그 이유는 자치단체의 효율성이 떨어지고 경영능력이 부족하여 부당한 결정을 내리기 쉽기 때문이라는 것이다. 그러나 시켜보지도 않고, 더구나 수족을 묶어놓고 능력이 없다고 한다면 아무 일도 되지 않는다. 우선 도시가 본래 의미의 자치단체로서 경영주체권을 확립하고 경영할 수 있도록 그 기본조건을 자치단체에 갖추어 주도록 해야 한다. 물론 지금까지 자치단체 가운데는 세금을 도둑질하는 등의 비리나 의혹이 많았던 것도 사실이다. 이것은 물론 있어서는 안 될 일이지만, 이러한 병리는 지방에만 국한된 것이 아니라 중앙과 지방에 관계없이 행정이라는 권력적 작용에 붙어 다니는 것이다. 이것을 감시하는 제도적 장치가 되어 있어도 결국은 시민자신이 감시하지 않으면 자치라고 할 수 없다. 도시정부는 시민의 가장 가까운 곳에 있다. 경영주체로서의 도시는 시민에 의해 지탱되고 규율된다. 자치단체의 효율적 운용이라는 측면에서 볼 때, 현재의 자치단체가 능력이 없다고 단정할 만한 근거는 없다. 교육이 보편화됨에 따라 능력을 가진 인재가 자치단체에 배치되어 있고, 앞으로 능력을 발휘할 수 있는 기회가 주어지기만을 기다리고 있다. 복합적인 도시문제를 해결하기 위해서는 지역에 항상 밀착하여 있는 것과 수직적이고 경직적이지 않은, 탄력적이고 종합

적인 사고를 필요로 한다. 한 부처의 장벽 속에 틀어박혀 중앙의 책상 위에 앉아 있는 것은 한 가지 일에는 뛰어날지 몰라도 도시경영을 행할 능력을 갖추기는 어렵다. 도시경영을 실천할 수 있는 곳은 바로 자치단체인 것이다.

키 포인트

'도시경영'은 시민도 경영의 주체로서 권리와 책임을 재확인하는 것이며, 도시와 시민을 직접 연결시키려는 사상이다. '행정'이 시민들 스스로와 거리감을 갖고 이루어지는 것이라면, '경영'은 시민이 중심이 되어 자치단체의 사업을 시민의 틀을 가지고 적절한 위치설정과 방법을 부여하는 시민중심·소비자중심의 행정시스템을 의미한다. 이 점이 도시경영과 행정의 근본적이고 핵심적인 차이다. 이런 차이점을 분명히 인식해야만 도시경영의 본질적인 가치를 제대로 실현해 낼 수 있다.

2. 전제조건

1) 가치와 발상의 전환 이루어야

도시가 시민자치의 중심으로 주체적인 도시경영을 해나가기 위해서는 갖추어야 할 조건이 몇 가지 있다.

첫째, 중앙정부와 광역자치단체인 시·도 그리고 기초자치단체의 기능 및 사무의 배분과 이에 따른 지방재정제도의 개혁이 행정 편의적 발상이 아닌 시민복지의 극대화라는 관점에서 이루어져야 한다. 법규에 얽매인 자치단체의 족쇄를 풀어 자치단체가 주체적인 활동을 할 수 있도록 보장해 주어야 한다. 또 자치단체의 안정적 재원과 자치재정권을 확보해 주고 단년도 회계주의와 경기변동에 따른 재정의 불안정성을 완화시켜야 한다.

둘째, 자치단체가 국가의 하청기관에서 벗어나서 말 그대로 자치단체로서 시민복지를 위한 종합경영을 하기 위해서는 무엇보다도 자치단체 공무원의 의식개혁이 선행되어야 한다. 자치단체가 부서 이기주의를 극복하여 종합적인 경영을 하려면 지금까지의 수동적이고 무사안일주의적인 의식을 버리고 따뜻한 마음과 인간성, 냉철한 두뇌 그리고 풍부한 창조력을 가져야 한다.

셋째, 도시행정에서 도시경영으로 전환하는 데 있어서 무엇보다도 중요한 것은 성숙한 시민의식이다. 시민은 도시에 거주하고 있다는 사실만을 주장할 것이 아니라, 스스로의 권리와 책임으로 구성되는 시민의식에 기초하여 도시경영에 참가해야 한다. 시민은 도시에 거주하고 있다는 사실만을 주장할 것이 아니라 스스로의 권리와 책임으로 구성되는 시민의식에 기초하여 도시경영에 참가해야 한다. 시민이 참여하지 않은 도시경영은 파산한 기업과 같다.

이와 같은 전제조건이 갖추어지지 않으면 도시경영은 불가능한 것일까? 그렇다면 이러한 조건이 갖추어지지 않은 한국의 도시들은 언제까지나 도시경영체제를 구축할 수 없게 되는 것일까? 여기서 주장한 세 가지 전제는 도시경영을 가능하게 하는 조건인 동시에 또 도시경영이 지향하는 목표이기도 하다. 목표는 충분히 달성되어 있지 않기 때문에 목표로서의 가치가 있는 것이고, 도시경영의 조건이 갖추어져 있지 않더라도 포기할 수 없는 우리 스스로의 커다란 과제다. 이러한 제한된 조건 속에서 행·재정 운영의 효율화 뿐만 아니라 지역 경영적 측면에서의 도시경영을 이미 과감히 시도하고 있는 자치단체도 있다. 낡고 고식적인 도시행정의 틀 속에 박혀서는 현실의 도시문제에 적극적으로 대응할 수 없다. 특히 직선 자치단체장은 법에 얽매인 행정이 아니라 현실문제에 대응한 도시경영을 요구받는 입장에 있다. 복합적인 도시문제를 법규만으로는 대처할 수 없다. 종래와 같은 '법규 따르기'식의 도시행정시스템으로는 행정의 효율성을 아무리 추구해 봐야 현실문제를 해결할 수 없는 것이다. 우선 문제를 파악하고 경영목표에 비추어 판단이 서면 가능한 모든 수단을 동원하여 문제해결을 시도하게 된다. 이를 위해서는 무엇보다도 시장의 리더십이 필요하다. 추구해야 할 목표와 수단이 설정되면 시민과 공무원 모두에게 새로운 의욕과 행동이 생겨난다. 더구나 각각의 조직이 일체성을 갖기 위해서는 기획조정부문을 강화하고, 태스크포스와 프로젝트팀을 적극적으로 활용하여 비정형적이고 유동적인 시스템을 갖추어야 한다.

현상의 테두리를 벗어나 발상의 전환을 가져오는 주체적 도시경영을 위한 몇 가지 수단을 살펴보기로 하자.

첫째, 도시경영의 목표에 따라 법령과 제도를 수정하고 이것을 활용한다. 지금까지의 법적 제도를 묵묵히 따르기만 해서는 도시문제에 적절히 대응할 수 없다는 것은 당연하다. 물론 개중에는 부분적으로 활용가치가 있는 것도 있으므로 이러한 것은 최대한 활용해야 한다. 법령과 규정에 얽매여 있던 종래의 도시행정은 법령이 뜻하는 의미를 잘 살려서 활용하지 못했다. 법은 살아 있는 것이다. 법은 밖에서 주어진 것이 아닌 시민생활에 무엇이 도움이 되는가 하는 관점에서 해석하고 운용해야 한다.

둘째, 법의 미비를 도시경영의 입장에서 적극적으로 보완해야 한다. 법률은 어떻게 해도 현실문제보다 선행할 수 없기 때문에 법이 지닌 획일성은 지역실정에 맞지 않는 것도 있다. 개별로는 강한 효과를 나타내더라도 종합적인 시책에는 맞지 않는 것도 있다. 조례나 규칙은 물론, 협정을 체결한다든지 행정지도 방법의 개발 등을 적극적으로 모색해 법의 미비점을 보완하고 현실문제에 즉각 대응할 수 있는 시스템을 갖추어야 한다.

셋째, 가치의 전환과 창조를 적극적으로 시도해야 한다. 그동안의 가치가 상실 되었다든지 현실과 맞지 않는 것은 도시경영으로의 전환을 위해 새로운 가치체계로 전환되어야 한다. 예를 들면, 쇠퇴해 가는 농업을 도시 속에 옮겨오는 '녹색행정'으로 전환하여 농민과 도시 사이에 새로운 관계를 회복하는 수단을 강구하여야만 도시농업이라는 사고를 창조할 수 있다. 농업은 비록 양적으로는 감소하고 있지만 농업을 계속하는 농민의 의욕을 살려야 하며, 도시에도 일종의 오픈스페이스를 확보하게 하여 푸르름과 식량을 공급하는 근거지가 되도록 해야 한다. 농지를 남기지 않고 모두 도시화한다는 종래의 계획론에 대하여 도시가 농업에 적극적으로 참여하는 적은 종래의 행정으로 볼 때는 커다란 가치전환이다.

키 포인트

스스로 다스리지 않는 시민이 자신의 책임은 회피한 채 행정의 책임만을 주장하는 것은 '윗분'행정 시대의 사고에서 벗어나지 못한 행태다. 시민과 자치단체는 연관이 없는 대립 분리된 존재가 아니다. 도시경영론은 도시를 '외부의 권위'로 움직이는 것이 아니라 도시를 구성하는 시민의 필연적인 수요에 의해 시민이 운영한다는 시민과 자치단체 간의 내재적 관계를 설정하는 것이다.

2) 자주적 시민의식 확립이 관건

중앙으로부터 주어진 틀에 묶인 채 효율성만을 추구하는 자치단체는 시민과 연결이 없는 '윗분'에 지나지 않는다. 또 스스로 다스리지 않는 시민이 자신의 책임은 회피한 채 행정의 책임만을 주장하는 것도 '윗분'행정 시대의 사고에서 벗어나지 못한 형태다. 시민과 자치단체는 연관이 없는 대립 분리된 존재가 아니다. 도시경영론은 도시를 '외부의 권위'로 움직이는 것이 아니라 도시를 구성하는 시민의 필연적인 수요에 의해 시민이 운영한다는 시민과 자치단체 간의 내재적 관계를 설정하는 것이다.

시민은 자치단체의 경영주체인 동시에 자치단체의 경영객체 또는 대상이기도 하다. 이와 같은 관계에서 볼 때 시민에게 자치단체는 물론 '윗분'은 아니며 주식회사와도 다르다. 말하자면 출입이 자유로운 클럽조직과 비슷하다. 그러나 출입이 자유로워도 회원이 만든 클럽이라면 규율이 필요하고 회원 개개인이 해야 할 역할도 있다. 우리는 얼마 전만 하더라도 자신의 집 앞이나 맞은편 집 앞의 도로를 각자 청소했다. 그러나 오늘날에는 대문 밖의 청소도 하지 않은 채 자치단체가 해주길 요구하고 있다. 독일에서는 법으로 자기 집앞 보도의 관리책임을 집주인에게 맡긴다든지 바깥쪽 창문의 청소를 집주인이 하도록 규정하고 있다. 우리들은 평소에는 그다지 느끼지 못하지만, 한 걸음만 나서면 도로, 상수도, 하수도, 학교, 쓰레기처리 등 여러 가지 공동수단에 의존하여 생활하고 있음을 알 수 있다. 이러한 것은 결코 처음부터 우리에게 주어진 것이 아니다. 또 타인의 것도 아니다. 시민자신의 세금으로 만들어진 것이다. 시민공동의 것, 우리들의 것이다. 도시경영의 이념적인 모습은 봉사자에 의한 도시의 경영이다. 공공서비스를 자치단체와 시민이 공동으로 생산하는 것이다. 공원의 꽃과 나무를 꺾고, 쓰레기를 몰래 버리는 것, 버스 전용차선을 위반하는 것 등을 자치단체의 감시원이 적발하는 것은 공무원의 수만 늘리고 인건비 부담만 높여놓기 때문에 납세자인 시민의 입장에서는 바람직한 도시경영이라 할 수 없다. 또 공무원은 공무원대로 책임을 회피하기 위해 많은 금지규정을 만들어 재미없는 공원을 만들게 된다. 자주적이고 자치적인 시민이 육성되어 시정을 바로 움직일 수 있을 때, 그 결과 시민이 도시경영의 주체가 되고 역할을 분담하게 될 때 자치단체는 시민의 것이 되고 바람직한 도시경영 시스템이 구축될 것이다.

3) 도시경영의 주체와 시민참여

도시경영에서의 시민참여 개념을 좀 더 자세히 살펴보자. 도시주민은 자치단체경영에 참가하여 복지 목적의 실현에 협력함과 동시에 자치단체로부터는 복지효용의 배분을 통해 개인목적을 충족한다. 따라서 자치단체는 시민의 협력시스템이며, 또한 시민에의 배분시스템이다. 먼저 시민 협력시스템으로서의 자치단체를 살펴보면, 자치단체는 도시의 경영목적인 복지를 실현하기 위한 시민에 의한 자주적인 경영조직이다. 이 경우 시민의 자치단체에 대한 협력내용으로는 목적 실현에 도움이 되는 적극적 협력과, 도움이 되지 않는 소극적 협력이 있을 수 있다. 또 적극적 협력도 단순하게 조세부담을 하는 수동적 적극협력에서, 복지목표 달성활동에 직접적으로 관여하는 것과 같은 능동적·적극적 협력까지 다양하다.

자치단체를 구성하는 시민 모두가 능동적·적극적 협력을 한다는 것은 고대 도시에서나 찾아볼 수 있고, 현대도시에서는 성립하지 않는다. 그것은 자치단체의 규모 확대에 따른 조직 기술상의 제약과, 자치단체 외의 자기가 소속된 기업과 같은 도시하부시스템에 직접적 관여를 하는 등의 이유 때문이다.

근대 민주주의 원리에 기인하는 자치단체의 '삼층기능' 분담시스템은 일반적으로 다음과 같은 자세를 취해야 한다. 먼저 도시경영은 간접민주제와 직접민주제를 조화시킨 방식에 의해 시장이나 의원 등에게 자치단체의 경영을 위임한다. 이 경우 시장이나 의원은 좁은 의미에서의 도시경영자이고, 전문경영자이다. 또 도시행정에 있어서는 시청과 같은 전문화된 조직을 구성하여 위임한다. 이리하여 특정인과 특정조직이 자치단체의 경영조직을 형성하게 된다.

근대 민주주의 원리에 입각한 자치단체 조직도 경우에 따라서는 지배적 시스템으로 전환될 위험성을 가지고 있다. 위에서 말한 분담 방식이라고 착각되어 보편화된 경우, 국가와 같은 외부환경 주체의 압력에 의해 도시경영의 주체나 의사결정이 좌우된 경우, 관료제의 병리에 의해 도시행정조직이 독주 또는 경직화된 경우에 발생한다. 이러한 부당성은 보통 민주주의 원리에 기초하여 규범적으로 주장되지만, 여기에서는 조직이론의 측면에서 볼 때 그러한 지배시스템이 도시경영 목적의 달성에는 바람직하지 않다는 점이다.

여기에서 원용하고 있는 인간에 대한 가설에 의하면 도시주민은 시민으로서 복지의 실현에 협력하고, 실현된 성과의 배분을 통해 개인의 목적을 달성시키는 존재다. 이 가설에서 보면, 조직으로서의 자치단체가 존속하는 조건은 다음과 같다.

ⓐ 자치단체라는 조직은 도시주민이 시민으로서 상호작용(적극적·소극적 협력)하는 사회적 행동 시스템이다. ⓑ 시민은 자치단체에 협력하고, 그 반대급부로서 자치단체로부터 편익을 향유한다. ⓒ 시민은 향유하고 있는 편익이 반대급부로 요구되는 협력이나 부담에 비해서 같거나, 그것보다 크다고 생각할 경우에는 자치단체에 계속해서 협력하게 된다. 이 경우 시민의 편익은 협력을 이끌어내는 원동력이라는 의미에서 유인이라고 바꾸어 말할 수 있다. 또 앞에서 협력의 다양성을 말했듯이 유인 또한 다양하고, 금전급부, 양질의 물, 맑은 공기, 완비된 병원과 같은 물적 요인은 물론 시설 이용의 기회, 정보의 전달, 살고 싶은 도시환경 등 비물질적인 요인도 있다.

특정의 요인이 유인으로서 작용하는 것은 그 요인이 시민의 개인목적 달성에 기여하는 경우다. 반대로 말하면 객관적으로 봐서 편익을 가지는 특정요인이라도 개개 시민에게 주관적 편익을 좌우하는 것은 개인목적이지만, 그 내용은 다원적일 뿐만 아니라 유동적이고, 또한 개인차도 크다.

오늘과 같은 지식산업시대, 4차 산업혁명 사회에서는 최고차원의 목적인 자기실현과, 모든 전제가 되는 인지와 이해가 특히 주요한 의의를 가지게 된다. 이것을 자치단체 조직이 시민참가의 유인이라는 각도에서 표현하면, 정책결정 참가와 정보참가가 된다. 그러므로 시민의 도시경영 참가는 간접민주주의의 결함을 보충하는 조직기술적인 문제일 뿐만 아니라, 자치단체라는 조직의 존재와 관계하는 근원적인 조직원리라고 해야 할 것이다. 이렇게 보면, 도시경영의 경영자는 넓은 의미에서는 시민이며 '모든 시민의 경영자론'이 적절하다.

4) 권위적 리더십에서 시민지지적 리더십으로 전환돼야

이 글에서는 도시행정을 도시경영층에 의한 결정을 가장 능률적으로 수행하기 위한 중간관리 내지 집행적 리더십 기능으로 정의했다. 이러한 도시기능은 앞에서 말한 것과 같이 도시 활동의 규모가 확대되고 그 내용 또한 매우 복합적으로 이루어져 있기 때문에 매우 전문화되고 정상적으로 구성된 자치단체의 조직에 의해 수행되고 있다.

이러한 도시행정조직은 그 기능을 공정하고 확실하게 수행하기 위해 규칙을 제정하여 비인격화를 추진하고, 능률을 높이기 위한 전문화와 계층화를 촉진시킨다. 규칙, 비인격화, 전문화, 계층화 등은 합리적 조직으로서의 관료제를 형성하는 요인이기도 하지만, 그러한 것들은 자칫하면 규칙이 규칙을 낳는 등의 다수의 역기능을 초래하여 자기 목적화되는 관료제의 병리에 사로잡히게 된다.

관료제의 병리현상을 극복하기 위해서는 도시행정의 권위적 리더십에서 도시경영 이념에 기초를 둔 시민지지적 리더십으로 전환되어야 한다. 이런 점에서 도시경영의 시민지지적 리더십의 특성은 상당히 중요한 개념이다.

ⓐ 도시활동 속에서 개인의 가치나 자존심을 증대시킨다고 느끼는 행동을 통해 시민지지적 관계의 형성 ⓑ 시민간의 대인관계망을 만들고 그것을 유지하는 행동을 통한 상호작용의 촉진 ⓒ 시민에게 도시의 목표를 부여하고 발전을 추진시키면서 시민 스스로가 적극적으로 받아들이게 하는 도시발전 목표의 강조 ⓓ 도시발전 목표를 달성시키기 위해서는 필요한 활동 방법·기술 등을 지도하는 행동 지지적 리더십을 창출시켜야 한다. 이를 위해서는 열거한 특성 뿐만 아니라 시민들을 상대로 예시, 설득, 토론 등의 다양한 형태의 정보교류가 이루어져야 한다. 도시경영에서 시민참여는 그 이론적 토대와 함께 지방자치 단체장들이 효율적인 경영관리를 해나가는 데 핵심적인 요소가 된다. '참여'가 시대적 화두가 되고 있다. 중앙정부 행정이 일반적 지시나 군림하는 리더십이었다면 도시경영은 단체장과 주민의 상호호혜적 경영관리시스템을 말하는 것이며, 이것이야말로 21세기 지방행정의 민주화와 합리적 발전을 추동하는 중요한 축이 되어야 한다.

도시경영의 전략적 접근과 과제

1. 왜 전략적으로 접근해야 하는가?

도시정부를 둘러싸고 있는 환경은 점점 다양하고도 복잡해지면서 급격하게 변화하고 있다. 이러한 환경의 변화로 인해 도시정책의 전개나 도시라는 지방자치단체의 운영에도 새로운 시각과 수법의 도입을 필요로 하고 있다. 도시경영이란 최소의 비용으로 최대의 시민복지효과를 달성하는 것으로서 한정된 재원과 인력이라는 도시정부가 안고 있는 제약조건 속에서 어떻게 최적의 정책선택을 하는가라는 전략적인 사고와 그 실천을 의미한다.

지방자치단체로서의 도시는 시민에게 '요람에서 무덤까지'라는 행정서비스를 제공함과 동시에 도시 지역사회의 진흥과 발전이라는 면에서도 그 역할이 점점 증대되고 있다. 도시는 교육, 교통, 주택, 상수도, 하수도, 쓰레기, 공원, 시장, 문화센터, 재개발, 도시계획, 소방 등의 도시의 장치들을 설치하고 유지·관리함과 동시에 소비자보호, 문화수준의 고양, 호적 등 주민의 권리관계 확보, 청소년대책, 노인보호, 그 외의 복지서비스 등 소프트한 면의 서비스 제공에 이르기까지 광범위한 기능을 수행하고 있다. 따라서 이러한 광범위하고 다양한 분야를 관리하는 조직단체인 도시는 당연히 '경영'을 필요로 하게 되었다. 또한 도시는 지역사회의 최대·최강의 조직단체로서 지니고 있는 권한·재력·정보력을 활용해서 도시라는 하나의 지역사회 전체를 관리, 운영할 책임을 가지고 있다. 경영단체로서의 지방자치단체는 도시운영의 효율화 뿐만 아니라 지역의 조직으로서 시민복지의 극대화에도 힘써야 한다.

공업단지의 개발과 주택단지의 건설은 고용과 소득증대, 주민생활 안정이라는 긍정적 효과를 초래하지만 동시에 환경파괴나 재정부담의 증대라는 부정적 요소를 발생시키는 경우도 많다. 도시경영은 개개 시책의 전개가 긍정적인 가치와 부정적인 가치를 동시에 파생시킨다는 점에 유의해야 한다. 따라서 어떻게 부정적 가치를 극소화하고 긍정적 가치를 극대화할 수 있는가가 도시경영전략의 중요한 과제다.

도시경영에는 조세의 증세나 감세, 복지서비스의 신설과 유지 등 수지를 도외시한 정치적 색채가 짙은 정책분야가 존재한다. 이러한 정책분야는 관념적인 정치적 논리만으로의 주장이 아니라, 냉정하게 비용부담의 사회적 형평성이나 장기적 관점에서 지방재정에 어떤 영향을 끼치게 되는지의 검토 또한 필요하다. 도시정부의 재정운영은 공기업 회계와는 달리 현금출납을 중심으로 한 단식부기에 의해 처리되며 예산도 단년도주의로 되어 있다. 제도적으로나 실제적으로나 도시정부의 경영은 단년도마다 승부가 걸려 있다. 지방자체단체인 도시의 행정은 과거에서 미래로 계속되는 연속시스템이다. 따라서 재정운영이 1년 단위로 나뉘어 처리되면 재정운영의 계속성이 보장되지 않는다. 재정문제에 대한 대응과 판단 또한 1년 단위가 주류가 된다면 자치단체의 행·재정 운영의 장래 전망 또한 밝지 않을 것이다. 이와 같은 문제점을 극복하기 위해서 각 도시정부는 장기발전계획을 수립하고 이에 따른 재원배분계획에 의해 매년도 예산을 편성하고 집행한다. 이것은 도시정부의 행정이 장기적 시점에서 종합적이고 계획적으로 운영되어야 한다는 것을 의미한다. 이것은 또한 경영적 발상에서 유래하는 것이고, 경영전략의 중요성을 인식한 것이라고 할 수 있으며, 경영전략의 필요성 또한 여기에서 찾을 수 있다.

도시경영 전략이란 구체적으로 어떻게 파악되어야 하는 것일까? 민간부문에서는 경영전략을 다음과 같이 정의하고 있다. "경영전략이란 조직활동의 기본적 방향을 환경과의 관계로 나타내는 것이고 조직활동의 기본적 상황선택과 활동을 결부시키기 위한 기본방침을 결정하고 시행하는 것이다."라고 한다. 조직활동의 기본적 방향이라는 의미에서 볼 때 경영전략은 조직목표와 다르다. 조직목표는 도시행정이 달성해야 할 성과를 나타내는 것으로 기본 구상 등에서 세워지는 목표가 그것에 해당한다. 경영전략은 그 목표에 이르는 활동계획의 기본적 시나리오를 작성하는 것이라고 할 수 있다.

환경과의 관계라는 의미에서 볼 때 경영전략은 포괄적이고 일반적인 것이 아니다. 구체적이고 개별적인 것이다. 어떠한 도시도 그 환경은 동일하지 않다. 인구, 면적, 지형, 지세, 기후, 산업, 전통, 인정 등 여러 가지 주어진 조건의 환경은 제각기 다르다. 이 환경은 또한 시대에 따라서도 다르다. 역사 이래 위대한 장군은 전투할 장소의 지형, 지세를 상세하게 파악하고 검토한 다음 전략을 수립했다. 따라서 도시경영 전략은 도시 그 자체와 환경과 깊은 관계에서 모색되어야 한다. 전략과 전술은 다르고 전략 또한 전략의 위계가 있어서 기본전략과 실행전략으로 분류할 수 있다.

2. 도시경영 전략의 3요소

경영전략은 구체적으로 여러 가지 내용을 가진다. 그 하나의 분류가 기본전략과 실행전략이다. 도시경영에 큰 영향을 미치고 그 성공여부가 도시행정의 평가와 관계되는 전략적 결정이 기본전략이고 특정지역의 재개발계획을 세우는 것은 실행전략이라고 할 수 있다. 이와 같은 두 가지 분류는 매우 구체적이고 분명하게 구별하기는 곤란하며 또 구별의 실익이 반드시 있는 것도 아니다. 매우 유사한 의사결정이 도시의 규모나 도시가 처해 있는 상황에 따라 기본전략으로 분류되거나 실행전략으로 구분될 수도 있다.

중요한 것은 엄밀한 분류가 아니다. 문제는 도시의 지도자들이 기본전략과 실행전략이라는 전략의 위계가 있다는 것을 인식하고 의식적으로 전략을 정리하고 질서를 확립하는 노력을 기울이는 것이다. 기본전략의 문제만이 전략인 것은 아니고 그 실행면에서도 전략적인 과제가 있다는 것, 또 실행전략만이 전략이 아니라 보다 기본적인 전략적 문제가 있다는 것을 분명하게 인식해야 한다.

도시경영의 기본전략은 일반적으로 도시의 바람직한 모습의 형성을 위한 기본방향의 결정과 그것을 더욱 구체적으로 구성하는 3요소로 성립된다고 할 수 있다. 즉 ① 주요과제의 설정 ② 주요과제의 주체별 기능분담 ③ 과제달성을 위한 인적·물적 자원 등과 같은 경영자원의 확보다.

도시의 기본방향이란 이미지적·개념적으로 나타난 도시의 기본목표라고도 할 수 있다. 각 도시들이 표방하고 있는 '문화·학원도시의 건설'이나 '인간적 복지도시의 창조' 등과 같은 특정도시의 바람직한 모습은 기본방향이다. 이와 같은 기본방향은 그것만으로는 구체적 내용을 가지지 않지만 조직활동의 지침이 된다. 이와 같은 기본방향에 기초해서 더욱 구체적으로 도시경영의 기본방향을 결정하는 것이 위에서 언급한 3요소다.

1) 주요과제의 설정

주요과제의 설정은 도시경영 전략의 핵심적 내용으로서 도시의 기본목표를 달성하기 위해 당해 도시가 처해 있는 환경조건 중에서 주요과제를 설정하는 것이다. 다시 말해 '어떠한 도시를 만드는가?' '어떠한 지역사회를 만들어 나가는가?'라는 도시의 이념과 철학을 명확하게 하여 인간이 살고, 행동하고, 휴식하는 도시상, 이미지, 모습은 가능한 한 확실히 확립하고, 그것을 위해서 새로운 도시개발을 추진해 나가는 것이다. 노인복지대책, 청소년대책, 지역문화의 창조, 도심재개발, 지역경제 활성화, 지하철 건설 등은 개별적 과제지만 당해 도시로서는 거대한 기획이 된다. 소프트한 과제와 하드한 과제도 포함된다.

2) 기능분담의 명확화

두 번째 요소인 주요과제의 주체별 기능분담의 명확화는 각각의 과제에 국가, 광역자치단체, 기초자치단체, 공사, 공단, 시민단체, 시민, 기업이라는 관련 주체별로 기능을 각각 분담함으로써 그 관계와 분야를 명확하게 하고 동시에 각 주체에 책임을 인식시키고 시행을 재촉하는 것이다. 다시 말해 국가와의 관계에서는 도시가 주체성을 가지는 것, 이른바 '지방분권'의 확립이고 또 시민과의 관계에서는 자치단체와 시민의 공동협력에 의한 도시개발, 도시경영을 추진한다고 하는 '시민참가'의 체제다. 지방시대, 도시자치의 실현을 위해서는 '분권', '참가'의 확립이 기본적인 전제조건임을 인식해야 한다.

대규모 주택단지의 건설에 따라 도로, 상수도, 폐기물처리, 학교시설, 공원의 행정수요가 급증함으로 인해 자치단체는 특히 재정적 어려움에 직면하고 있다. 이러한 문제들을 해결하기 위해 인구급증 지역에 지방교부세나 보조금의 비율을 높이는 제도를 도입하는 등 관련 주체들 간의 기능분담이 필요하다. 도시라는 자치단체를 위한 새로운 제도를 도입하거나 광역

자치단체, 공사, 공단, 민간의 사업 등이 하나의 목표로 귀착될 수 있도록 조정하는 것 또한 경영전략의 중요한 요소가 된다.

3) 경영자원의 확보

모든 사업과 사무의 집행에는 인적자원과 물적자원이 필요하다. 또한 정보가 중요시된다. 우수한 인재의 확보와 함께 인재를 보다 유효하게 활용할 수 있는 경영체제를 확립해야 한다. 그러기 위해서는 공무원들의 의식 개혁이 필요하며, 이를 위해 공무원제도 또한 개혁되어야 한다.

도시경영이라는 것은 자치단체가 시민이 내는 세금을 받고 신탁된 도시자치단체를 운영하는 것이라고 할 수 있다. 따라서 도시경영은 세금 납부자적 시점과 입장에서 신탁된 세금을 효율적·합리적으로 운용해야 한다. 자치단체는 도시경영에 필요한 재원을 충분하게 확보하고 있는가? 현행의 지방재정제도를 전제로 할 때 응분의 재원은 보장되어 있지만 충분하다고 할 수는 없다. 여기에서 전략적인 문제가 새롭게 발생한다. 관련 주체로부터의 협력의 확보, 보조금 획득, 기채의 적극적 활용, 기금의 이용, 그 외의 재정적인 창의성 발휘와 연구가 필요하다. 정보의 수집과 활용이 결정적인 전략적 요소가 된다.

4) 전략의 단계성과 시간성

기본전략을 이와 같이 3요소로 분해해서 생각한다고 해도 3개 요소의 결정은 항상 상호 독립적·배타적으로 이루어질 수 없다. 예를 들면, 기능분담의 결정은 경영자원을 어느 정도 확보할 수 있는 경우가 있다. 지역사회 시설의 운영을 지역사회에 맡기는 것은 시민에너지를 경영자원으로 전환하는 좋은 예다.

기본적이고 구체적 내용을 형성하는 3가지 요소는 그 모두가 더욱 세분화된 구성요소로 성립되는 경우가 많다. 하나의 주요과제를 설정해도 그것을 다시 몇가지 하위의 주요과제로 세분할 수 있다. 도시계획의 경우 가로정비에는 토지구획정리사업이나 재개발사업이 포함된다. 기능분담의 경우에도 도시의 기능에는 부분적으로는 다른 주체의 기능분담이 다시 생기는 경우도 있을 것이다. 최근 성공적이라고 평가되고 있는 쓰레기 종량제 사업은 관·민 협동생산에 의한 서비스공급으로 그 좋은 예가 될 수 있다.

따라서 ⓐ주요과제 ⓑ기능분담 ⓒ경영자원의 확보란 그 각각을 구성하고 있는 내용의 범위와 구성요소만의 우선순위를 결정하는 것이다. 예를 들면, 주요과제 중 어느 것을 선택하는가라는 것은 범위의 문제다. 선택된 과제 중 어느 것에 주력하는가라는 것은 우선순위의 결정문제다.

도시경영은 계속적인 것이기 때문에 범위나 순위의 결정에는 시간개념을 도입해야 한다. 당면상황은 어떤가? 수년 혹은 10년이라는 장기적 시점에서 장래의 방향은 어떠한가?라는 문제가 생긴다. 경영전략이 현재 조직활동에 지침을 주고, 장래의 방향으로 유도하는 것인 이상 시간적인 고려는 필수적이다. 전략은 다이내믹한 도시경영의 기본지침이고 그것을 위해서는 전략의 단계성 혹은 시간성이라는 것을 무시해서는 안된다.

	범위		우선순위	
	당면상황	장래방향	당면상황	장래방향
ⓐ 주요과제				
ⓑ 기능분담				
ⓒ 경영자원				

도시경영전략의 매트릭스

기본전략에 대한 종합적 결정은 도시의 환경조건과 전략 내부 간의 상호 정합성의 고려 위에서 결정되어야 한다. 기본전략의 구체적 내용은 표와 같은 측면에서 검토되고 결정되어야 한다.

3. 도시유형별 환경과 전략과제

1) 도시유형 및 과제

도시경영의 기본전략을 수립하기 위해서는 우선 당해 도시의 기본방향, 즉 도시의 바람직한 모습을 명확하게 설정해야 한다. 다시 말해 이미지적·개념적으로 나타난 도시의 기본목표를 명확하게 해야 한다. 도시의 기본목표 설정과 그것을 실현하기 위해서는 전략과제를 선정할 필요가 있다. 주요과제는 도시경영 전략의 핵심적 내용을 구성하는 거대한 기획을 명확하게 하며 당해도시와 관련된 환경과 깊은 관계를 가지고 있다. 도시경영은 주어진 조건인 도시환경에 의해 지배되고 제한되어 있기 때문에 도시환경을 어떻게 활용하느냐 하는 것이 도시경영 전략의 주요 목표가 되는 경우가 많다.

도시유형별 도시환경과 전략과제를 살펴보기로 하자. 지방 대도시는 일반적으로 시가 주민의 기본적 서비스기능, 도단위 수준의 중추관리기능 또는 연합체 중심으로서의 기능을 모두 가지고 있는 도시라고 할 수 있다. 지방 대도시에서도 가장 특징적인 기능인 행정·문화·경제 연합체의 중심역할의 경우에는 중앙에서 지방으로 전달하는 중계기지로서만이 아니라 첨단적인 정보서비스산업 분야 등에서도 지역독자의 창조력을 높여 특화된 중추관리기능을 수행하고, 수도권의 인구와 산업의 분산을 유도해낼 수 있는 전략과제를 설정하여 추진하도록 해야 한다.

지방 대도시는 주민의 생활과 직결되는 상업, 의료 서비스 등을 비롯, 수도권에 뒤지지 않는 수준의 서비스를 제공하는 분야도 많이 있다. 그러나

지가상승, 주택지의 외연적 확산, 교통 혼잡, 환경문제 등은 수도권 도시와 같은 유형의 문제를 발생시키고 있다. 이러한 문제에 대처하기 위해서는 무엇보다도 지방 대도시권역을 중심으로 한 교통체계의 정비를 통해 단핵적인 도시구조에서 도심부에 입지할 필요가 없는 도시기능을 계획적으로 분산 배치하는 다핵적인 도시구조로의 변혁이 필요하다. 지방 대도시가 구성하는 도시권은 다른 지방도시권과 비교해서 매우 광역적이기 때문에 행정구역을 넘어선 계획상의 대응 또한 매우 중요한 과제다.

도별 중심도시는 일반적으로 도청이 입지한 중심도시로서 도시기능의 집적이 진행되고 주민의 일상생활과 관련된 서비스는 어느 수준 정도 달성되어 있다. 또 도내의 수위도시로서 각종의 도시시설도 다른 도시에 비해 먼저 정비되는 것이 통례이고, 도시기능의 충실도 등을 종합적으로 보면 자생적인 발전력을 가진 도시라고 평가할 수 있다. 최근에는 계속적인 인구증가 경향을 보이고 있다. 이러한 도시가 앞으로 지방 대도시로 발전하기 위해서는 도시정비를 추진하고 증대하는 교통수요를 처리하기 위한 교통시설의 정비를 추진할 필요가 있다. 이 경우 도시규모로 보아 자가용 등의 개별 수송수단을 주체로 하는 것은 곤란하며 버스 등의 기존 교통수단의 효율적인 활용을 도모함과 동시에 필요에 따라서는 경량전철과 같은 수송기관 도입의 검토를 통해 효율적인 도시교통 체계를 확립하는 일이 매우 중요하다.

도 구역 내의 균형 있는 발전을 도모하기 위해서는 도청소재 도시의 일극집중형보다는 집중 경향이 있는 기능 중의 일부를 선택적으로 중소도시에 분산 배치하는 시책의 전개도 필요하다. 이러한 도시는 상대적으로 보아 아직 지가수준도 비교적 안정되고 전원적 환경이 많이 남아 있다. 유리한 자연환경의 보전에 유의하면서 환경적으로 지속가능한 도시개발과 정비과제를 시행한다면 여유 있고 윤택한 지역사회를 만들 수 있을 것이다.

지방 중소도시는 규모와 그 도시가 처해 있는 환경 또한 매우 다양하다. 주변 농·산·어촌을 포함하는 일상 생활권의 중심도시로서 상업중심으로 기능이 발전된 도시, 특정 공업을 중심으로 발달된 도시, 역사적인 전통과 문화를 기반으로 교육·문화의 중심으로 발전된 도시 등 각각의 특색을 지니고 있다. 산업구조의 변화, 교통·통신의 영향을 받아 성장하거나 정체하는 도시도 많이 있다. 일반적으로는 자가용을 중심으로 한 개별 교통수단의 확대에 의해 종전에 보유하고 있던 지역중심으로서의 역할마저 점차 상위도시에 흡수당하는 경향도 일어나고 있다.

도시의 전원적인 분위기를 지니고 있으면서도 도시의 기반시설, 교육·문화 시설 등의 고차원적인 도시기능은 낙후되어 있어 도시적 생활환경이라는 면에서 몇몇 도시를 제외하고는 매력있는 도시환경을 형성하고 있다고 말할 수 없다. 이러한 도시들은 인근 농·산·어촌을 배후로 한 일상생활의 중심으로서 기능을 충실히 함과 동시에, 전통적인 문화와 현지의 특색을 살린 6차 산업, 관광산업의 진흥 등 지역의 특질을 살려 다른 도시와 상호 기능을 분담하면서 종합적으로 도시기능을 발휘할 수 있는 전략과제를 선정해야 한다.

2) 장래의 전략과제

도시의 주요 경영전략 중 장래의 전략과제에 대해 살펴보기로 하자. 장래의 전략과제는 개별 도시별로 처해 있는 환경여건에 따라 각기 상이하고 다양하게 제시될 수 있다. 공통적인 과제는 무엇보다도 지방도시의 취업기회의 확대, 교육문화에 대한 기능의 충실, 도시의 개성과 매력의 창출, 고령화 사회에의 대응을 들 수 있다.

취업기회의 확대는 지방도시가 건실하고 충실하게 발전하기 위한 필수

과제다. 그것도 매력적인 취업기회를 창출하는 것에 초점이 맞추어져야 할 것이다. 취업기회를 확대하기 위해서는 무엇보다도 지역산업의 진흥을 꾀해야 한다. 종래부터의 지역산업 진흥의 결정적 인자는 기업유치에 있었다. 공업단지의 조성 등을 통한 기업유치는 지금까지 취업기회의 확대에 큰 공헌을 해왔다. 그러나 기업유치도 그 내용이나 현지 산업과의 관련정도에 따라 지역 공헌도에 상당한 차이가 생긴다. 종전의 기간 자원형 산업에서 도시형 산업으로 비중이 높아지고, 고도가공형·고용흡수형 산업이 중시되고 있다. 또한 최근 유행인 테크노폴리스 건설 등에서 나타나듯이 첨단 기술산업의 성장력을 활용하려는 움직임 또한 매우 활발하다. 기업유치와 현지산업의 진흥이 각 도시에서 중요한 정책과제로 자리매김되고 있다. 이러한 것들이 실효를 거두기 위해서는 기술의 향상, 판로의 개척 확대, 인재양성, 중간기술의 개발, 정보의 다양화와 기반구축 등이 정책으로 제시되고 있다. 각 도시는 개별도시가 처해 있는 도시환경의 고려 위에서 가장 적절한 장래의 전략과제를 선택해야 할 것이다.

교육·문화 기능의 충실문제는 지방화시대에 무엇보다도 중요한 과제로 제기되고 있다. 지방도시의 고등교육기반에 대한 기대는 매우 크다. 기대요인으로는 다음과 같은 것을 들 수 있다.

첫째, 취학기회의 확보다. 자택에서 통학이 가능한 고등교육기관에의 기대다.

둘째, 젊은 인구의 정착화다. 젊은 인구의 정착에 의한 지역 활성화는 각 지역의 염원이라고 할 수 있다.

셋째, 지역문화 수준의 향상이다. 공개강좌 등의 개방된 대학에 대한 기대 등을 들 수 있다.

넷째, 행정이나 산업계와의 교류다. 대학의 고급인력이 지방자치단체의 각종 자문과 조사연구에 참가하는 형태로 지방자치단체에 전문지식을 제공하거나 정책결정에 참여 또는 현지 산업계에 정보를 제공하는 것 등이 기대되고 있다.

다섯째, 인재의 공급이다. 지방 도시로의 기업진출의 경우에도 현지에 고등교육기관이 있는 곳이 유리한 선택요인이 되고 있다.

여섯째, 학생의 역외유출에 따른 경제적 영향의 시정이다.

평생교육에 대한 주민들의 수요와 요청 또한 매우 크다. 정보화 사회로의 진전에 따라 새로운 지식이나 기능을 섭취해야 할 필요가 생기고 있고, 소득수준의 향상과 자유시간의 증대, 또 주민의 가치관과 다양화가 평생교육에의 기대요인이다.

문화와 스포츠 활동에의 관심이 높아지고 있는 것도 주목할 일이다. 노동시간의 단축은 취업구조의 변화, 고학력화 등과 더불어 문화·스포츠 활동에 주민들의 관심을 증대시킨다. 장래에는 지방도시에 문화·스포츠 부문에 충실을 기하는 것이 중요한 정책과제가 될 것이다. 문화시설로는 시민회관, 복지센터, 박물관, 미술관, 도서관 등을 들 수 있다. 이러한 시설들은 전국적으로 보면 시설 수는 해마다 증가되고 있지만 인구규모에 따른 도시별 실태로 볼 때 절대적으로 부족한 실정이고 질적인 면에서도 매우 열악한 형편에 있다. 스포츠 시설의 경우에는 학교 체육시설이 대부분이었지만 최근에는 공공 스포츠시설, 민간영리 스포츠시설의 비율이 높아가고 있다. 문화·스포츠 시설의 경우에는 민간부문과의 기능분담의 문제, 시설관리와 운영문제 등 앞으로의 과제가 산적해 있다.

지방도시는 자연이나 풍토, 역사적·전통적 유산에 의해 대도시와는 다른 독특한 개성과 매력을 가지고 있다. 유럽의 지방도시는 이 점이 특히 두드러져서 인구는 적어도 독특한 도시의 매력을 가지고 있다. 우리나라는 최근까지 이러한 도시의 매력을 소홀하게 취급해 획일화의 경향이 강했지만 드디어 그 시정에 대한 기운이 싹트기 시작했다. 사람들이 지방도시에 대해 느끼는 매력에는 취업, 취학, 구매 등에서의 선택의 다양성, 문화·유행면의 첨단성의 일반적인 도시의 매력과, 자연, 풍토, 경관, 거리의 집들, 역사적·전통적 유산 등에서 우러나는 개성과 매력이 매우 큰 비중을 차지하고 있다. 따라서 지방도시를 정비할 경우에는 이러한 지방도시의 개성과 매력의 창출, 조장을 도모하는 것이 매우 중요한 전략과제다.

4. 지방도시의 전략과제

지방도시가 장래에 직면하게 될 고령화 사회의 대응조건으로 몇 가지 특징을 들 수 있다. 첫 번째는 고령화의 속도가 대도시보다는 급하지만, 농·산·어촌보다는 완만하다는 것이다. 두 번째는 지방도시에서는 제1차 산업종사자나 자영업자의 비중도 상당히 높고, 또 지방 중소기업의 경우 정년이 대기업에 비해 비교적 늦다는 것이다. 세 번째는 지방도시는 대도시에 비해서 지역사회와의 일체성이 강하고, 고령자가 지역사회에 참가하기 위한 좋은 조건을 갖추고 있다는 것이다. 네 번째는 지방도시는 비교적 주택의 취득이 용이하고 3세대 이상의 동거조건을 갖추고 있으며, 주민의식에서도 동거지향이 강하다는 것이다. 또 별거하고 있는 경우에도 부모와 자식의 거리가 대도시보다 가깝다. 지역사회의 종적 기반이 강하다고 말할 수 있다. 지방도시는 대도시에 비해서, 고령화 사회에 대한 적응력이 강한 환경을 가지고 있다.

이러한 환경에서 지방도시가 고령화 사회에 적응하기 위한 전략과제로는 첫 번째, 고령자가 자기실현을 이루는 것이다. 그러기 위해서는 고령자가 여가시간을 충실하게 보낼 수 있도록 스포츠, 레크리에이션, 문화 활동이나 평생학습을 할 수 있는 환경의 정비와 증가하는 고령자의 취업기회를 확보하는 것 등이 장래의 중요한 과제가 될 것이다.

두 번째로는 고령자의 생활에 관한 기초조건의 정비를 도모하는 것이 큰 과제다. 고령자는 육체적인 노화의 진행이라는 핸디캡을 가지고 있지만 고령자가 적절한 생활을 보내기 위한 기초조건을 정비하기 위해서는 먼저 안전하고 안락한 주거생활을 보장하는 것이다. 집은 취업생활에서 은퇴하면 긴 시간을 보내는 장소이기 때문이다. 주거생활의 보장에서는 사회나 가족과의 근접감을 떨어뜨리지 않는 배려가 필요하다. 또 고령자가 지역사회에 적극적으로 참여할 수 있도록 하기 위해서 교통시스템, 도시 시설의 개선 등 고령자의 안전과 유동성을 확보하는 것, 또는 도시의 구조를 재해로부터 안전하게 하는 것도 중요한 전략과제다.

04 도시경영 전략의 최대변수, 주민욕구에 대한 조명

도시경영에서 주민을 떼놓고 생각할 수 없다. 주민은 도시경영에서 가장 중요하게 다뤄야 할 핵심 주체다. 주민의 편익과 이익을 증대시키기 위해 도시정부가 존재하기 때문이다. 이런 점에서 도시정부의 행정서비스에 대한 주민의 욕구는 양적으로 증대하고 있으며 질적으로도 고도의 서비스 수준을 요구하고 있다. 주민들의 입장에서는 일상생활과 가장 밀접한 관계를 가지고 있는 도시정부에 자신들의 욕구를 표출하는 것은 지극히 자연스러운 일이다. 따라서 도시정부의 입장에서는 이러한 주민의 욕구를 한정된 자원을 가지고 어떻게 충족시키느냐 하는 방법의 모색이 매우 중요한 과제이다.

이와 같은 배경에서 대두되는 것이 도시정부가 기업 경영적 관점에서 대응하고자 하는 노력이다. 민간기업의 경영수법이나 발상등을 행정에 도입하여 도시를 하나의 기업경영체로 생각하고 운영하는 것이 도시경영이다. 그렇다면 문제는 도시정부가 제공하는 각종 업무나 시책 등의 서비스를 주민욕구와 관련하여 어떻게 효율적으로 공급하느냐 하는 것이 도시경영적 접근의 요체다. 이번 장에서는 이와 같은 문제의식을 가지고 주민의 욕구를 반영한 도시경영은 어떻게 전개되어야 하는가에 대해서 살펴 보기로 하자.

공공서비스 공급과 주민욕구

1. 공공서비스 공급형태

주민의 욕구에 따라 공급되는 공공서비스는 다종다양하다. 대부분의 공공서비스는 지방자치단체가 직접 공급하고 있다. 하지만 기업경영적 관점에서 도시를 경영한다고 하면 서비스의 공급은 지방자치단체뿐만 아니라 민간위탁, 제3섹터방식, 공사협동 생산방식 등 다양한 형태를 통하여 이루어질 수 있다. 서비스 공급형태의 다양화가 도시정부의 책임 회피수단은 아니다. 도시경영은 서비스 공급의 적절함과 효율성이 요구되기 때문이다. 모든 공공서비스는 도시정부에 의해 직접 공급되어야 한다는 논리는 도시경영적 측면에서 수정되어야 한다.

앞으로 다양화되는 주민욕구에 대응하기 위한 공공서비스 공급방식은 자치단체의 직영방식, 민간위탁방식, 제3섹터방식, 자원봉사자를 통한 협동생산방식의 네 가지 형태가 선택적으로 공급되어야 할 것이다. 수익적인 행정서비스는 민간단체에 위탁하여 자치단체로부터 분리 공급하는 것이 타당하다.

2. 주민욕구의 다양화

주민의 욕구는 시대와 장소에 따라 다르게 변하고 발생한다. 종류와 정도도 일정하지 않다. 자치단체를 둘러싼 환경에 따라 주민의 욕구도 다양한 종류와 형태를 띠게 된다. 따라서 다양해져 가는 주민의 욕구를 어떻게 이해할 것이고 그 욕구를 어떻게 충족시키느냐가 앞으로의 과제이다. 주민의 욕구는 다음과 같이 나누어서 생각해 볼 수 있다.

첫째, 생활환경에 관한 주민욕구이다. 생활환경 시설에 관한 주민욕구를 비롯하여 생활환경 서비스에 대한 주민욕구와 생활환경제도에 관한 주민욕구로 세분할 수 있다. 둘째, 주민의 기본권리에 관한 주민욕구이다. 이는 일조권의 경우 같은 소위 재산권 침해회복에 관한 욕구, 또는 공유수면 매립에 따른 어업보상의 경우와 같은 생활권 침해회복에 관한 욕구로 구분할 수 있다. 셋째, 지역 환경보전에 관한 주민욕구이다.

주민욕구는 단순히 주민자신에 의해 발생하는 것만이 아니고 어떤 사회적 자극에 의해 촉발되어 발생하는 것도 있다. 주민욕구의 다양화 경향은 앞으로도 지속될 것이며 자치단체는 이에 대응할 수 있는 충분한 준비가 필요하다.

3. 도시경영의 과학화

도시경영은 정책을 주요 요소로 하며 정책은 주민욕구를 반영해야 한다. 정책적으로는 선행투자적인 사업을 필요로 하며 공공성과 경영성이 균형잡힌 사업이어야 한다. 도시경영은 과학적·합리적으로 수행되어야 한다.

도시경영에 대한 도시정부의 기능과 역할은 한정되어 있다. 도시경영은 도시정부를 비롯하여 시민, 시민단체, 민간기업, 정당, 학교, 은행 등과 공공기관이 모두 주체로 참가한다. 도시정부만이 도시경영의 모든 책임을 지는 것은 아니지만 현실적으로는 도시경영의 모든 영역에 걸쳐서 도시정부가 실질적인 책임을 지고 있다.

이와 같은 배경에서 도시정부는 도시경영의 모든 영역을 대상으로 직접 정책을 수립하거나 지원 또는 사업을 요구하기도 한다. 정책의 수립은 단체장을 비롯하여 일부계층이나 전문집단의 정책제안 또는 선거공약을 통해서 이루어지기도 한다. 물론 주민욕구가 직접 정책화 되는 것도 많다. 그러나 정책이 구체적으로 형성되고 수립되는 과정에서 도시정부의 조직과 조직구성원의 역할과 기능에 크게 의존한다. 따라서 기본적으로는 도시정부 조직자체 또는 행정의 운용 그 자체가 합리적이어야 한다. 이를 위해 조직이나 행정운용에 관한 재검토가 항상 이루어져야 한다. 물론 조직과 행정운용의 주체인 도시정부 공무원들의 경영노력이 필수 불가결한 요소이다. 도시경영을 담당하는 공무원들의 전문성 요청은 앞으로 더욱 커질 것이다.

도시경영의 공공성과 경영성

도시경영은 시민들의 윤택한 도시생활을 실현시키기 위해 주민의 요구를 정책에 반영시키는 독자적인 노력을 필요로 한다. 이를 위해 도시경영은 주민정보나 지역정보의 분석을 필요로 한다. 이러한 정보의 하나로 주민욕구가 있으며 도시경영은 주민욕구의 파악과 분석을 전제로 한다. 물론 주민욕구의 파악과 분석만으로 정책이 입안되는 것은 아니다. 도시경영의 의사결정에 미치는 국가의 영향력도 매우 크다. 중앙부처나 상급 단체로부터의 정책이나 지시가 미치는 영향은 지역의 각종 단체나 의회, 의원의 영향력보다도 훨씬 강하다. 중앙부처나 상급단체를 제외하면 의회와 의원이 도시경영의 의사결정에 비교적 큰 영향을 행사한다. 문제는 의회나 의원의 영향력이 정당이라는 정치집단과는 차원을 달리한다는 점이다. 정당 그 자체가 도시경영에 직접 영향을 미친다기보다는 오히려 의회나 의원을 통한 인간적 채

널에 의한 방법이 더 깊게 뿌리내리고 있다. 지역의 각종 단체로부터의 정책 요구도 결코 약하지 않다. 기업단체, 주민회 또는 시민단체 등이 도시정부의 정책결정에 크든 작든 다양한 형태로 영향력을 행사하고 있다. 따라서 도시경영을 둘러싼 의사결정은 매우 복잡하여 복합적인 이해관계가 상호간에 긴장을 형성하기도 한다.

도시경영의 의사결정은 단체장이 행하는 최고의 의사결정, 국장·과장 차원에서 부문관리의 의사결정, 그리고 계장수준에서 행하는 업무관리의 의사결정과 같이 3단계에서 이루어지고 있다. 최고 의사결정은 조직 기구적으로 표현한다면 도시경영적 차원의 의사결정이라고 할 수 있다. 조직 각각의 단위에서의 의사결정은 도시경영이라는 하나의 종합적 관리에 집약됨으로써 유효하게 작용한다. 이를 위해서는 각각의 조직단계에서의 의사결정이 확실하게 행해질 필요가 있다. 특히 최고의사결정은 도시정부의 경영전반과 관계되는 결정인 만큼 주민욕구를 폭넓게 이해하는 것이 필요하다. 따라서 기획단계 등의 조사·계획·분석·조정능력을 갖춘 기획부문의 기능이 전제가 된다. 물론 부문관리 의사결정이나 업무관리 의사결정 또한 각각의 단계에서 유효하게 행해질 수 있는 충실한 기획보좌기능을 필요로 한다. 이와 같은 도시경영의 의사결정을 위해서는 조사·계획·분석·조정능력이 한층 더 강화되어야 한다. 그렇지 않고서는 원활한 도시경영의 전개와 주민욕구에 정확하게 대응하기 어렵다. 도시경영의 전개에 있어서 의사결정의 중요성이 여기에 있다. 도시경영의 의사결정에는 주민욕구의 변동에 유의해야 한다. 이때 주민욕구의 변동이란 시대나 장소의 변화와 함께 주민욕구가 변화하고 다양화하는 현상을 말한다. 특히 다양화되어 가는 중에서도 중요한 욕구의 변화모습을 여기서는 주민욕구의 변동이라고 한다. 예를 들면, 개발행정에 대한 주민들의 높은 욕구로부터 점차 문화행정으로 기울어지는 것을 하

나의 변동이라고 할 수 있다. 주민욕구의 변화에는 관청중심의 경직행정으로부터 행정서비스의 소비자인 주민중심의 행정으로 변화하는 것과 같은 행정내용의 주된 흐름의 변화를 요구하는 데 이르기까지 한계가 없다. 이와 같은 주민욕구의 변동에 다양해야만 하는 도시정부는 경영상의 많은 어려움에 직면하고 있다. 따라서 문제는 주민욕구의 변동에 어떻게 대응하여 공공서비스를 공급하고 주민욕구를 어떻게 충족시키느냐에 있다.

주민욕구는 주민과의 의견교환, 설문조사, 각 단체로부터의 건의나 진정, 그리고 개별주민의 요청 등의 방법에 의해 도시경영에 반영된다. 주민과 의견교환은 주로 공청회 등의 형태로 행해지며 구체적으로는 민원접수, 시장에게 보내는 편지, 시장과의 대화, 이동시청 등을 통하여 주민의 욕구가 반영된다. 설문조사 방법은 기획부서 등에서 시정전반에 걸쳐 종합적으로 행하는 것, 또는 개별조직의 각 부서가 독자적으로 실시하는 것 외에 모니터에 의한 주민욕구 반영도 있다. 각 단체로부터의 건의나 진정의 주체로는 주민회, 시민단체, 업계단체 등이 대표적이다. 주민의 민원은 글자 그대로 주민 각자가 시청에 오거나 또는 전화, 진정 등의 수단을 통하여 주민욕구를 호소하는 것이다. 이와 같은 네 가지 방법 외에도 주민욕구를 대변하는 의원들을 통한 방법도 있어 실제적으로는 매우 복잡한 구조를 형성하고 있다. 또 공무원들이 직접 지역의 욕구를 관계부서에 전달하여 반영하는 것도 있다.

이와 같은 주민욕구의 반영채널과 주민욕구의 변동과 관련하여 어떠한 인과관계가 존재하는지는 명확하지 않다. 그러나 자치단체의 기획수립시의 요청 또는 일상적인 주민의견수렴 과정에의 요청으로 주민욕구가 제기되고 있다. 사회복지, 건축 관련 업무에 관한 주민욕구는 개별조직으로 요청되는 것이 많다. 업계 단체나 의원들이 직접 담당부서에 접촉하는 욕구는 주민욕구와는 다소 이질적인 것이라고 할 수 있다. 그러나 도시정부에 대한 요구라는 점에서는 상당히 강한 영향력을 가진 욕구라고 할 수 있으며 실제에 있어도 도시경영에 큰 작용을 하고 있다.

주민욕구의 변동과정에서 유의해야 할 것은 욕구가 어떤 원천이나 배경을 가진 욕구인가를 충분히 파악해야 한다는 점이다. 주민욕구의 분석파악이 잘되지 않으면 주민욕구를 바르게 연결시킬 수 없기 때문에 주민욕구의 올바른 이해가 도시경영의 전제조건이다. 이를 위해서는 기획과 조사기능의 강화와 함께 공무원의 전문능력과 컴퓨터 등과 같은 사무기기 조작기술의 운영기법 향상이 필요하다. 도시정부 조직의 일체화와 협동시스템 없이 도시경영의 전개는 기대하기 어렵다.

주민욕구의 원천이나 배경이 규명된다 하더라도 정책형성과 도시경영이 주민욕구에만 의거하여 구체화되는 것은 아니다. 즉, 공공성과 경영성이 고려되어야 한다. 행정에 공공성이 보장되어야 한다는 것은 말할 필요도 없다. 도시정부의 공공서비스는 공공성이 높은 성질의 것이어야 하며, 민간에서 공급 가능한 성질의 서비스여서는 안 된다. 그렇다고 공공서비스 비용이 비싸도 괜찮다는 것은 아니다. 역시 공공서비스 제공에도 경영성의 확보가 필요하다. 도시경영 중에서 도시정부가 직접적으로 수행하는 부분이라 하더라도 이것이 공공성 기준만이 아니라 수익과 부담의 개념 도입이 필요하다. 그래서 도시경영 중 도시정부가 직접 관계하는 부분을 도시정부의 운영이라 한다면, 도시정부의 운영에는 공공성과 동시에 경영성까지 도입되어야 하는 것은 당연하다. 그러나 도시정부 운영의 실제에 있어서는 어떤 편익을 받는 주민이 편익에 상응한 부담을 하는 구조로 되어 있지 않은 부문이 많다. 도시정부 운영에 경영성을 도입하는 것은 주민서비스에서 주민의 편익과 부담의 관계를 엄격하게 지키는 것이기도 하다. 이러한 부문에 대해서는 도시정부가 확실한 제도적 장치를 마련할 필요가 있다. 편익과 부담과의 관계에서 불공평과 불평등이 발생하는 종래의 제도를 그대로 유지하고 있다는 것은 도시정부가 그 동안 부담 그 자체에 무관심했다는 것을 반증한다.

공공서비스를 둘러싸고 있는 편익과 부담이라는 관점을 좀더 미시적 측면에서 살펴보자. 공공서비스의 공급을 어디까지 담당해야 하는지와 그 비용을 누가 부담해야 하는지는 별개의 문제이다. 도시정부가 공급하는 서비스 비용은 세금으로 조달하고 민간이 공급하는 서비스 비용은 이용자요금으로 조달하는 방식이 일반적 구조이다. 그러나 이것은 공급자가 다르기 때문에 비용부담자가 달라져야 한다는 의미는 아닐 것이다. 그러면 누가 어떤 비용을 부담해야 하는지를 정하는 기준은 무엇일까? 이에 대한 기준은 공공서비스가 부여하는 편익의 성격에 따른 부담 구분과 공공서비스 자체의 성격에 의한 부담 구분으로 크게 나눌 수 있다. 이러한 부담기준은 바람직한 부담의 한 유형을 나타낸 것이며 이 외에도 여러 가지 기준과 방법이 있을 수 있다. 도시정부 운영에 공공성과 경영성이 실현되어야 할 필요성은 매우 크다. 앞으로 도시경영의 전개는 이러한 사고방식의 구축 위에서 추진되어야 할 것이다.

주민욕구의 평가

주민욕구가 무엇인가에 대해서는 여러 가지 방법이 논의될 수 있다. 앞에서는 세 가지 유형으로 구분했다. ① 생활환경에 관한욕구 ② 주민이 기본적 권리에 관한 욕구 ③ 지역환경 보전에 관한 욕구이다. 물론 이러한 욕구가 모두 도시정부와 관련하여 파생한다고는 할 수 없다. 아무런 관련 없이 발생하는 욕구도 있을 수 있지만 대부분의 욕구는 도시정부와 관련이 있다.

주민욕구는 어디까지나 주민의 욕구이다. 주민욕구가 제기된다고 해서 모두 도시정부에 의해 충족될 수 없으며 행정으로 모두 처리되는 것도 아니다. 도시정부가 책임을 지고 수용해야 할 주민욕구는 어떤 종류이며 어

느 정도까지 어떻게 충족시켜야 하는가에 대한 기준을 명확히 해야 한다. 공공서비스의 공급범위를 구체적으로 명확하게 규정하기에는 많은 어려움이 내재하고 있지만 주민욕구의 실현에 대한 타당성이나 필연성 또는 긴급성에 대한 평가는 이루어져야 한다.

주민욕구의 평가는 그 욕구가 도시정부가 충족시켜 주어야 하는 것인가에 대한 검토가 우선 이루어져야 한다. 일반적으로 의무적 행정이라고 하는 분야의 욕구일 경우에는 판단도 용이하다. 임의적 행정 분야의 욕구인 경우 또는 전혀 새로운 주민욕구의 경우는 판단하기 어렵다. 더구나 주민욕구는 도시정부의 재정상황이나 관리능력 또는 단체장의 의지와 가치에 따라서 평가가 변화하기도 한다. 따라서 실현에 대한 타당성이나 필연성의 평가는 긴급성보다는 선행적이며 보다 중요한 평가라고 할 수 있다.

주민욕구의 평가는 도시정부의 집행부 뿐만 아니라 의회에 의해 이루어지는 것도 있다. 이러한 정치적 측면에서의 평가가 가미될 때는 평가가 더욱 복잡하게 된다. 특히 주민욕구의 실현에 대한 긴급성 또는 우선순위의 결정을 행할 때 의회의 평가가 크게 작용하는 경우가 많다. 주민욕구의 정책화 과정에 의회의 의사가 많이 반영된다.

주민욕구를 평가하여 정책화할 경우에 필요한 것은 평가시스템의 확립이다. 주민욕구의 평가를 위한 자치단체 조직 내 담당직원의 역할을 중심으로 살펴 보자. 종래의 행정에서는 정책형성이나 계획수립을 할 때, 담당부서는 주민욕구의 내부화에 큰 역점을 두지 않았다. 이것은 전반적으로 부서할거주의에 기인한 종적행정의 폐해로서 도시정부 조직 내부에서의 부서별 전문주의가 작용했기 때문이다. 주민욕구가 주민운동이나 그 밖의 채널을 통하여 관련부서가 아닌 범 부서적 차원에서 요구될 경우 담당 부서만으로는 대응에 한계가 있다. 도시정부는 적극적으로 주민욕구에 대응하기 위한 주민욕구의 내부화를 형성하여 이를 평가할 수 있는 시스템을 구축해야 한다. 주민욕구의 평가는 매우 규범적이기 때문에 담당 직원이 어떻게 평가해야 하는가에 관한 명확한 기준과 방법이 설정되어야 한다.

도시정부 조직 내의 담당 직원이 각각의 부서에서 주민욕구를 파악하고 분석, 평가하는 일련의 과정은 주민욕구를 정책화하는 과정에서 필수적이다. 이는 주민욕구의 평가가 담당 직원의 주관적 판단에 의존하지 않고 객관적인 기준에서 행해질 수 있는 욕구분석이 전제가 된다. 자치단체는 주민욕구를 평가할 수 있는 직원들의 분석능력 확보와 함께 평가기준의 작성이 필요로 한다. 자치단체는 평가기준을 활용하여 주민욕구의 정책화와 내부화를 도모해야 한다.

주민욕구의 정책화, 계획화

도시정부가 시정 운영을 경영적인 발상과 기법으로 전개할 때 가장 중요한 대상은 주민의 욕구라고 할 수 있다. 주민욕구를 파악하고 분석·평가하는 일련의 관리행위는 도시경영의 필수적인 것이며 전제조건이다.

도시경영에 주민욕구를 어떻게 어느 정도 그리고 어느 것을 반영하는 것이 최적상태일까? 이에 대한 적절한 해답을 구하기란 매우 어려운 문제이다. 도시경영의 영역에서 도시정부가 담당할 영역을 시정운영이라고 한다면 주민욕구가 시정운영에 어떻게 어느 정도, 어떤 욕구가 반영되는가를 양적 질적으로 명확하게 규정해 두는 것이 이상적이다. 그러나 시정운영이 최적 상태에 가깝게 전개된다고 할 때 도시정부가 직면하는 주민욕구는 양적으로 팽창하고 질적으로 대단히 복잡하게 되며 행정운영에 주민욕구의 반영정도를 명확하게 규정하기에는 많은 한계를 지니고 있다. 도시정부는 주민욕구의 우선순위나 타당성을 가능한 한 과학적으로 분석 평가하여 정책화하는 노력을 기울여야 한다.

주민욕구를 정책화하는 과정에서 중요한 것은 변화에 어떻게 대응하느냐이다. 즉, 주민욕구의 파악·분석 그리고 평가라는 일련의 관리행위로부터 정책 방향이 설정 되었다 하더라도 주민욕구가 변동하는 것과 같이 시정운영과정에서 공공서비스 정책도 그 내용이 변화할 때 이를 어떻게 수용하느냐 하는 점이다.

자치단체장의 정책판단, 재정상황, 관리기능 또는 사회의 일반적 풍토 등 제요인의 변화는 여전히 주민욕구의 대응에 있어서도 변화를 초래한다. 주민욕구를 충족시켜 주어야 한다는 타당성과 긴급성이 인정되고 우선순위가 높다고 평가되어도, 도시정부의 제약요인의 등장에 따라 실제 공급하는 공공서비스는 정책 결정단계에서 축소되거나 지연되기도 한다. 이러한 문제점을 극복하고 필요한 주민욕구를 필요한 만큼 정책화하기 위해서 주민욕구를 도시정부의 각종 계획에 포함시켜야 한다. 잠정적·단기적으로 실현 가능한 주민욕구를 제외하더라도 장기적·종합적으로 정책화해야 할 주민욕구는 기본구상·기본계획 등의 도시정부 계획에 그 위치를 설정하여 실현을 촉진시켜야 할 것이다.

세계화, 정보화, 지방화 성숙화라는 환경변화에 직면하여 도시정부는 이에 대응할 수 있는 시정운영의 개혁을 필요로 하고 있다. 개혁의 내용은 결국 정책, 방법, 관리, 기능 등의 변화와 쇄신 등의 중요한 구성요소이다.

도시정부는 주민욕구의 정책화나 계획화에 필요한 중추관리기능을 강화시켜 두뇌로서의 역할을 수행해야 한다. 시정을 정확하게 경영하고 원활하게 전개시키기 위해서는 도시정부는 지금 이상으로 중추관리기능을 작동시키는 조직과 기구를 정비하고 충실을 기해야 한다. 의사결정기능의 강화와 함께 주민욕구의 정책화와 계획화에 필요한 중추관리기능의 확보가 바람직하다. 도시경영적 측면에서 도시정부에 대한 기대는 이와 같은 기능을 충분히 발휘하는 두뇌센터로서의 기능과 역할이다. 앞으로 지방화의 전개와 함께 우리나라의 도시정부는 주민을 위한 복지, 개발, 의료, 교육, 문화, 건축 등 다면적 판단에 필요한 다기능의 욕구를 회피할 수 없을 것이다. 이러한 분야별로 도시기능이 특화된 상황이야말로 도시정부의 이상형이지만 모든 기능을 도시정부가 직접 운영하고 공공서비스를 공급하는 것이 바람직한지에 대해서는 심층적인 검토가 필요하다. 최근에는 도시정부가 이러한 분야의 다기능적 운영 판단을 정확하게 하고, 기능의 공급주체는 제3섹터, 민간위탁 또는 그 밖의 조직에 위임하는 것이 바람직하다는 논리가 우세하다.

05 지방자치의 경영화와 정치화

논의의 필요성

도시경영 혹은 자치단체경영론이란 말은 이제 학계나 관계 그리고 주민들 사이에서도 별부담감 없이 쓰여지고 있다. 특히 최근에는 지방자치단체가 민간연구소나 대학과 손을 잡고 자치단체의 경영진단을 실시하는 곳이 많다. 이렇게 지자체 행정의 경영진단, 행정의 경영화, 경영행정이란 용어가 부담감 없이 쓰이고 있는 것은 매우 보수적인 우리나라의 행정풍토에 비추어

키 포인트

도시경영은 각각의 자치단체의 입장에서는 통치단체로서 자치입법권, 자치재정권, 자치계획권을 어떻게 활용하는가 하는 소위 자치의 정치화 과정이고 또 시민의 입장에서 보면 각각의 자치단체장의 경영수완을 측정하는 자치의 경영화 과정이다. 따라서 우리나라의 지방자치는 오늘날 많은 문제를 가지고 있으면서 역동적인 변화과정을 거치고 있지만, 앞으로의 발전은 경영화와 정치화라는 두 가치체계의 통합을 어떻게 이룰 것인가 하는 노력에 달려 있다.

볼 때 대단한 변화라고 할 수 있다.

익숙해져 있고 정착되어 있는 도시행정 혹은 지방행정이란 용어 대신에 구태여 도시경영이나 자치단체경영론이라고 하는 것에는 오늘날의 자치단체 행정이 안고 있는 문제의식을 읽을 수 있다. 이것은 격동하는 지역 환경의 변화 속에서 자치단체가 어떻게 도시를 관리하고 통제하느냐에 관한 경영주체로서의 확고한 자각이 있을 때 의미를 가진다. 오늘날의 자치단체가 경영주체로서의 자각 없이는 당면하고 있는 많은 어려운 문제를 극복하고 주민의 복지를 극대화시키는 것이 불가능하다는 것을 의미한다.

도시경영론의 급격한 확산과 함께 우려와 비판의 소리 또한 적지 않다. 도시경영에 대한 비판적 견해는 대체로 두 가지 측면에서 제기되고 있다. 정치적 관점에서 지방자치단체의 경영화는 지방자치의 비정치화를 초래하여 지방자치의 공동화를 가져온다는 우려다. 또 하나는 재정적 관점에서 지방재정운용의 비사회화를 초래하여 지방자치의 반시민성을 가져와 비복지형 재정운용이 된다고 하는 데 대한 우려다.

일견 보기에는 모두 정당하고 타당한 비판이라고 할 수 있다. 그러나 도시경영이란 말 그대로 자치단체의 사기업화로의 전환을 뜻하는 것이 아니다. 지금까지의 관치적·하청적 지방행정에 기업적 경영이념과 기법의 도입을 뜻한다. 도시경영이 추구하고자 하는 이념과 방향이 오해를 불러일으키지 않도록 그 논의를 확실하게 할 필요가 있다. 여기에서는 지방자치의 경영화와 정치화의 쟁점 즉, 경영화는 지방자치를 망쳐놓을 것이라는 우려에 대해 논의하고자 한다. 경영논리가 지방자치 본연의 속성과 특성, 자율권을 잃어버리게 할 것이라는 우려는 기우에 불과하다. 도시에 경영이라는 마인드를 입히는 것은 매우 중요한 문제다. 이제 경영이라는 화두는 민선 지자체장들에게 가장 중요한 리더십의 하나로 인식되고 있다. 이제 도시를 경영할 때

효율성과 자율성을 이끌어내지 못하면 그 어떤 단체장도 살아남지 못하는 시대가 오고 있다.

지방자치의 경영화

지방자치의 경영화, 혹은 도시경영이란 자치단체가 자치재정권, 자치입법권, 자치계획권에 입각하여 효율적인 행·재정 관리와 공공서비스 체계를 갖추어 가장 적절한 정책선택을 통하여 최소의 비용으로 최대의 주민복지를 달성하는 제도개혁과 정책전개이다. 넓은 의미의 도시경영은 사회시스템(행정), 경제시스템(재정), 공간시스템(도시계획)을 포함하는 지역전체의 최적구조를 창출하는 것으로 지역경영이다.

좁은 의미의 도시경영은 도시라는 자치단체의 내부경영의 존재방식으로 행·재정 운용에 한정될 것이다. 그러나 최근 관심의 대상이 되고 있는 도시경영은 내부경영 즉, 행·재정 운영의 기술적인 면에서 너무 한정되고 있는 듯하다. 지금까지의 도시경영은 행정사무의 컴퓨터 도입과 같은 기능화나 행정관리의 기술적 혁신이나 인건비의 억제, 민간위탁의 추진, 철저한 수익자부담제와 같은 정책적인 감량경영방식으로만 파악하고 있다.

도시경영이 기계적 경영관리나 감량경영방식으로만 본래의 경영효과를 발휘할 수 있을까? 도시경영의 대상이 민간기업과 달리 지방자치단체라는 특수한 경영단체라는 것을 생각하면 하나의 중요한 문제가 제기됨을 알 수 있다. 도시경영은 도대체 무엇 때문에 누구를 위하여 실시하는가 하는 문제다.

자치단체는 애초부터 공공서비스의 제공을 통해 주민의 욕구를 충족시키고 주민복지 향상을 달성해야 하는 사명을 지니고 있다. 그러나 충족해야 할 주민의 욕구는 무한정하게 발생하는데 반해 자치단체의 이용가능한 자원은 제한되어 있다. 바로 이러한 이유에서 행·재정 운영의 효율화를 통해 보다 양질의 서비스를 공급해야 하는 당위성과 함께 경영화의 의의도 찾아볼 수 있다. 이것은 경영화의 의의를 긍정함과 동시에 다른 한편으로는 경영화 그 자체만으로 주민의 복지수준을 극대화 시킬 수 없음을 시사해 주고 있다. 주민입장에서 볼 때 행·재정운영의 효율화라는 수단가치 때문에 역으로 주민의 편익수준이 저하되는 결과를 염려하지 않을 수 없다.

자치단체가 제공하는 서비스는 그 특성상 지역주민 개개인에게 어떠한 편익을 가져올 것인가에 대해서 매우 불확정적이다. 자치단체가 한정된 재원을 활용하여 다종다양한 서비스 수요를 어떻게 교통정리하고 제한된 재원을 어떻게 배분하여 다양한 계층의 주민복지를 증대시키느냐 하는 문제는 매우 어려운 선택의 문제다. 그러므로 자치단체가 지역주민을 주체로 하여 구성되는 이상 자원의 배분에 관한 선택에는 주민 간의 이해관계의 조정과 통합과정이 매우 중요하다. 이 점에서 자치단체가 지니는 정치적 기능이 매우 중요한 위치를 차지한다.

지방자치의 정치화

자치단체는 공공서비스의 제공이라는 측면에서는 '경영단체'이지만 사회적 이익의 권력적 배분이라는 측면에서 볼 때는 '통치단체'다. 자치단체는 이러한 문제점은 보통 공기업 문제를 논의할 때 '공공성'과 '경영성'이라는 가치충돌 문제가 제기되는 것과 같이 지방자치의 '경영화'와 '정치화' 문제도 같은 맥락에서 제기된다. 오늘날 일부에서 자치단체의 경영화에 대해 우려나 알

공공투자라고 해도 시설경영까지 포함하여 경제성을 측정할 때는 비용편익 분석과 함께 시장경제법칙에 의한 넓은 의미에서의 손익분석이라는 시점을 필요로 한다. 예컨대, 교육 복지시설 등이 아닌 여가, 문화, 스포츠시설과 같은 공공투자는 단순히 필요성에 의해서 건설할 것이 아니다. 충분한 이용률을 확보할 수 있도록 사업자 배려를 한 후에 사업에 착수해야 한다.

2) 외곽단체의 활용

시설경영을 포함하는 지역개발 사업에서는 기업가적 경영이 더욱 요구된다. 지금까지의 지역개발 사업은 주로 용지를 조성하여 분양하는 것으로 일단 마무리 된다. 주택단지, 공업 단지 등과는 달리 테마파크 등의 경우는 공사 협력시스템의 구축이 요청된다. 이러한 이유 때문에 제3섹터형 기업설립이 많은 관심을 끌고 있다. 물론 제3섹터가 만능약이 아니다. 적자사업이 제3섹터에 의해 경영된다고 해서 곧 흑자사업으로 전환되는 것은 아니다. 제3섹터는 매우 다양한 구조와 목적을 지니고 있다. 그 목적에 맞는 경영책임, 비용부담, 인자구성 등이 확보되어야 한다.

제3섹터의 경우 공공부문이 민간부문에 비해서 효율성과 생산성이 상대적으로 떨어지는 경영부문을 민간에 맡기고 공공부문은 사업계획의 수립, 기반정비 등에 전념하는 역할분담이 바람직하다. 제3섹터를 성공적으로 경영하기 위해서는 공공은 기업감각을, 민간은 공공적 배려를 항상 염두에 두고 경영에 참여하여야 한다. 모든 제3섹터가 성공적 경영을 보장받는 것은 아니다. 공공부문의 단순한 필요성에 의해 제3섹터가 설립되어서는 안 된다. 수요에 의해서 민간부문이 참여하는 제3섹터가 설립되기 때문에 수요유인적, 수요창출적 경영이라는 발상이 우선 전제조건이 된다.

2. 공공서비스 공급전략

1) 공급형태의 선택

도시정부는 오랫동안 직영방식에 의한 공공서비스 제공이 가장 양질의 서비스라고 하는 관료주의적 사고에 집착하여 왔다. 이러한 공급자 중심적 가치체제를 무너뜨린 것이 민간위탁방식이다. 민간위탁방식을 도입하면 직영방식보다 반 정도의 비용으로 공공서비스를 공급할 수 있다고 하는 감량경영적 발상이었다.

공공서비스 제공은 정부책임이나 형평성과 관련이 깊은 다양한 특질을 지니고 있기 때문에 민간위탁이 능사가 아니라는 비판이 제기되고 있다. 물론 공공서비스 제공에는 비용이 절대적 요소가 아니다. 양질의 다양한 공공서비스를 어떻게 공급받느냐 하는 것은 주민의 선택이라고 할 수 있다. 예를 들어 경찰, 소방, 의무교육 등과 같은 전형적인 순수 공공서비스가 아닌 사적재에 가까운 서비스는 어떠한 공급형태로 제공되느냐는 주민의 선택상의 문제이다. 따라서 서비스의 특질에 적합한 공급형태를 선택하는 것이 바람직하다. 주택의 경우, 민영주택과 공공주택이 있고, 도로도 일반도로와 유료도로가 있듯이 복지서비스의 경우에도 유상복지 시스템을 도입, 양질의 서비스를 다양하게 공급하여 시민의 수요에 부응하여야 한다.

2) 공익시스템의 활용

도시경영에 기업경영원리를 도입할 때는 다양한 형태로 변형이 가능하다. 그것은 정책선택의 폭이 시장서비스에 비해 훨씬 넓기 때문이다. 시장서비스의 경우 수입은 매각대금으로 한정한다. 행정서비스의 경우는 보조금, 교부세, 사용료 등에 첨가한 기부금 등 수입원이 매우 다양하다. 자치단체는 기금을 조성하여 스스로 재단을 설립·운영하거나 기금이자를 활용하여 민

민간섹터				공공섹터
신규사업전개	→	유도기능	→	지역활성화
자본출자	→	수혈기능	→	공적지원
경영감각	→	결함기능	→	계획기능
정보제공	→	윤활기능	→	행정노하우
경영노하우	→	영업기능	→	시설정비
자본이익환원	→	배분기능	→	개발이익 환원
활동분야확대	→	공존기능	→	지역경제 확대
지역사회공헌	→	이미지기능	→	지역개성화

지역개발형 제3섹터

유형	방식	형태
공공주도형	직영방식	일반회계
		특별회계
		공영기업(교통, 상수도, 병원사업)방식
	외부방식	공사(특별법인)
		민법상법인(재단, 사단)
		상법상법인(주식회사)
공사협력형	위탁방식	주민위탁(주민회, 노인회)
		단체위탁(복지, 교육법인)
		기업위탁
	공동방식	지원봉사자(권리능력이 없는 단체)
		기금방식(문화, 교육, 환경단체)
		제3섹터(주식회사)
민간주도형	시민자립방식	공익법인(연구, 장려단체)
		기능집단
		시민클럽
	기업참가방식	기업활동
		문화기금
		문화활동

공공서비스 공급형태

간부분의 공급시스템을 지원하게 된다.

기업원리는 유상, 무상 등의 다양한 공급원칙을 지닐 수 있고 공공의 원리는 일반적으로 무상원칙이다. 앞으로는 유상복지 서비스에서 볼 수 있듯이 양 원칙을 융합시켜 적용해 나가는 것이 바람직하다. 자치단체, 기업, 시민이 함께 기금을 조성하여 재단을 설립하고 증여 매커니즘을 활용하여 기금을 늘림으로써 민간부문의 사회적 활동을 확고히 할 수 있도록 뒷받침을 해야 한다. 오늘날의 기업원리는 이윤의 공익화를 표방하고 있으며 공사 매커니즘의 융합화가 일어나고 있다.

3. 내부경영전략

1) 시스템경영의 구축

내부관리에 기업경영원리의 도입은 피할 수 없다. 지금과 같은 행정관리 시스템 하에서는 전년도 답습을 원칙으로 하였지만 오늘날의 많은 대안 속에서 최적선택을 요구받고 있다. 즉, 행정의 경영화이다. '경영'이란 수익화가 아니고 효율화이며 내용과 효과의 조화 속에서 최적선택을 하는 것이다. 지금까지는 자금운영에 전혀 선택의 여지가 없었다. 지정은행에 정기예금을 하는 방법뿐이었으나 앞으로는 자금운영의 선택은 넓어질 것이다. 생산적인 자금운영이 이른바 재테크는 아니다. 이윤을 추구하기 위해 투자하는 것이 아니다. 안전하고 확실할 수 있는 기본적 제약 조건하에서 유리한 금융상품을 선택하는 것이다.

오늘날의 도시정부에 요청되는 것은 새로운 주민의 수요에 대응한 정책형성 능력과 조직운영 능력이다. 이것은 공무원의 자질향상 교육훈련을 통해서도 어느 정도는 달성할 수 있다. 정책형성은 시민단체, 연구모임, 공무원 등의 혼성팀에 의한 정보교류가 가장 기본적이다. 또 조직운영 능력은

구분	감량경영형 행정관리	시스템경영형 도시경영
판단기준	관청·관료수요	시민·지역 수요
처리기준	집권적 관리제	분권적 경영제
공사관계	지배·하청형	참가·협력형
재정운영	보조금 주의	기채주의
회계방식	관청회계·플로중심	기업회계·스톡중심
조직체계	조직확대·분파주의	외곽단체·사업부제
효과기준	예산산출주의	비용편익분석
융지취득	사후취득형	선행취득형

도시정부 경영방식의 대비

구분	집권조직	분권조직
조직	라인적 집권제	스텝적 분권제
구조	중층적 지배제	수평적 분담제
서비스	획일적 수요	다양적 수요
역점	건설, 관리	경영, 공급
회계	총계주의	사업별 회계
급여	연봉서열	능력성적

집권적 조직과 분권적 조직의 차이

외곽단체나 민간기업 등에 인재를 파견하여 양성하는 것이 지름길이고 최상의 방법이다. 이와 같이 기업경영원리는 자금, 인재의 활용에서도 종래와 같은 방법에 구애되지 않는 새로운 활용시스템의 도입이 요청되고 있다. 창조적 파괴가 요구되고 있다. 경영환경, 소비자수요의 변화에 대한 적응성은 기업에서는 본능적이라고 할 수 있지만, 공공조직은 이러한 변화에 있어서 적응성, 다시 말해 자기변혁에 매우 둔감하다.

도시정부는 조직체로서 환경변화에 탄력적으로 적응함으로써 경제성의 추구에 이바지하게 된다. 예를 들면, 고도 성장기에 많은 직원을 채용하였으나, 안정기에 접어들면서 공공서비스의 팽창이 멈추었기 때문에 실질적인 여유인원이 발생하였다. 그러나 도시정부는 중간관리직을 새로이 만들어 공공서비스의 양과 질은 그대로 두면서 맹목적으로 공공수요에 대응하는 방법을 취해 왔다. 만약 민간기업이라면 성장성과 부가가치성이 높은 분야로 진출하여 과잉인원의 실질적 활용을 적극적으로 도모할 것이다. 도시경영이 기업경영원리를 도입한다면 중간서비스 분야의 진출을 시도하여 여유인력의 유효활용을 꾀할 것이다. 표에서와 같이 도시경영도 감량만이 아니라 자기변혁을 통해 주민수요에 대응하는 시스템경영으로 전환해야 한다.

2) 복합경영

기업경영원리의 적용은 재정의 비용분석이나 수익화를 위한 수단만은 아니다. 중요한 것은 자치단체 행정전반의 행·재정운영에 민간기업 경영원리를 도입하는 것이다. 오늘날 민간기업은 점차 복합기업화로 나아가고 있다. 본사를 중핵으로 해서 계열회사, 하청기업 등이 하나의 단체로 상호기능을 분담하면서 전체기업집단의 수익성 향상과 경쟁력 강화를 꾀하고 있다.

자치단체는 지역개발뿐만 아니라 복지서비스 제공에 있어서도 공공투자, 공공서비스만으로는 그 목적을 달성할 수 없다. 예를 들면, 고령화 사회를 맞이하여 경제력 있는 독신생활 노인이 증가하면 재택서비스를 어떻게 제공하는가가 문제이다. 이러한 경우는 무상의 공공서비스보다는 질 높은 유상의 복지서비스 제공이 더욱 만족감을 높여줄 것이다. 직접시스템뿐만 아니라 간접시스템을 포함하는 복합경영방식을 도입하여 과감히 시행하여야 한다. 그러기 위해서는 그림과 같이 자치단체를 중핵으로 하는 행정집단이 전체적으로 유효하게 잘 가동될 수 있는 복합기업적 경영체제가 필요하다. 이와 같은 복합경영도 기업경영의 한 형태이다. 자치단체는 경영체로서 민간기업으로부터 도입할 점이 많다. 기업은 이윤동기, 수익주의를 위해 복합경영원리를 활용하고 있으나 공공체로서의 자치단체는 그러한 원리를 여과 없이 직접적으로 도입, 적용하는 데는 주의 깊은 검토가 필요하다. 공공

내부경영	지역경영
조직개혁수법	**도시이익 배분정책**
현상고집형	재정제도활용형
-감량경영형	-제도개정형
-민주경영형	-제도추종형
환경적응형	지방자주권활용형
-서비스창조형	-자치권활용형
-시스템창조형	-공기업활용형
조직운영수법	**도시개발정책**
행정관리형	사회개발형
-관청관리형	-생활서비스우선형
-사무관리형	-생활기반중시형
행정경영형	경영개발형
-기업회계형	-산업자본추종형
-복합경영형	-공공투자주도형

도시의 경영 유형

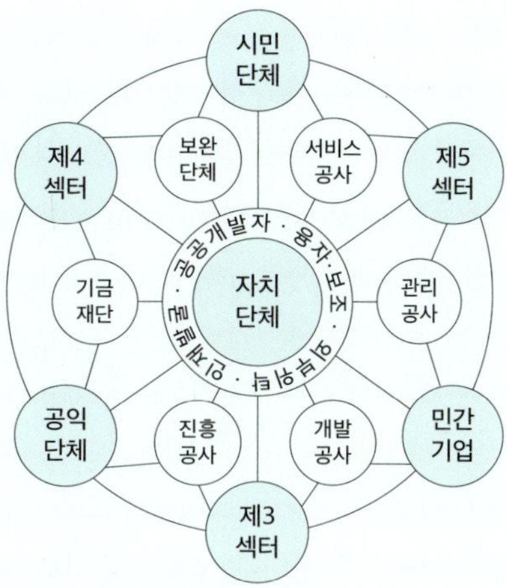

도시정부의 복합기업적 경영 시스템

경제학의 수법으로 조정하거나 권력적 수법에 의해 전체적인 형평성을 도모하지 않으면 기업원리는 자치단체의 수익화라는 바람직하지 못한 결과를 심화시킬 우려도 지니고 있다.

3) 재정운용의 기업화

자치단체경영의 목적이 시민복지의 극대화에 있다 해도 그 목적달성을 위한 중요한 수단으로서 자치체 재정의 기업화는 피할 수 없다. 오늘날의 도시를 거대하고 복잡하다고 말하는 것과 같이 행정의 수비범위 또한 넓다. '자치단체는 공공서비스를 제공하는 회사'로서 교육, 교통, 상하수도, 주택, 병원, 보험 등은 이미 시민생활에 밀착한 서비스가 되었으며 택지조성, 아파트건설, 교통방송, 주차장 건설과 관리, 유료도로건설에 이르기까지 경영대상은 다양하다. 자치단체는 이제 더 이상 낡은 관리행정에 안주할 수 없게 되었다. 자치단체 재정의 기업화에 대하여 '몰시민성을 심화시키는 것', '사회화라는 기본적 관점의 부족' 등의 비난이 많다. 그러나 현대의 자치단체 재정은 재정수요의 폭발적 증가에 의해 재정위기에 직면하고 있고, 이 때문에 기채주의, 공사협력방식의 활용은 경영전략의 하나로서 불가결한 수단이다.

오늘날의 자치단체 재정은 수익화와 복지화라는 양극화현상에 직면하고 있다. 고령화 사회의 복지서비스로 노인의료비는 정부가 부담하는 한편, 도로공사는 유료도로의 수입을 통해 채산성을 도모해야 한다는 것이 사회적 비용의 형평성을 확보한다라고 하는 파라독스를 이해하지 않으면 안 된다. 자치단체 재정의 기업화가 재정수입적 수단 또 지역개발의 명분으로 무분별하게 이용된다면 대단히 심한 비판을 받을 우려가 있다. 자치단체경영이론에 기초한 공공서비스 공급의 확대수단, 개발이익의 자기환원 방식으로의 정책적 실천수단이 모색되어야 한다.

자치단체 재정의 복지화와 사회화라는 불합리한 지방재정제도의 개선을 정치적으로 연대하여 중앙정부에 강요하고 재원을 획득한다고 해서 실현되는 것은 아니다. 획득한 재원을 어떻게 배분하고 집행하는가 하는 것이 보다 큰 과제이다. 자치단체는 경영주체로서 자신의 재정운영을 엄격하게 하여 정부에게 이용당할 틈을 내주지 않고 자치단체로서의 행·재정 자주권을 활용하여 지역경제의 왜곡된 구조를 스스로 해결하는 주체적 노력이 필요하다.

4) 경기변동에 저항력 있는 재정시스템

오늘날 지방재정의 위기를 염려하고 있다. 그것은 지방재정제도가 왜곡되어 있다는 점에서 이유를 찾을 수 있다. 자치단체 재정은 경기변동에 대한 저항력이 대단히 취약하다. 몇 년간의 부동산시장의 동결에 따른 지방세수의 급격한 감소는 바로 중앙과 지방간의 세원배분구조에서 그 문제를 지적할 수 있다. 극단적으로 말하면 수지가 겨우 10-20% 전후의 예산이 차이난다고 해서 재정파탄을 염려하는 것이 자치단체로서의 바람직한가 하는 점에서는 의문을 가지지 않을 수 없다.

호황기의 증세를 투자증대, 서비스 향상, 임금인상 등에만 투입하는 것은 재정의 경직화를 증대할 뿐만 아니라 불황기에 대응하는 저항력을 현저하게 저하시키는 결과를 가져온다. 자치단체도 하나의 경영체로서 민간기업과 마찬가지로 내부유보를 두텁게 함과 동시에 부동산 등의 스톡에 투자하여 경기변동에 대비해야 한다.

자치단체이든 민간기업이든 경기변동에 대응할 수 있는 체제를 확립하여야 한다. 그것은 장기적 시각에서 계획예산을 수립하는 것이다. 그림에서 나타나는 것과 같이 평균성장률은 완만한 추이를 보이고 있으나, 자치단체의 경영구조는 평균성장률의 위에 있기도 하고 아래에 있기도 하기 때문에 불안한 움직임을 맞추어야 한다. 여기서 수입이 예상 이상으로 오른 경우에는 잉여분을 유보하여 비축하고 부족이 생긴 때에는 비축된 기금으로 편

◆ 적정규모의 예산(계획)으로 성장기에 저축(///의 부분), 경기 반동기에는 부족분을 보충한다.

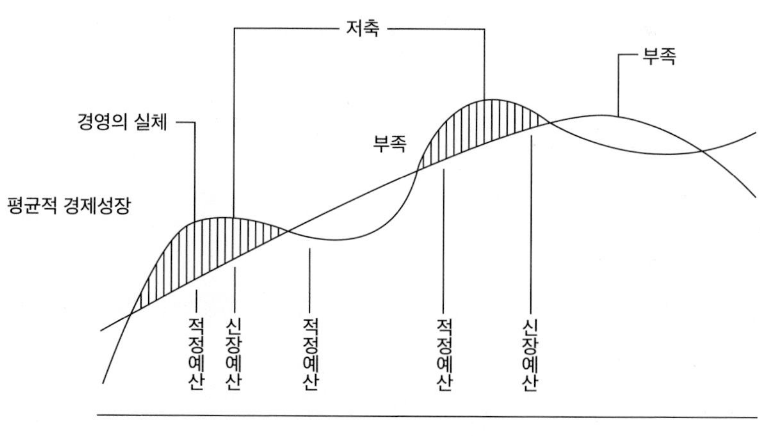

경기변동과 경영

성한다. 그런데 수입이 예상을 초과했을 경우를 기준하여 신장예산을 짜게 되면 경기변동이 일어날 경우 수입부족이 생기게 되어 곧 큰 적자를 짊어지는 결과가 된다. 이것은 가정의 저축과 마찬가지로 간단한 이론이지만 이것을 자치단체가 실천하기는 매우 어렵다.

자치단체장은 정치가이며 행정가인 동시에 경영자이다. 기금, 공사, 개발사업, 과세자주권 등의 조정수단을 활용하여 경기변동의 영향을 흡수해 가야 한다.

5) 행·재정 자주권의 활용

다음은 행·재정 자주권의 활용을 통한 도시경제에의 개입이다. 공공개발 방식도 분명히 개발이익을 자기환원하고 또 도시서비스의 독점이익을 흡수하는 등 도시경제의 왜곡시정에 직접 효과를 노리는 묘미가 있다, 그러나 이것은 토지매매에서 나타나는 바와 같이 단발적이고 더욱이 사업공사 등의 수익에서도 부분적이라고 할 수 있다.

이점에서 행·재정 자주권에 의한 도시경제에 대한 개입은 계속적이고 또한 거시적 정책이라고 할 수 있다. 대부분의 일본 자체단체가 시행하고 있는 <공해방지협정>은 기업내부 불경제의 외부화를 방지하였고, <택지개발지도요강>은 개발이익의 사회적 환원에 위력을 발휘하고, 법인세의 초과과세는 집적의 이익에의 공평부담을 구하고 있다.

자치단체 경영의 핵심이 '자치체 재정의 파이를 크게 하는 것뿐만 아니라, 파이 배분의 형평성을 확보하는 것'이며, 또 '지역경제의 성장패턴을 보다 공공매카니즘 우선으로 전환시키는 것'이라는 점을 생각하면 행·재정 자주권의 활용은 불가결한 수단이라고 할 수 있다. 앞으로 자치단체가 단순한 서비스의 제공자가 아닌 지역경제의 조정자로서의 역할을 수행하는 데 있어서 행·재정 자주권의 정책적 가치는 크다. 이것은 재원대책이 아닌 자치단체에서의 비용부담의 공평화, 자치단체 재정의 사회화를 도모하기 위한 중요한 수단이기 때문이다.

6) 재정운용의 과학화

자치단체 경영전략이 재정운영의 실제에 있어서 위력을 발휘하기 위해서는 관리형, 기업형, 정책형, 등 각각의 자치단체 경영타입이 그 묘미를 발휘하고 종합화되어야 한다. 이를 위해서는 역시 재정운영의 과학화가 이루어져야 한다.

재정운영의 과학화로서 첫째, 지금까지 장기적 운영보다는 단년도주의, 스톡보다는 플로우, 집행방법보다는 예산배분, 정책선별보다는 증분주의가 중시되었다. 그 때문에 재정 그 자체는 단년도주의가 초래하는 재정경직화 요인, 플로우 우선에서 오는 경기변동 저항력 감퇴, 증분주의에 의한 예산배분에 의해 야기되는 비효율적 집행, 낭비의 제도화 존속이라는 폐해에 고민해 왔다. 이와 같은 구조적 결함을 극복하는 것이 자치단체 개혁의 하나의 초점이 되고 있다.

둘째, 종합기본계획, 생활환경기준 등으로 자치단체의 기본시책을 확실히 함과 동시에 중장기 재정계획, 경상예산과 자본별 예산 등 재정운영의 방침을 명백히 하는 것이 바람직하다. 지금까지는 행정시책과 재정계획과의 연계가 불충분하였을 뿐만 아니라 재정을 중장기적이고 경영적 관점에서 판단하는 것도 데이터 부족으로 인해 어려웠다.

셋째, 시책으로 중기재정계획의 수립이라든지 지방공사를 포함한 연결결산방식의 도입이라든지 외국과 같이 경상예산, 자본예산의 이원적 형태의 예산제도의 도입이 바람직하다.

7) 정책결정의 민주화

자치단체가 무한한 행정수요에 그대로 대응해 가는 것은 물론 불가능하다. 그러나 냉엄한 시책의 선택을 피할 수는 없으나, 어떻게 선택 하는가가 큰 과제이다. 우선 자치단체 경영전략 수립에 있어서 '자치단체의 선택'과 '시민의 선택'을 상호 연결시키는 노력이 필요하다. 우리나라의 경우 기채, 초과과세, 부담금 등을 미국과 같이 주민투표로 결정하는 제도는 없다. 그 때문에 자치단체의 공무원의 결정권은 대단히 중요한 역할을 하고 있다. 그런데 관료의 선택이 시민의 선택으로 왜곡될 뿐만 아니라 진정과 압력에 의해 적절한 선택이 잘못되는 것도 많다. 이와 같은 잘못된 선택의 패턴을 시정하기 위해서는 시민욕구의 정확한 파악과 함께 개개의 사업과 서비스에 수반되는 비용과 효과를 시민, 의회, 주민단체 등에게 발표하여 선택을 하는 방법을 정착시켜 나가는 것이 바람직하다.

8) 법인시민의 참여 촉진

도시정부는 도시계획을 수립하고 계획의 실현을 위해 관련요소들을 조정하고 규제하고 유도한다. 또 도시정부가 본래의 기능인 공공시설의 정비와 운영을 통해서 도시경영의 중심적 역할을 수행한다. 도시계획을 수립하고, 계획을 집행하고, 공공시설을 정비할 때 도시정부의 책임은 충분히 달성된 것처럼 보인다. 그러나 도시정부의 기능이 그것만으로는 충분하다고 볼 수 없다. 왜냐하면 4차 산업혁명 사회의 도시구조는 매우 다원적이기 때문이다. 도시를 창조한다, 경영한다고 할 때 이해관계자는 시민 개개인뿐만 아니라 시장번영회, 기업체, 상공회의소, 종교단체, 시민단체, 대학 등과 같이 많은 조직체들을 포함하여 구성된다. 개인시민뿐만 아니라 법인시민의 존재와 활동이 도시에너지를 상당히 지배하고 있다. 따라서 다원적인 도시의 구성원을 어떻게 도시개발과 경영에 참가시켜 시민복지의 극대화라는 도시경영 목적에 부합되도록 제각기의 기능을 분담시키냐 하는 것이 도시경영전략의 주요핵심이다.

법인시민이라고 할 수 있는 기업이나 대학과 같은 도시 구성원들의 입장에서 보면 도시는 그들이 존재하고 활동하는 무대이기 때문에 도시경영의 방향과 내용은 본래 자신들의 문제다. 그러나 지금까지의 도시행정, 도시관리시스템 하에서 그 인식과 역할이 분명하지 않았다는 데 문제가 있었다. 최근 이러한 측면에서 법인 시민 또한 도시와 공동운명체라는 인식을 가지고 도시발전의 주체적 참가로 나타나고 있다. 동시에 정부는 법인 시민이 도시발전의 주체적 역할을 담당할 수 있도록 참여를 촉진시켜 적절한 기능분담전략을 모색해야 한다. 개인시민만이 아니라 법인시민에게도 도시발전에의 참여를 호소하여 에너지를 결집시켜야 한다. 이러한 과정을 통해 법인시민은 법인시민 특유의 기능과 에너지를 도시경영에 반영시킴으로써 자신들의 이해관계도 충족시킬 수 있다.

상점은 도시이미지에 부합되는 건축물로 가꾸고 상품들을 전시하도록 한다. 또 상가번영회는 도심지의 주차장 정비와 교통시스템을 고려하면서 상가활성화 방안을 모색하고 그 중심적 역할을 수행한다. 공장은 환경오염물질을 배출시켜 주거환경을 악화시키는 존재에서 테크노파크 방향으로 발전해야 한다. 즉 공장은 도시시민과 대립되는 혐오대상이 아니라 시민생활의 중요한 장이 될 수 있는, 시민과 함께 하는 존재로 변신해야 한다. 대학의 캠퍼스와 초·중·고등학교 시설은 시민에게 개방되고 지역사회의 중추적 역할을 담당해야 한다. 대학의 시민강좌 개설은 개성과 여유있는 생활을 희망하는 도시시민에게 최대의 선물이 될 것이다.

9) 정부 간 기능분담

사회적 실태로서의 도시경영은 도시정부만의 힘으로는 한계가 있고, 충분한 성과를 거둘 수 없다. 도시정부는 모든 시민과 도시에서 활동하는 모든 조직체가 도시경영에 참가하여 제각기 기능을 충분히 발휘할 수 있는 시스템을 모색하여 참여를 적극 유도해야 한다. 이러한 시스템을 조직화하고 이해를 조정하는 것이 도시정부의 중요한 임무다. 사회적 실태로서의 도시경영은 도시정부만 관여하는 것이 아니다. 우리나라의 행정시스템은 중앙정부, 시·도, 시·군에 그 기능을 분담시키고 있다. 행정사무의 종류에 따라서 도시정부는 단순한 실시 주체에 불과하거나 또 상당정도의 권한과 책임을 지니고 있다. 중앙정부와, 시·도, 시·군이 행정사무를 분담하는 우리나라의 독특한 행정시스템은 고도성장기의 획일적 행정서비스 공급체계로 그 기능을 발휘할 수 있었다. 그러나 지방화시대의 지역특성을 살린 양질의 행정서비스 공급체계를 구축하기 위해서는 정태적인 기능분담보다는 적극적인 사무재배분이 이루어져야 한다.

최근 자치시대의 중앙정부는 시·도에, 시·도는 다시 시·군·구에 많은 사무를 위임하고 있다. 그러나 내용적으로는 부분적인 권한만을 위임한 채 지도·감독권은 사실상 그대로 유지하고 있다. 도시에 관한 부분적 권한이 부여되면 행정사무의 수직적 효율성은 보장될 수 있을지 몰라도 수평적 효율성은 크게 저해된다. 현재의 기관위임 사무제도는 자치권의 제약이라는 측면에서 볼 때 많은 문제점을 지니고 있다. 따라서 도시정부에 가급적 종합적인 권한을 부여하기 위해서는 기관위임사무와 같은 제도는 바람직하지 않다. 지방분권의 확립을 전제로 해서 기관위임사무의 폐지도 적극적으로 검토되어야 한다. 도시정부는 가능한 한 종합적인 자치권, 도시경영권한을 보유할 때 제대로 기능할 수 있다.

10) 공·사(公·私) 간의 기능분담

도시경영은 공·사 간의 기능분담을 매우 중요하게 평가한다. 도시경영은 시민의 실질적 생활과제이므로 시민이 직접적인 역할을 수행해야 한다. 도시 시민의 대부분은 지방세 부담과 투표를 통한 간접적인 역할만을 분담하고 있다. 그러나 현대 도시사회에서는 이와 같은 간접적·일반적 정치참여만이 아니라 직접적이고 구체적인 도시경영의 참가를 필요로 하고 있다. 그 이유 중 가장 대표적인 것은 사회경제구조의 복잡화·다양화로 인해 간접 참가만으로 시민 불만을 야기시키고 도시정부 또한 조정자로서의 역할에 제한을 가져왔다는 점이다. 도로건설이나 학교시설 등과 같이 당해 지역주민의 환영을 받는 시설입지에 대해서도 공공을 위한 개인의 희생에는 거의 절대적으로 거부반응을 나타내는 것이 일반적인 현실이다. 더구나 쓰레기 소각장과 같은 혐오시설의 건설을 위해 주민동의를 얻어낸다는 것은 매우 어렵다. 토지 소유자나 당해 지역주민의 반대는 관련단체의 적극적 참여와 협력을 유도해 반정부적 투쟁 도구로 제공되는 경우도 생긴다. 그 결과 지역주민 전체의 이익보다도 소수자의 이익이 우선되어 민주주의의 다수결 원칙이 무시되는 경우까지 발생한다. 따라서 공공시설의 경우 사전에 충분하게 검토하고 토지 소유자와 당해 지역주민과의 합의를 신속하게 얻어내는 것이 필요하다. 주민과의 분규가 발생하면 그것만으로도 도시경영의 손실이 크게 늘어난다.

시민의 도시경영 직접참가 필요성은 효율성 확보의 문제다. 미국 대부분의 도시정부는 시정관리관(City Manager) 제도 하에 집행 및 의결기관은 소수의 무보수 시민대표로 구성되어 있다. 자치정부의 의사결정기관은 시민에 의해 선출된 자원봉사자로 구성되어 있다. 우리나라와 같이 의결기관의 구성원이 다수 존재하고 또한 그들이 상당히 높은 보수를 수당과 활동비의 형태로 지급받고 있다는 사실은 경제력이 없는 시민도 시민대표의 지위를 보장받을 수 있다는 점에서 평가되기도 한다. 그러나 직업정치가가 가지는 폐단 또한 적지 않다. 적어도 효율성의 측면에서 본다면 민주주의 보장기능과 그 비용과의 손익계산을 해볼 때 부정적인 결과를 나타낼 것이다.

도시정부의 효율성, 생산성의 문제는 의결기관인 의회만의 문제가 아니다. 집행부 직원들의 경우도 마찬가지의 문제를 야기시킨다. 도시정부가 직접 관리 경영하는 시설과 같은 종류의 시설을 민간이 경영하는 경우에 민간경영이 훨씬 더 효율적이고 생산성이 높다는 것이 명확하게 나타나고 있다. 대부분의 지방자치단체들이 행정개혁 프로그램에서 사무사업의 민간위탁을 우선적으로 추진하고 있는 것도 이러한 사실을 뒷받침해주고 있다. 외국의 도시정부뿐만 아니라 우리나라의 대부분의 도시정부들도 쓰레기 처리에 있어서 민간위탁방식을 도입하여 매우 성공적으로 운영하고 있으며 계속 확대되고 있다.

시민이 도시경영에 참여해야 하는 또 하나의 이유는 도시정부의 공공서비스생산에 직접 참여함으로써 시민으로서의 자각과 긍지를 가지게 된다는 점이다. 우리나라는 쓰레기 분리수거라는 서비스생산에 시민이 직접적으로 참여하는 쓰레기 종량제를 도입하여 성공적으로 시행하고 있다. 그 결과 쓰레기 배출량이 격감하고 자원 회수량 또한 늘어나는 일석이조의 효과를 거두고 있다. 이것은 효율화의 문제에 그치지 않고 시민이 자신의 손으로 도시환경을 보전하려고 하는 자치정신의 함양에도 매우 유효한 방법이라고 할 수 있다. 자치는 자조에서 생성된다는 것을 상기해야 한다. 도시정부가 양질의 서비스를 시민에게 공급하는 것은 기본적인 책무 중의 하나이지만 시민 한 사람 한 사람이 자신의 손으로 스스로 제공할 수 있는 서비스는 스스로 해결하거나 도시정부의 서비스제공 시스템에 참여하여 공동으로 생

산하는 것이 자원의 효율적 배분과 도시경영의 효율성 측면에서도 바람직하다.

시민참여와 공·사 간의 역할분담을 위한 제도적 장치가 모색되어야 한다. 자원봉사자의 등록제도 한 방법일 것이다. 자원봉사활동을 지원 할 수 있는 자원봉사기금이나 도시정부의 국제협력 사업을 지원하는 국제협력기금의 설치 등은 적극 검토해야 할 중요한 전략적 벡터(Vector)다.

11) '관리경영'에서 '참가하는 경영'으로 발상의 전환을

도시사회는 고도의 선택사회라고 한다. 다른 가치관을 가진 시민의 선택, 기업의 선택, 자치단체의 선택이 자신의 요구를 내걸고 서로 겨루는 무한 경쟁사회이다. 시민의 요구라고 해도 개인적 이기주의에서부터 시민생활에 필수불가결한 것의 요구까지 그 범위는 넓다. 또 시민생활상 불가결한 것도 기초적인 것으로부터 선택적인 것까지 매우 다양하다. 도시 단위로 노력한다면 도시는 지켜지고 생활은 열려지게 될 것이다.

도시의 경영이란 과학이다. 일을 조금씩 처리해 나가는 방식이나 임기응변식 선택으로 '힘의 손실'이 너무나 크다. 주어진 것을 최대한으로 활용하는 과학이며, 도시가 가지는 공간과 모든 에너지, 지혜를 결집시키는 것이 도시경영이다. 자치단체가 무엇을 했느냐고 엄하게 다그치는 지금의 도시경영은 자치단체가 맡아서 고민하는 '관리경영'으로부터 탈피하여 시민이 '참가하는 경영'을 지향하는 전환기에 와 있다. 도시경영이 도시 현상을 분석하고 장래의 환경 변화에 적응해 가는 데는 관료의 수직적 사고, 단편적 사고만으로 한계가 있다. 시민이 가지고 있는 창의·선택을 기초로 하여 도시가 선택하는 경영전략을 설정하는 코페르니쿠스적 발상의 전환이 필요하다.

도시경영시스템의 리인벤팅

변혁의 시대를 맞이하는 도시정부는 무엇보다도 모든 측면에서 낙후된 기존의 경영시스템을 리인벤팅(Reinventing)할 필요가 있다. 리인벤팅에 있어서 가장 중요한 것은 시대의 동향을 간파하고, 환경의 변화를 정확하게 진단하여 변화에 대응하는 전략적 접근이다. 이 같은 접근의 의의는 종래의 도시정부 조직에 깊게 뿌리 내리고 있는 조직목적의 결여, 조직 활동의 경직성, 조직의 할거주의, 의욕의 결여 등을 그 기본부터 없애는 것이다.

도시정부의 시스템 혁신을 위해서는 어떤 노력들이 필요할까? 이 글에서는 ① 전략적 발상 ② 젊은 정책집단 ③ 조직의 유연한 구조화 ④ 정보의 공유체제 ⑤ 다양한 인재의 활용 ⑥ 도전의식의 재창출을 위한 패자부활전 ⑦ 인사파괴 프로그램 도입이라는 키워드를 설정하고 도시경영시스템의 리인벤팅에 대해 살펴보고자 한다.

1. 전략적 발상

도시정부는 지역주민으로부터 공공 서비스의 공급을 위탁받고 있는 경영주체이다. 도시정부는 중앙정부의 하청기관이나 출장소가 아니라 지역주민의 신탁에 따라 조직적 사명을 지니고 있는 법인격을 가진 자치단체이다. 따라서 도시정부는 지역주민의 신탁에 따른 경영전략이 있어야 한다. 우리나라의 지방자치단체장에게는 전략적 접근의식이 부족하다. 더구나 중간 관리직들은 창조적 발상이 결여되어 있고 일반 공무원은 신탁의식이 없어 무력감에 빠져있다.

4차 산업혁명이라는 급격한 환경의 변화에 대응하기 위해 요구하는 되는 것은 '전략적 발상' 즉, 시대의 동향을 간파하고 환경의 변화에 대응하는 발상의 전환 자세 및 행동이다. 이와 같은 전략적 발상은 도시정부 조직에 역량을 부여하고 직원들은 강한 긴장감을 받는다.

2. 젊은 정책집단

도시정부에는 간부회의는 존재해도 정책회의는 없다. 도시정부의 각종회의는 단순한 대화의 장소, 각종 지시를 전달받는 회의, 때로는 친목을 도모하는 사교적 모임이 되고 있다. 각종 회의가 참석자 상호간의 사이좋은 모임이 된다면 활발한 정책토론은 불가능하다. 그러한 조직은 정책의 과학화를 기대할 수 없으며 조직의 활력 또한 생기지 않는다.

급격한 환경변화의 시대는 정책으로 경쟁하는 시대이다. 가장 중요한 것은 독특한 정책개발이다. 정책개발은 중앙정부의 시책을 포함한 지역의 독특한 정책을 발굴 수집하는 것이다. 독특한 정책개발은 보수화되고 매너리즘에 빠진 집단에 의해서는 기대할 수 없다. 노령 간부회의 대신에 젊은 과장, 계장 그룹을 중심으로 한 정책집단 '정책중역회의'를 창설해, 새로운 혁신적인 정책개발, 독특한 도시개발 등을 토론, 제안할 수 있는 시스템을 구축해야 한다.

청년 중역회의는 젊은 간부진으로 구성되는 것만으로도 조직 활력의 원천이 되고 조직 활력화의 축이 된다. 자치단체장 및 고급간부들의 책임하에 각 부서를 대표하는 얼굴, 능력을 갖춘 젊은 사람으로 구성할 필요가 있다. 청년 중역회의는 지역서비스 제공의 목표 설정, 새로운 독자적인 정책개발, 정책과 조직의 분석과 관련된 정책관련 과제를 검토하고 제안하는 기능을 가지도록 한다.

3. 조직의 유연한 구조화

21세기는 다양화의 시대다. 다양한 사회에 대응하는 도시정부의 조직은 전통적인 완고한 구조와 종적 조직형에서 벗어나, 신축성 있는 대응이 가능한 조직화를 지행해야 한다. 도시정부 조직은 지역의 경영전략, 서비스 전략을 적절하게 달성할 수 있는 조직구조와 기능을 가져야 한다. 자치단체는 항상 지역환경의 변화를 관찰하고 지역서비스 과제를 발견하여 민첩한 조직대응을 해야 한다. 그런데 오늘날의 도시정부는 대부분 지역실정과 유리된 부서할거주의로 인한 종적 조직의 집단 집행체제의 폐해 뿐만 아니라, 각 부서별로 정보관리의 자기완결현상이 초래되고 있다. 자치시대를 맞이하여 완고한 중앙정부 지향의 수직적 조직구조를 전환시키기 위해서는 신축성 있는 정책개발체제와 구조를 목표로 하여 관리층을 재편성해야 한다.

첫 번째로 기획, 예산, 조정, 홍보 등과 같이 자치단체장의 지원기능을 가지는 제너럴 스태프(General Staff : GS)와 조직, 인사, 교육훈련, 회계문서 등의 내부관리를 가능하게 하는 서비스 스태프(Service Staff : SS)의 기능 분담을 명확히 해야 한다. 조직의 신축성 있는 구조화, 평면적인 조직화는 모두 필요하지만, 그 중에서도 GS는 인원수에서 승패가 나는 것이 아닌 만큼 소수 정예화를 도모해야 한다.

두 번째는 라인 스태프(Line Staff:LS) 기능을 중시해야 한다. 다양화의 시대에 주도면밀한 서비스를 제공하기 위해서는 각 사업부서(Line) 내의 스태프, 즉 라인 스태프를 조직구조상에 명확히 함과 동시에 그 기능의 충실과 강화를 도모해야 한다. LS는 사업부서 전체의 사업계획, 목표설정, 사업의 집행과 관리, 예산관리, 부서내의 공통사무 등을 처리하는 사명을 지니고 있다. 또 LS는 부서내의 정보발신자로서 정보처리 기술을 활용해서 부서장의 정책을 정보면에서 지원하는 기능뿐만 아니라 부서내의 각 조직에 정확한 정보를 제공할 수 있는 기능 또한 지니고 있다.

각 사업부서는 조직적으로 전문성이 요구되는 부문이기 때문에 관리직 부문과 다른 형태의 조직의 재편이 필요하다. 관리직과 같이 과, 계제 폐지로 대표되는 평면조직(Flat Organization)을 도입하는 것이 아니라 사업부서 각각의 사명, 성격을 고려한 조직편성이 바람직하다.

4. 정보의 공유 시스템

21세기는 고도의 정보화 시대다. 정보의 가치가 커지고 정보가 지역사회에 큰 영향력을 미치고 있다. 이미 대부분의 도시정부는 정보관리 기구를 다양한 형태로 도입, 활용하고 있다. 하지만 활용 상태를 보면 기종은 다양하고 활용은 각부서가 제각각이며 심지어 메모리 장치의 교환조차도 원활히 이루어지지 않을 정도로 폐쇄적이다. 조직의 활성화나 정책개발을 위해서 정보기기의 효율적 활용시스템의 구축이 시급하다. 따라서 자치시대를 대비한 조직전략은 먼저 정보의 공유체제를 구축하여야 한다. 단순히 조직 간에 정보관계시스템이나 의사전달능력의 제고만이 아니라 조직내외의 정보의 의미, 가치를 인식하고 공유화를 추진하는 것을 목표로 하여야 한다.

정보네트워크의 구축은 도시정부 내부뿐만 아니라 지역을 포함해서 고려하는 것이 매우 중요하다. 앞으로의 정보 네트워크는 종래의 억제나 통제를 위한 정보의 집중화를 기본으로 하여서는 안 된다. 집권적 통제 시스템은 네트워크 자체의 생동감을 말살시키고 시스템의 고갈을 초래하기 때문이다. 21세기의 정보시스템은 각 부서 간의 정보공유체제와 지역에서도 정보의 입수, 이용이 가능한 개방분권형의 정보 네트워크 시스템을 구축해야 한다. 이렇게 될 때 조직구성원 상호간의 학습 시스템이 가능하고 조직간 경쟁 및 지역공동사회, 지역주민과의 정보교류도 가능하게 된다.

5. 다양한 인재의 활용

21세기는 인재가 말하는 시대다. 조직의 활력을 위해서 가장 중요한 것은 다양한 인재를 유치, 활용하는 것이다. 도시정부의 활동은 대기업 활동에 필적

하는 다양한 사업들을 추진하고 있기 때문에 지역과제의 해결을 위해서는 다양한 사고방식의 소유자, 다채로운 인재가 필요하다. 지금까지 공무원 채용방법은 중앙정부나 도시정부 모두 필기시험을 중심으로 한 '무난한 인물'을 채용하는 방법이었다. 그 결과 전국적으로 비슷하고 안정지향적, 전례답습주의, 이른바 복지부동형의 조직 풍토가 형성되었다. 도시정부의 활성화를 도모하기 위해서는 종래의 '순혈주의'라는 공무원 관행을 바꾸어야 한다. '동질성 찬미'로는 조직의 활성화, 개성화를 기대할 수 없다. 조직의 개성화에는 다양하고 다채로운 인재가 필요하고 조직의 활력 상승과 성장을 기대하기 위해서는 창조성이 풍부한 의욕적이고 도전적인 인재가 필요하다.

공무원 채용에도 전략적 발상이 필요하다. 공무원 채용에 있어 새로운 채용전략을 확립하고, 개성 있고, 문제해결능력을 지닌 도전정신이 풍부한 인재를 채용한다는 자세가 필요하다. 민간기업은 이미 채용시험과 면접에 있어 학력수준이나 출신대학 관련자료를 아예 없애는 등의 기존 틀에서 벗어난 노력을 기울이고 있다. 개성이 있는 다양하고 다채로운 인재를 채용하기 위해서는 기존개념, 고정된 이미지를 전환시키는 것이 가장 중요하다.

조직력의 차이는 인재육성에 달려 있다. 그러므로 직원의 '개성발견'을 조기에 실시하는 것과, 개인의 적성, 능력에 따른 객관적 관찰, 평가에 기초한 계통이 확립된 배치로 전환하여야 한다. 이렇게 하여 각 개인의 관심 영역이나 목표와 조직목표가 통합화 되도록 하는 발상의 전환이 필요하다.

6. 도전의식의 재창출을 위한 패자부활전

도시정부의 근무평정은 감정주의에 의존하는 경향이 있다. 능력 중심이라기보다는 연공서열이 중시되고 있다. 혁신의 시대, 다양화의 시대에는 끊임없이 새로운 것에 도전하는 진취적 자세가 필요하다. 열심히 일하는 사람과 일하지 않는 사람을 동등하게 평가한다면 인재를 양성할 수 없고 조직은 성장하지 않는다.

근무평정의 형평성은 조직 활력의 원천이다. 근무평정시스템은 업적평가, 능력평가의 측면에서 기준이 설정되어야 한다. 자치단체의 업무는 민간기업과 비교해서 매우 다양하기 때문에 업적평가는 각각의 업무, 직위마다 다른 평가기준을 대응시키고, 적용하는 것이 바람직하다.

근무평정에는 영구히 변치 않는 영원불멸의 기준이 있을 수 없다. 따라서 엄격하게 평가하고 평정대상자의 변동이나 상황의 변화에 따라 '패자부활'의 새로운 체계를 생각해 볼 필요가 있다. 지금까지의 통제주의나 감점주의의 방식에서 탈피하는 것만이 조직 내에 뿌리내리고 있는 의욕 없는 복지부동형의 집단을 혁신시키는 핵심이 된다.

조직 활성화의 열쇠는 앞서서 말한 조직의 전략적 접근과 근무평정체계를 유기적으로 연결시키는 것이 가장 중요하다. 조직성장의 열쇠는 형평성, 창조주의, 도전주의를 표방하는 진취적인 관리에 달려 있다.

7. 인사파괴 프로그램 도입

전국 도시정부의 관리직의 수는 전체 정원의 25% 가까이에 이르고 있다. 상장기업의 경우는 대부분의 기업이 관리직 비율을 20% 이하로 제한하고 있고, 그 중에는 관리직 비율이 10% 미만인 기업도 30% 정도가 된다. 이러한 현실임에도 민간 기업은 관리직 비율 삭감이라는 '인사파괴 프로그램'을 끊임없이 추진하고 있다.

조직혁신, 조직의 재구조화는 중간 관리층부터 시작되어야 한다. 연공서열과 안전제일주의가 공무원의 매력이라고 생각하는 관리직을 그대로 두고는 조직의 활력을 기대할 수 없다. 도시정부의 경영체제에 가장 큰 혁신이 요구되는 것은 중간관리직의 자각이다. 중간관리직은 정책형성능력, 문제해결능력의 배양, 창조성 발휘, 도전적 자세를 지향하는 행동이 필요하다. 이러한 것들을 기폭제로 하여 자치단체의 경영체제에 생기와 활력을 불어넣어야 한다.

주민의 참여와 협력

도시정부가 기업경영적 발상에서 경영된다고 해도 중요한 과제는 시민의 참여와 협력을 어떻게 구하느냐에 관한 문제이다. 도시정부는 주민의 자치를 기저로 하여 형성되어 있다. 이 경우의 자치는 시민이 자치를 보호하고 유지하려고 하는 의식에 의해서 시행되고 있다. 이것은 자신의 주체성에 기인해서 하나의 독립된 단체를 운영하려고 하는 지역적인 의식으로 참여와 협력을 기반으로 하는 자치의식이다.

도시경영에 기업가형 경영원리를 도입하는 데는 주민의 참여와 협력의 바탕 위에서 자치의식이 충분히 반영되도록 유도해야만 한다. 기업가형 자치단체장의 도시경영은 경영기술이 훌륭한 조직만으로 가능하지 않다. 자치이념이나 사상이 경영기술과 융합될 때만이 기업가형 도시경영은 전개될 수 있다. 만약 그렇지 않으면 도시정부는 기업단체화의 방향으로 나아가게 되고 점차 자치적 요소는 상실되어 도시정부로서의 성격을 찾을 수 없게 된다.

도시정부의 경영화 즉, 기업가적 발상에 근거한 경영적 운영은 훌륭한 기업적, 경영적 기술의 구사와 함께 경영의 근본적인 기저에는 주민의 자치의식이나 자치적인 사고, 혹은 자치적인 생각에는 주민의 참여와 협력이 필요불가결한 요소이다. 그렇게 하여야만 기업가형 자치단체장이 경영하는 도시정부의 발전이 주민에게 유용해진다. 기업가적 발상에 의한 도시 경영에는, 개별시책에 수익자 부담금제를 적용할 때 주민의 의사결정을 반영시키고, 토지를 취득할 때도 주민의 참여를 통해 가격을 결정하는 등의 실질적인 주민참여와 협력방안이 모색되어야 한다.

우리나라의 도시정부 주민 모두에게 성숙된 참여와 협력을 기대하기는 어렵다. 우리나라의 주민의 자치의식은 도시정부 형성과는 직접적인 관계를 가지지 않고 발전하여 왔다. 자치의식이 분명하지 않은 좁은 공동체사회의 상호부조적인 단계에서는 명확하게 작용하여 왔다. 그러나 근대적 도시정부의 형성과정에는 자치의식의 작용이나 주민의 참여와 협력이 중심적 역할로 수행되지 않았다. 정부 또한 주민의 참여와 협력을 도시정부의 경영과 관계시키지도 않았다. 지금까지의 도시정부는 엄격하게 말하면 도시정부가 아니라 단순한 행정단체였다고 할 수 있다.

기업가형 자치단체장이 반드시 피해야 할 것

도시경영은 정책결정에서부터 비롯된다. 정책능력이 있는 기업가형 자치단체장의 결단력과 과학적인 계획결정 시스템이 필요하다. 이러한 전제조건과 함께 주민의 참여와 협력에 의한 최적결정으로 주민참여제도가 보장되어야 한다. 도시경영에 주민의 참여와 협력을 강조하는 이유는 기업가형 자치단체 경영은 필연적으로 자치단체장이나 공무원의 권한을 강화시키기 때문이다. 따라서 도시경영이 주민의 복리증진을 위해 기능하고 공공서비스의 소비자인 시민중심의 서비스 전달체계를 확립하기 위해서는 주민이 주권자로서 경영체의 주주로서 도시경영에 참가하여야 한다. 공공서비스의 공급이라는 선택적 결정을 위해서는 주민의 자치의식에 근거한 정치적 과정이 충실하게 이루어져야 한다. 이러한 주민의 참여와 협력에 의한 정치화의 과정 없이 기업가형 자치단체장의 일방적이고 비민주적인 경영수법에 의해 도시정부가 경영될 때는 최소의 비용으로 최대의 주민복지라는 도시정부 경영화의 이념은 실현될 수 없다. 기업가형 도시경영이라는 임기적 대응과 기술적 관리현상의 색채가 짙은 분야에서 주민자치의 도시경영을 형성하자면 종래와 같은 주민참여 방법은 재고해야 한다. 지금까지의 부정적, 영웅적인 주민운동에서 탈피하여 주민참여의 진가를 발휘할 수 있는, 시민통제라는 근대적인 관리로 변혁해 나가야 한다.

07 21세기 도시경영의 전략적 전개, 그 새로운 도전

효율성 추구에서 미(美)의 추구로

21세기 초엽의 한국은 도시의 다면적인 기능과 효용에 입각한 도시경영의 전략적 전개를 필요로 하는 전환점에 서 있다. 최근의 다양한 과제 해결형 개발계획의 수립이나 중점 프로젝트에 의한 종합적이고 기능적인 도시경영의 기조는 종래의 양의 확충에서 질의 추구로 이동하고 있다. 21세기의 환경 변화에 대응할 수 있는 새로운 도시경영 전략의 형성과 전략적 전개를 필요로 하고 있다. 21세기의 도시경영 전략으로는 분권화 전략, 정보화 전략, 세계화 전략, 고령화 전략 등이 제기되고 있다. 이번 장에서는 윤택한 도시를 창출하기 위한 도시경영 전략의 관점에서 종래의 효율성 극대화에서 미(美)를 추구하는 생활미, 도시미, 경영미의 창조 관점에서 바라보고자 한다. 도시를 평가할 때 '아름다움'도 매우 중요한 요소이기 때문이다. 지금까지 도시경영 전략의 하드웨어를 주로 살펴봤다면 이번 장에서는 도시경영 전략의 다양한 소프트웨어나 콘텐츠 중심으로 알아보고자 한다.

생활미

우수한 문화, 여유 있는 생활, 쾌적한 생활환경 등 인간을 중심에 두고 생활 전반을 풍요롭게 하고 생활 속에 미를 받아들이는 이른바 '생활미의 창조'가 21세기 도시경영 전략의 새로운 트렌드다. 도시에서 생활한다고 하는 것은 개성있는 생활방식을 창조하는 것, 생활이나 문화를 향수하는 지적인 생활의 영위라고 할 수 있다. '질'이 추구되는 시대를 맞이하여 도시생활의 편안함이나 즐거움 등 일상생활의 부가가치를 높이는 '생활미학'의 추구가 중요해지고 있다.

생활미의 추구란 예술지향만이 아니라 동시에 인간과 자연에게도 아름다운 생활방식의 추구를 의미한다. 급속한 기술혁신에 의해서 생활의 편리함이나 높은 효율성을 추구한 에너지생활에서도 미의식은 결여되고 하천은 고기도 살 수 없을 정도로 오염되었으며 아름다운 자연은 쓰레기로 뒤덮였다. 대량생산, 대량소비, 대량폐기 등 지금까지의 모더니즘의 논리는 한 마디로 효율의 추구로 집약된다. 하지만 효율성이나 생활의 편리성을 추구한 대가로 환경과 조화를 이룬 생활의 아름다움은 상실되었다. 이러한 도시의 위기를 가장 선명하게 드러내는 측면이 쓰레기문제다.

도시의 생활방식은 기본적으로 주민, 민간단체, 기업 등 도시의 담당자에 의한 생활미의 창조와 도시에서 아름답게 생활하기 위한 라이프스타일이 요구되고 있다.

최근에 와서 편리함이나 기능성만을 추구한 다기능성, 대기능주의도 변하고 있다. 지금까지는 성능이나 품질을 고도화한 다기능상품과 대기능상품의 보급 등 전반적으로는 생활의 편리함이나 기능성을 추구하는 도시생활자의 생활방식과 물질의 풍부함이 한층 심화되어 왔었다. 기능이란 편리함의 척도로서 기능이 많을수록 우수한 상품이었다. 하지만 오늘날은 불필요한 기능을 없앤 후에 이용자가 진정으로 필요로 하는 기능만을 선택·한정하여, 단순하지만 독자적인 개념에 의해 사용자의 수요에 부응하는 상품의 제공이 중요시되고 있다. 개성 지향적 생활방식의 환상 속에서 자신의 취향에 맞는 가치 있는 기능만을 선택하여 소비하는 '질' 중시의 '심플라이프'가 확산되고 있다. 이용자의 선택이 엄격해지는 가운데 기업이 제공하는 재화·서비스의 개념, 기능내용 모두가 우수한 것이 아니면 살아남을 수 없는 시대가 되었다.

쓰레기문제 해결의 관점에서 말하면 '쓰레기를 배출하지 하지 않는다', '쓰레기를 재활용 한다'고 하는 쓰레기 감량·자원화를 기본으로 하여, 쓰레기를 증가시킨 생활의 풍부함 대신에 쓰레기가 적은 리싸이클링형 사회로의 '새로운 윤택함의 창조'가 요구된다. 아름답고 청결한 도시여야만 자신이 살고 있는 도시를 소중히 생각하는 도시주민의 정체성도 생겨난다. 도시주민으로서의 정체성이 있으면 자신의 도시를 오염시키는 일도 없을 것이며, 도시를 아름답고 매력적으로 만들 수 있다. 매력 있는 도시는 거기에 사는 사람들의 고유한 의식이나 자존심을 가지게 한다. 도시의 아름다움을 창출하고 세련시켜 나가는 정체성이야말로 도시경영의 기본이다. 따라서 쓰레기문제 해결을 위해서도 즐거움이나 재미를 가미한 여러 가지 구조나 라이프 스타일을 형성하고 생활 속에 아름다움을 창출하여 살기 좋은 도시를 연출해 나가는 것이 도시정부의 중요한 일이 되고 있다. 도시정부는 도시경영의 연출자로서의 센스와 능력을 가져야만 하는 시점에 있는 것이다.

생활공간으로서의 도시를 아름답게 사용하고, 생활이 편리한 도시에서 사는 작업, 새로운 생활방식이나 생활문화의 주체적인 디자인이 '생활미의 창조'이다. 회사형 인간으로서 지역과 관계없이 생활하는 것이 아니라, 또 지역의 문제를 행정에만 맡기는 것이 아니라, 지역의 문제를 주민공동으로 해결하는 생활의 주체적인 디자인이 요구되고 있다. 좋은 디자인은 생활을 쾌적하게 만든다. 단지 색깔이나 형태 등의 장식이 아니라 아름다운 도시를 만드는 생활방식의 디자인, 생활의 쾌적함을 만드는 '생활의 미학'이 추구되어야 한다.

도시미

도시는 일상생활의 경위, 산업, 경제, 예술, 문화 등 인간의 모든 활동의 무대이다. 도시생활을 쾌적하게 하는 무대를 조성하고 새로운 정보나 문화를 창출하는 창조적 환경의 디자인이 '도시미의 창조' 전략이다.

한국 도시는 도시계획에서 가로장식물(Street Furniture)에 이르기까지 경제적 효율이나 기술을 우선시하고 있다. 그 결과 전국 어느 도시에나 똑같은 풍경의 역전광장이나 상점가가 확산되고 있다. 게다가 주변 환경과 조화가 이루어지지 않는 중·고층 빌딩 숲 등으로 인해 도시단체의 질서나 조화가 상실되고 있다. 오르내리기 힘든 육교나 뛰어 건너지 않으면 안 되는 교차로 등은 원기왕성한 젊은 사람들에게는 그다지 불편하지 않을 지도 모르지만 고령자나 신체장애를 가진 사람들에게는 힘든 조건이다.

생활공간으로서의 도시가 추구되는 시대를 맞이하여 공공 공간의 질을 재검토하고, '효율의 추구'에서 '미의 추구'로 전환할 필요가 있다. 사람들은 누구나 아름다운 도시에서 살기를 원한다. 고령자나 신체장애자를 배려한 환경에서 사는 것은 인간의 기본적인 권리이다. 최근의 조명기술을 구사한 예술지향의 디자인, 지역성이나 친근감, 온화함 등에 세심한 배려를 한 공공시설의 디자인 등은 그러한 시대의 변화를 묘사한다. 눈에 보이는 형태나 색채, 개개의 건축물이나 시설 중심의 디자인이 아니라, 지역의 자연이나 풍토 그리고 전통과의 조화 속에서 도시를 전체적, 종합적으로 파악하는 그랜드 디자인이 추구되고 있다. 도시전체의 질서나 조화에 유의하여 기능성이나 도시의 화장술로서의 표층 디자인만이 아니라 지역개성을 살린 매력개발, 그 도시의 역사나 지형 등을 잘 살린 미의 추구 등, 이른바 독창적인 도시의 미나 무늬를 창출하는 것이 도시설계의 기본 테마이다.

디자인에 대한 높은 기대와 그 중요성의 인식은 도시공간의 측면에만 한정되어서는 않되고 미적 가치를 갖는 디자인의 경제적 측면에도 주목해야 한다. 이를 위해서는 산업디자인을 비롯해서 종합적인 디자인개발을 위한 디자인센터나 패션센터 등 디자인 산업의 진흥거점 정비, 예술계대학의 유치, 혹은 디자인도시 선언이나 패션도시 선언 등 정보 발신력과 고부가 가치력을 가지는 경영전략적인 지역진흥이 중요하다.

도시발전의 원동력은 물건생산 그 자체보다도 산업의 고부가 가치화를 촉진하는 지적 창조력과 그것을 기르는 도시문화에 있다. 도시문화를 매개로 하여 차츰 새로운 산업이 개발되고, 문화적 자극이 도시거주의 큰 매력이 된다. 최근에는 공업화 사회에서의 중후장대형의 장치산업을 중심으로 한 공업단지 대신 대학이나 연구소, 컨벤션시설이나 테마파크 등을 서로 관련시켜서 우수한 두뇌나 감성을 집적하는 지적 생산거점의 형성에 힘쓰는 자치단체의 전략도 이러한 맥락에 있다. 정보전쟁의 양상이 보이는 상황에서는 산업, 문화, 교육 등 우수한 도시문화 창조의 필요성이 도시미의 창조를 통해서 제시된다. 21세기 도시발전의 조건으로 '미'라는 디자인이 창출하는 국제성의 가치와 산업자원, 문화자원, 생활자원으로서 주목받고 있는 '도시미의 창조'를 지적할 수 있다.

경영미

디자인이란 생활미, 도시미의 표현이지만, 그러한 '미'를 만들어 내는 이른바 '미의 창조자'로서 자치단체를 어떻게 설계하느냐가 중요한 문제가 된다. 그러므로 생활의 질을 높이는 주체인 자치단체 스스로의 변화가 요청되고 있다. 자치단체는 지금까지 도시생활의 미니엄을 만족시키는 것을 주요한 업무로 삼아 왔다. 그러나 내셔널 미니멈(National Minimum)이라는 일률적인 표준화를 낳는 '미니엄 사상'에 의한 국가의 획일적인 시책은 생활의 장의 표준화를 야기시켰으며 평범하고 재미없는 도시를 창출해왔다. 현행 법제나 그것을 운용하는 관료들의 문화수준, 낮은 수준의 디자인 의식이 볼품없는 도시를 만들어 왔다. 하지만 도시주민은 이미 새로운 생활기준을 가지고 있다. 단순히 도시의 기능성 중시에 그치지 않고, 생활의 여유나 자기실현 등의 새로운 문화를 창조하는 높은 생활요구가 두드러지게 나타나고 있다. 문화활동이나 활동을 마음껏 영위할 수 있는 도시, 고령자나 아이들에게 편리한 도시, 주변지역이나 동물을 소중히 생각하는 도시, 다양한 사람들이 교류하는 활기찬 도시 등 다양한 생활문화 가치를 충족시켜 주는 도시가 21세기에 기대되는 도시이다.

자치단체는 도시주민의 편리한 사용이나 쾌적한 생활 등 광범위한 영역의 생활문화 가치를 창조하고 제공해야 할 단계에 있다. 생활에 없어서는 안 되는 기초적인 재화와 서비스를 획일적이고 평균적으로 공급하던 시대에는 생각할 수 없는 도시상황이 전개되고 있다. 한국의 도시는 양적팽창에 대응한 기반정비라는 측면에서는 비교적 잘 성장하여 왔다. 양적 측면에만 그치지 않고 즐거움이나 재미 등 일상생활의 부가가치를 높이는 사용방법과 생활방법이 있는 도시의 창출 즉, 생활의 공간인 도시에 생활의 충족감을 느낄 수 있는 문화적 가치를 어떻게 침투시킬 것인가의 문제가 중요하게 부각되고 있다. 이러한 도시상황에 직면한 자치단체는 문화적 가치를 구체화할 수 있는 지적 창조력을 갖추어야 한다. 도시주민은 생활에 없어서는 안 되는 기초적인 재화와 서비스에서 선택적인 재화와 서비스로 생활의 역점을 옮기고 있다. 기초적인 재화와 서비스라면 국가의 표준적, 획일적인 공급기준을 목표로 한 획일적인 판단이나 행정자세로 충분할지도 모른다. 하지만 선택적이고 다양한 재화와 서비스를 요구하는 도시주민의 수용에 대응하기 위해서는 개성 지향의 생활방식에 적합한 생활문화를 공급할 수 있는 문화적 가치를 자치단체 자신이 가지고 있어야 한다.

문화회관이나 시민회관의 건설 사례에서 보듯이, 지금까지는 획일적인 국가의 보조금이나 지방교부세 기준에 따라서라도 건설한다는 그 자체에 상당한 의미가 있었다. 하지만 문화회관, 박물관, 시민회관 등이 건설되었다고 해서 그만큼 도시의 문화성이 높아지는 것은 아니다. 그러한 시설을 매개로 해서 어떠한 문화적 가치를 제공하는가가 도시경영의 중요한 결정타가 된다. 각종 시설의 건물 그 자체의 가치보다도 그러한 것들이 도시주민에게 제공하는 서비스, 사용방법, 즐기는 방법 등의 소프트웨어 즉, 문화적 가치의 제공에 시설물 건설의 본질이 있다. 이것은 도시개발에서도 마찬가지다. 도시경관의 정비나 상점가 조성 등 하드웨어의 구비만으로는 충분하지 않다. 도시를 능숙하게 활용할 수 있는 소프트웨어의 부동산이 중요하다. 자치단체가 도시의 기능적 편리함이나 높은 효율가치와 연결하여 지역사회의 전통이나 애착, 즐거움 등의 가치와 연결할 수 있는 소프트웨어를 주민들에게 제공할 때 도시가 생활창조의 수단으로서 도시주민에게 의미 있는 공간이 된다. 이것은 종래의 시설 건설 중심에서 생활을 여유 있게 만드는 문화적 가치의 창조와 제공이라는 소프트웨어에 중점을 둔 도시개발 패러다임으로의 전환이다. 도시주민이 요구하는 생활문화 가치를 어느 정도 받아들이고 있는가와 문화수준의 정도가 앞으로의 자치단체의 우수함을 평가하는 기준이다.

문화란 예술, 철학, 기술, 도덕, 종교 등 사람들이 요구하는 정신적이고 이상적인 가치를 실현하는 생활방법을 총칭한다. 그러므로 도시정부에는 도시주민의 생활방식이 요구하는 지적 센스나 생활충족감, 생활 속에서 받아들이려고 하는 여유나 미적 요소를 생활의 장에 실현하는 문화적 시점에서의 주체적인 경영전략 수립이 반드시 필요하다. 도시경영은 획일적인 국가의 규제와 지도에의 추종이나 다른 도시가 하고 있기 때문에 따라 하는 사고의 안일한 자세 등 '가치추종형 본질'에서 그곳에 사는 사람들의 뜻을 가능한 헤아리고, 생활문화가치를 자신의 도시에 부가해 나가는 '가치창조형 본질'로 개선을 해나간다. 시설이나 서비스에 미의식을 포함시키고, 생활미, 도시미를 만드는 문화적 가치의 창조와 제공을 필요로 한다. 여기에서 문화적 가치의 제공자로서 도시정부를 어떻게 디자인해 나가는가? 즉, '경제미의 창조'가 21세기 도시경영의 전략으로 제시된다.

문화란 도시주민 개개인의 주관적, 정서적 가치의 실현이라는 측면을 강하게 가진다. 행정이 관여해서는 안되는 영역으로 간주되는 것도 그런 까닭에서다. 도시정부에 문화적 가치를 제공하는 데는 주민과의 공유성을 높이기 위한 주민의 활발한 참여가 요청된다.

도시정부의 경영미를 창조하기 위해서는 도시경영 존재방식을 규정하는 행정문화가 문제가 된다. 경영이란 본래 '어떤 일정한 조건하에서 어떤 식으로 연구를 해서 효과적, 효율적으로 목적을 달성하는가?'하는 인간의 지적 행위다. 도시정부의 경영방식은 생활이나 도시에 새로운 가치를 부가하는 행정의 지적 노력, 그러한 행정의 지력을 기르는 행정문화의 존재방식에 크게 좌우된다. 절차의 존중과 효율성만을 추구할 때는 도시정부의 경제성과 기능성은 높아져도 미의식으로서의 창조성은 높아지지 못하고 중앙정부의 지도만 추종하게 될 뿐이다. 따라서 도시주민의 생활을 우선시하는 발상에 입각해서 창조성에 가치기준을 두는 행정문화의 양성이 중요하다. 도시개발은 도시주민이 요구하는 생활문화에 적합한 창조적인 행정문화로 지탱되어야만 실효성을 거둘 수 있기 때문이다.

재정자립도가 높은 훌륭한 도시를 개발하는 자치단체의 경영은 아름

답다. 도시주민의 생활우선주의적 발상에 일관하는 자치단체의 경영도 아름답다. 창의와 활력이 충만한 자치단체의 경영도 아름답다. 인간성과 효율성이 조화를 이룬 자치단체의 경영도 아름답다. 그러한 아름다움을 함양하는 행정문화, 그리고 도시경영 체제의 확립이 곧 '경영미의 창조'로서 추구되고 있다. 자치단체 자신의 디자인으로 경영미가 생활미, 도시미의 창조와 함께 21세기 도시 경영전략의 핵심을 이룬다.

개성미

급속도로 변화하고 있는 21세기, 한국의 도시는 지금까지 산적한 도시문제를 풍부한 지적 창조력으로 전환해야 할 시점에 와 있다. 다양하고 입맛 까다로운 도시주민의 생활욕구나 요구에 어떻게 대처할 것인가? 여가를 즐기는 방법이나 생활방식을 선택할 수 있는 생활의 자유도가 높은 도시를 어떻게 창출할 것인가? 높은 효율과 편리함만이 아니라 생활의 편안함이나 새로운 문화적 가치의 부가 등 도시주민의 정체성이 가득 담긴 개성적인 도시를 어떻게 만들 것인가? 주변의 자연이나 그곳에서 서식하는 생명체를 소중히 생각하는 생태계의 보전, 재생 등 생태학과의 공생이나 도시의 어메니티를 세심하게 배려한 인간적인 도시를 어떻게 만들까? 앞으로 고령화와 인구감소 시대를 맞이하여 도시간의 경쟁에서 이길 수 있는 지역활력을 어떻게 창출할까? 21세기의 도시가 직면하고 있는 과제는 이렇듯 다양하게 산적해 있다.

시대는 크게 변화하고 있고 사람들의 생활공간인 도시도 크게 변화하려 하고 있다. 한국의 도시는 이제 미리 읽을 수 있는 환경에서 읽을 수 없는 환경으로 변화하고 있다. 21세기를 준비하고 있는 지금이야말로 이제까

지의 집권적이고 종적인 조직의 수동적 도시정책에서 탈피하여 분권화시대에 어울리는 '도시경영'이 전략적으로 전개되어야 한다. 한국의 도시들이 변화를 다양한 것으로 받아들이고 변화를 이해하여 21세기를 개척하는 자기혁신의 거점 전략으로서 생활미, 도시미, 경영미의 창조를 받아들이고 그것을 통해 개성이 풍부하고 윤택한 도시로 변모하기를 기대한다.

08 21세기 도시정부의 경영혁신 방향

지방분권적 국가경영시스템

21세기 도시경영은 '생활의 질'과 '환경의 질'을 추구하는 다면적인 개념으로 구성된다. 중앙정부는 정책을 결정하고 지방정부는 집행만 하는 종래의 집권시스템만으로는 다양화·복잡화되어 가는 도시문제의 해결대안이 될 수 없다. 도시경영의 핵심영역은 종전의 산업·생산영역에서 어메니티(Amenity), 휴머니티(Humanity), 이콜로지(Ecology) 등을 주제어로 하는 생활공간 창출을 위한 영역으로 전환되고 있다. 이와 같은 새로운 영역 창출을 위한 정책의 결정과 집행의 주체는 지역특성과 주민생활에 밀접한 관련을 맺고 있는 지방정부 이 외에는 없다. 따라서 지금까지의 집권적 정부시스템은 지역의 특성을 살린 다양하고 개성 있는 도시발전과 지방정부의 지력(知力)이 창출될 수 있는 지방분권적 국가경영시스템으로 재구조화되어야 한다.

'고령화 사회의 진전과 투자여력의 축소', '정보화사회의 취약성과 진전', '자원·환경문제의 심각화', '지역경제의 복합적 불황과 세수입 감소', '세계 경제구조의 재편성과 고용불안' 등 21C의 문턱에서 도시정부가 직면한 환경변화는 결코 장미빛이라고 말할 수 없다. 세계화·분권화 시대의 도시경영의 성패는 이 같은 환경변화가 초래하는 위험이나 불확실성에 대처할 수 있는 정책의 양부(良否)에 달려 있다.

도시의 새로운 미래를 개척할 수 있는 에너지는 도시정부의 창조성, 풍부한 정책형성 능력에 달려있다. 새로운 세기에는 다양하고 급격한 도시환경의 변화를 관찰, 파악하고 그 결과를 도시정책으로 창출시킬 수 있는 도시정부의 정책형성 능력이 매우 중요하다. 이러한 문제의식을 배경으로 4차산업혁명 시대의 정책형성 능력이 풍부한 도시경영 시스템의 모습을 논의하고자 한다.

도시정부의 6대 경영혁신 방향

1. 동태적 경영시스템의 확립

우리나라의 도시정부는 농촌형 사회를 기조로 한 시대에 도시행정의 기본적 범위가 형성된 후 공업화 사회의 급격한 도시화의 큰 물결에 동요되어 차츰 변질되어 왔다. 도시행정도 변화가 적은 정태적이고 안정적인 환경시스템을 그 대상으로 삼아왔다. 한편으로는 도시정부가 해결해야 하는 과제나 해결대안도 비교적 명확하고 법령에 정해진 절차에 따라 정형적인 업무를 상례적으로 처리해 온 측면이 컸었다. 이것은 곧 정해진 규칙이나 절차에 위배되지 않으면 된다고 하는 수동적인 도시행정활동이라고 할 수 있다. 물론 후기 산업사회로의 진입은 그러한 도시행정방식을 크게 변화시켰지만 기본적으로는 '정태적·안정적 환경'을 전제로 한 도시행정시스템이나 도시행정의 활동행태에 지나지 않았다. 이러한 이유 때문에 급격한 도시변화에 직면한 도시정부는 형식주의, 법령추종, 형식적이고 비능률적인 업무처리, 무사안일주의, 부서할거주의, 관존민비 등으로 인해 도시정부의 환경적응력이나 자율성, 효율성 결여를 시사하는 많은 병리현상을 야기시켰다.

오늘날의 도시정부는 다양한 변화의 요인이 복잡하게 엉켜져 있는 유동적 환경에 직면하고 있다. 종래의 정형적 업무에의 대응과 함께 지금까지 경험한 적이 없는 문제의 해결 즉, 비정형적 업무에 신속하게 대응하기 위해서는 도시행정에서 도시경영시스템으로의 전환이 요구된다. 따라서 21세기의 도시경영시스템은 환경창조의 지역경영과 자기혁신의 내부경영이라는 2가지 측면에서 급격하게 변화하는 '동태적·유동적 환경'에 적합한 동태적 체제로의 전환이 필요하다.

2. '질' 추구의 도시경영시스템 구축

우리나라의 도시들은 한국전쟁의 부흥기를 거쳐 구미 선진국 지향을 목표로 한 효율적 도시발전을 추구하여 왔다. 이같은 지향은 전국의 모든 도시들에게 획일적인 국가기준을 적용하게 하여 전국도시의 일률화, 획일화라는 결과를 초래하였다.

오늘날은 개성이 없는 전국적 최소기준에 근거한 표준형 도시가 아니라 도시주민의 정체성과 지역활력을 낳는 도시의 '개성화', '문화성'의 추구가 도시발전의 조건이 되는 시대이다. 개성과 매력에 의한 품격이 없는 도시는 더 이상의 발전을 기대할 수 없다. 이러한 변화는 2차산업 우선의 도시발전 목표에 의한 '물질적·경제적 가치의 증시'와 '양의 사상'을 기조로 한 도시행정은 도시 주민생활의 쾌적함과 여유를 초래하는 '생활문화 가치의 중시'와 '질의 사상'을 기조로 한 도시경영시스템으로의 전환을 요구하고 있다.

도시경영시스템은 종래의 인원, 재원 등의 확보와 효율적 활용에 편중된 '투입지향'에서 어떻게 하면 생활문화가치의 창출과 효과적 축적을 통하여 생활의 질을 높일까 하는 시책의 산출효과를 중시하는 '산출지향'으로의 전환을 추구한다. 따라서 21세기에는 생활이나 도시에 새로운 가치를 부여하는 생활문화 창조형의 재화와 서비스를 어떻게 유효하게 제공하는가와 도시주민의 새로운 생활기준의 공공적 정비를 양보다 질을 중시하는 경영시스템으로 확립하는 것이 도시경영의 혁신방향이다.

3. 가치창조형 경영시스템의 확립

도시경영시스템의 변화는 당연히 도시정부의 의사결정방법과 행동원리에도 영향을 미친다. 의사결정시스템은 중앙정부가 결정한 시책을 효율적으로 처리하는 종래의 '정보처리형'에서 도시정부 스스로의 지력을 완벽하게 활용해서 문제를 해결하고 새로운 지식, 정보를 창조하는 '정보창조형'으로 변화되고 있다. 이는 종래의 가치추종형에서 가치창조형으로의 전환이고 자주적인 정책기준을 목표로 한 전략적인 개념창조를 위해 노력하는 '개념창조형 도시경영'의 바람직한 모습이라고 할 수 있다.

21세기에 전개될 도시경영시스템은 상의하달보다는 하의상달형의 의사결정구조와 법령준수에 의한 수동적 책임형보다는 법령활용에 의한 능동적 책임형을 지향한다.

이는 시간이 변화하더라도 정보의 부가가치가 생성되지 않는 상의하달형의 조직구조보다는 관리자를 정보커뮤니케이션의 결절점으로 할 때 새로운 가치나 지식과 정보를 조직의 모든 단계에서 창조하고 정책을 개발함을 의미한다. 법령의 범위 내에서 안정적인 도시경영에 안주하는 수동적 책임형보다는 자주적인 지식, 정보의 창출을 통해 법령의 주체적 활용을 꾀하는 능동적 책임형이 보다 중요함을 시사한다. 이러한 배경에서 볼 때 도시정부의 자주적인 정보창조의 중요성과 주체적인 정책기준을 갖춘 가치창조형 도시경영시스템의 확립이 도시경영의 혁신방향이다.

4. '효율성', '창조성', '자율성'을 중시하는 행동원리

지금까지의 도시경영 가치기준과 행동원리는 지역의 독자성에 기인한 정보창조형으로의 전환을 강력하게 요청 받고 있다. 도시행정시스템 하에서는 '공급자 우위의 발상'에서 생활을 지탱하는 재화, 서비스의 효율적 공급을 목표로 하였다. 즉, 국가의 법령 등이 정하는 기준에 따라서 재화, 서비스를 단지 낭비없이 효율적으로 제공하기 위해 노력하기만 하면 되는 시대였다. 그러나 오늘날은 다양화, 개성화의 시대이다. 도시정부는 이제 종래와 같이 공공서비스의 균일적, 일률적 제공을 위한 노력만으로는 오히려 비효율을 야기시킨다.

도시정부는 도시주민의 수요를 잘 파악, 이해하고 다양성과 선택성을 중요시한 재화와 서비스의 공급을 위해 노력해야 하고, '생활자 우위의 발상'에서 생활의 선택의 폭이 넓은 도시를 만드는 자주적인 정보창조를 추구하여야 한다. 도시경영시스템은 '공급자 우위의 발상'에서 '생활자 우위의 발상'으로 전환되어야 하고 자원을 낭비 없이 사용하는 '효율성' 뿐만 아니라 가치 있는 지식정보를 창출하는 '창조성' 중시로, 도시정부로서 능동적인 행동책임을 달성하는 '자율성' 중시로 도시경영의 행동원리도 전환되어야 한다.

도시경영의 이러한 측면은 주민수요에의 대응이나 서비스 제공의 측면에서 보면 더욱 명확해진다. 주민수요에의 대응이라는 측면에서는 종래의 '최대공약수적, 평균적, 표준적 수요의 파악과 충족'만이 아니라 '생활자 주권의 시대'를 맞이한 '다양한 수요의 파악과 충족'을 아울러 중요시 해야 하는 시대를 맞이하고 있다. 서비스제공의 측면에서는 종래의 '사회적 · 기동적 가치기준'과 '감성적 가치기준'을 함께 배려한 도시경영이 요청된다.

5. 공공서비스 공급형태의 다원화, 복합화의 촉진

새로운 세기의 변화는 공공서비스 공급형태의 다원화, 복합화를 촉진시킨다. 도시정부라는 공공서비스의 전문기관만에 의한 독점적 공급형태만으로는 다양화되어 가는 주민수요에의 대응에 한계가 있다. 도시내의 다양한 주체들의 참가에 의한 공공서비스 공급의 다양화 방안이 마련되어야 한다.

도시정부의 새로운 가능성은 이질적 요소들을 조화시킬 수 있는 정책과 전략의 여부에 따라 개척된다. 지역활력은 합성효과에 의한 새로운 지혜나 자원에 의해 방출된다. 공공서비스의 공급시스템은 양보다는 질을 목표로 하고 주민의, 주민에 의한, 주민을 위한 경영을 출발점으로 해서 공급주체, 공급형식, 재정부담형태의 적절한 선택과 조화 그리고 공공의 책임을 어떻게 확보하느냐 하는 측면에서 혁신되어야 한다. 한편으로는 종래의 '규모의 이익'을 추구한 '직영형'에 비하면 '다양성의 이익'을 꾀할 수 있는 '참가형'의 도시경영시스템의 구축이 요청된다.

6. 인간존중의 창조적인 도시경영시스템

이상에서 언급한 다양한 측면의 도시정부의 경영혁신은 도시정부의 지력발휘를 전제로 한 것이다. 따라서 도시정부 공무원 개개인의 지력을 가능한 한 활용하는 창조적이고 유연한 도시경영시스템의 구축이 필요하다.

오늘날의 도시정부의 조직구조는 지금까지의 경직화된 '집권·피라미드형'에서 복합적 행정수요의 증대나 정보화의 진전 등을 배경으로 한 '분권·네트워크형'으로 보다 유연한 조직형태로의 전환을 요구받고 있다. 조직운영 또한 속인성을 배제한 일의 합리적 설계와 효율적 운영을 지향한 '일 중심주의'보다는 직원개개인의 개성을 존중하고자 하는 '인간중심주의'를 중요시하고 있다. 따라서 '생활의 질'을 높이기 위해서는 직원 개개인의 지력을 완전하게 발휘시킬 수 있는 창조적이고 '유연한 도시경영시스템'의 구축이 선결과제라고 할 수 있다.

이는 종래의 도시행정에 비해 보다 동태적이고 자주적, 자율적인 그리고 보다 지적 생산력이 높은 인간존중의 도시경영시스템을 뜻하는 것이다.

새로운 발상의 자기변신

이상에서 종래의 도시행정시스템과는 양상이 크게 다른 새로운 형태의 특징으로 집약되는 도시경영시스템의 모습을 논의하였다. 논의의 초점은 도시사회의 급격한 변화에 유연하고 능동적으로 대응할 수 있는 도시경영시스템의 양태로서 단순히 법령의 기계적 집행을 도모하는 질서유지적, 수동적 도시행정의 모습에 있지 않다. 세계화 · 분권화 시대의 도시정부가 대응해야 할 과제는 매우 다면적 구조로 형성되어 있다. 21세기 도시로의 전환점을 맞이하는 가운데 도시정부는 새로운 발상에 기초한 도시경영시스템으로의 전환과 구체화의 요구에 걸맞은 자기변신의 능력을 발휘하여야 할 것이다.

09 도시정부의 세계화 전략

왜, 세계화 전략이 필요한가?

오늘날 도시정부가 직면하고 있는 새로운 현상은 지방화, 정보화, 성숙화 그리고 세계화 혹은 국제화이다. 이중에서도 가장 실감나지 않고 대응방향이 정립되어 있지 않은 부문이 도시정부의 세계화 정책이다. 세계화가 진전되지 않고 있다라고 하기보다는 도시정부 스스로 세계화에 대응하는 인식과 자세에 문제가 있다고 할 수 있다. 도시정부의 입장에서 본다면 지금까지의 도시행정은 집권적 관성시스템에 의한 중앙정부의 하청적 기능밖에 수행하지 않았으며 특히, 세계화 정책은 중앙정부의 독점적 전관행정(專管行政)으로서 자리잡아 도시정부의 행정 속에서는 세계화라고 하는 개념조차도 도입되지 않았다. 외국과의 관계는 그 대상이 국가든, 도시든, 개인이든, 물자이든지 간에 모두 중앙정부의 영역으로 자리 잡고 있었다. 이제 도시정부가 급변하는 행정 환경 속에서 세계화의 진전에 방관만 하고 있을 수 없게 되었다. 개방화, 세계화라는 흐름 속에서 고립되어 지역사회가 경제적, 사회적 측면에서 입게 되는 손실은 앞으로 치명적이 될 수 있다. 완전한 지방자치체제를 갖춘 지금은 도시정부 스스로가 세계화 정책을 주체적이고 적극적 입장에서 추진하여야 하며 그러한 의식 또한 이제는 주민들에게까지 높아져 가고 있다.

도시정부는 지금까지 일부 외국도시와 자매관계를 맺는다든지, 시민단체의 국제친선활동을 지원한다든지, 또는 지역특산물을 세일즈하기 위한 통상사절단을 파견하다든지, 공무원의 단기 연수 등과 같은 세계화 정책을 추진하여왔다. 이와 같은 활동은 소수의 경우를 제외하고는 국제친선이라는 활동적 수준에서 이루어져 왔으며, 세계화라고 하는 거시적이고 종합적 차원의 정책전개는 진행되지 않았다. 전반적으로 본다면 일과성, 의례적, 형식적, 표면적 접촉의 수준에서 머물러 왔다고 할 수 있다.

도시정부는 앞으로 개방화, 세계화에 대응하기 위해서는 국제친선이라고 하는 점(点)적인 접촉에서 국제교류는 면(面)적인 교류와 일상적 수준으로 세계화 정책을 전환시켜야 한다. 문제는 세계화 정책의 차원에서 이를 어떻게 전개시켜 나가느냐 하는 것이다. 즉, 국제친선 활동수준에서 전형적으로 볼 수 있는 의례적 접촉 수준의 세계화 프로그램을 이제부터 문화, 스포츠, 기술교류, 인재연수 그리고 이러한 프로그램이 추진될 수 있는 시민들의 세계화 의식의 차원까지 발전시켜야 한다.

국제친선에서 국제교류로의 전환은 세계화의 대응을 비일상적 대응에서 일상적 대응으로 질적 전환하는 것의 촉구를 의미한다. 지금까지 시민단체, 민간기업, 자치단체가 각자의 필요에 따라 전개해온 세계화 프로그램이 상호 간의 연대, 협력에 의한 성숙된 도제교류(都際交流), 민제교류(民際交流)의 차원으로 발전되지 못하면 실질적인 효과는 나타나지 않을 것이다.

급변하는 행정환경의 변화와 함께 요구되는 세계화도 양과 질적 면에서 확대되어 피상적인 수준으로는 대응할 수 없게 되었다. 세계화 정책은 그 의미와 요구되어지는 대응을 확실하게 인식한 다음 대응방향을 설정하고 세계화 정책이 시민복지의 극대화와 나아가서 전략적 접근이 필요하다.

세계화의 전개와 도시정부의 공공수요

1. 세계화와 지방화

세계화는 전 세계를 하나의 지구촌으로 보고 한 국가나 지역이 세계 공동체의 일원으로서 개방된 국제사회에 동참하는 것을 의미한다. 특히 경제 분야의 세계화는 세계 단일시장의 형성을 의미한다. 이와 유사한 개념으로 이용되는 국제화란 개인이나 조직 또는 국가가 다른 나라의 개인, 조직, 국가와의 거래를 통해 국제사회에 효과적으로 적응해가는 총체적 과정을 뜻한다. 세계화가 국제화보다 적극적인 개념이라고 할 수 있다.

세계화는 지방화와 동시적으로 진행되는 것이다. 이러한 세계화에 대응하는 지방정부는 국제 경제 질서 및 국제관계에 더욱 관심을 갖고 지역의 국제경쟁력 증진과 지역잠재력 개발을 위한 지역발전전략을 수립, 추진하여야 할 것이다.

21세기의 특징은 자율과 경쟁이며, 이를 통해 주민들의 삶의 질을 높이고 국가 전체를 발전시키기 위한 패러다임이 지방화이다. 지방화는 지역주민들이 지역공동체 의식을 가지고 스스로의 운명을 자치적으로 결정할 뿐만 아니라 지역발전의 방향과 속도를 스스로 결정하는 것을 뜻한다고 볼 수 있으며, 지역발전의 기본적 책임을 국가가 지는 것이 아니라 바로 지방자치단체가 지니는 것으로 해석할 수 있다.

국제화	세계화
· 국가단위를 전제, 우리가 주체 · 국가간의 교류의 강화와 공간적, 시간적 인접성을 말함 · 개별국가의 주권과 자주성을 바탕으로 국가간의 협력과 교류강화 · 국내의 법, 제도, 관행의 개혁, 대외협상 능력제고 등 구체적 사안을 대상 · 주체성을 갖는 국가가 대외 지향성을 강조하는 것	· 국가 단위를 초월, 세계모두가 주체 · EU통합과 NAFTA등과 같이 민족국가가 쇠퇴하기 시작하고 지역국가연합이나 세계체계국가와 같은 지역블럭의 부흥을 의미하는데 주로 사용 · 전인류, 지구촌 수준에서 협력통합을 강조 · 국제화가 진전되었다는 전제에서 출발하는 코스모폴리탄 정신을 부각시키는 상위개념으로 파악

국제화와 세계화의 개념차이

지방화는 또한 세계화와 밀접하게 연관되어 있는 개념이다. 세계화와 지방화의 관계는 서로 상반되거나 모순되는 것이 아니라 상호조화를 이루며 보완적인 성격을 지니고 있다. 오늘날의 세계는 세계화와 함께 지방화를 동시에 수행하고 있으며, 세계화의 추진주체는 국가 못지않다. 세계화의 실현과정에서 중앙정부의 역할은 매우 한정될 수밖에 없다. 즉, 하나의 잣대로 모든 지역에 동등하게 적용되는 규제, 업무 등은 지역의 차별성을 이용하려는 기업에게도, 자신의 차별적 전략을 통해 발전하려는 지방정부에게도 모두 부적절하기 때문이다. 결과적으로 지역주민이자 국민이기도 한 사람들을 위해 중앙정부의 많은 권한이 지방으로 이양될 수밖에 없다. 결과적으로 중앙정부의 기능은 상대적으로 미약해지면서 세계와 한 지역의 직접적으로 상호 교류하는 정황이 발생한다. 최근 중앙정부를 통한 교류보다 도시와 도시 간의 결연과 경제협력 같은 현상은 바로 세계화와 지방화로 인해 나타나는 현상이다. 동시에 세계적으로 나타나는 지역 간의 경쟁 역시 같은 맥락에서 이해할 수 있다.

2. 행정수요의 변화

국경 없는 경쟁과 다양한 인적, 물적 교류를 나타내는 세계화와 중앙권력의 지방이양, 지방자치의 실시를 통해 나타나는 지방화의 주요내용과 이에 따른 행정수요의 변화를 요약하면 표와 같다.

내용구분	변화내용	행정수요
세계화	국제경제환경의 변화 개방화 지역주의 세계도시간의 경쟁	지역산업체 지원 : 기술개발투자의 지원, 중소기업 지원, 행정절차의 완화, 기업체의 대외관계 지원, 고객중심적 행정서비스 체제, 환경친화적 산업육성
	국제교류	외국도시와의 활발한 교류 외국관련업무 증대 대외홍보기능강화 외국인 편의시설 확충 관광 및 문화시설 개발 외국인 투자여건 조성 지역이미지 관리
	새로운 도시문제 발생 외국인 노동자의 유입 이질적 도시문화 유입 지역공동체 문제	체류외국인 관리 외국도시와의 협력체제 확립 외국인 상담 및 민원업무 전통문화 발굴 및 보존 관광자원(역사, 문화, 자연)개발 지역정체성 확립 주민의 문화예술활동 지원
지방화	광역행정수요 증대 대정부간 관계 변화 단체장의 지위 변화	· 중앙정부와의 협의 및 조정 · 도시정부 간의 갈등해결 및 조정 · 규칙 및 조례 개폐업무 증대 광역행정체제 확립 단체장의 참모기능 강화 단체장과 공무원 간의 관계
	조직내 민주화 요구	행정조직의 운영 개선
	도시정부의 재정책임 증대	도시경영의 효율화 재정운용의 건전화
	복지서비스 수요 증가	한계소비계층에 대한 사회적 보호 탁아 등 아동복지 가족·사회문제에 대한 공감대 형성

지역경제발전 산업구조변화	장기적 지역발전계획의 수립 공-사 간 협력체제 확립 여성 및 노인취업기회 확대 사회간접자본 확충 규제의 합리화 산업발전 조장
대주민관계 변화 행정서비스 공급영역의 재조정 행정서비스 공급주체의 다양화	주민참여기회 확대 정보공개 자원봉사활동 지원 주민대상 각종 사회교육 프로그램 주민생활의 질 개선 시민의식 고양 및 공동체의식 형성

세계화와 지방화 : 변화의 주요 내용과 행정수요의 변화

전제조건과 기본방향

1. 전제조건

세계화가 지향하는 최종적인 사회는 물자, 자금, 사람 등이 국경을 초월하여 자유롭게 이동되고, 국경을 형성하는 제도적 장벽과 언어의 장벽이 소멸되어 상관습과 생활양식이 동질화 또는 병존하여 외국인의 왕래가 활발하게 됨과 동시에 체재나 영주하고 싶은 매력이 창출되는 사회이다. 국내적으로도 이러한 환경변화를 수용할 수 있는 주민들의 의식이나 관용 등이 존재하게 되는 사회라고 할 수 있다.

우리나라의 현실에 비추어 볼 때 우리나라의 세계화 정책이 세계화가 의미하는 최종점 사회를 지향하고 있는가에 대한 합의는 아직 형성된 바 없다. 현실적으로 국경은 존재하고 있으며, 언어상의 장벽 또한 단기간에 소멸될 것이라고는 기대하기 어렵다.

이와 같은 배경에서 볼 때 세계화를 위한 지방자치단체의 목표설정은 자치단체가 지니고 있는 잠재력과 현황을 적확하게 파악하여 현실적으로

대응할 필요가 있다.

세계화를 2가지 측면에서 살펴보고자 한다. 서로 다른 역사, 문화적 배경을 가진 외국인과의 마찰을 최소화시키면서 생활을 영위한다는 측면에서 내부지향적 세계화를 '의식면의 세계화'라고 부른다. 현상으로서의 세계화를 한국경제의 해외진출, 해외여행의 증대, 외국기업의 한국진출 등 물자, 자금, 정보, 사람 등의 국경을 초월한 장래의 증가라는 측면에서 외부지향적 세계화 '현상면의 세계화'로 정의하고자 한다. 이와 같은 2가지 측면에 기초하여 세계화 전개에 따라 충족되어야 할 전제조건에 대해서 살펴보기로 하자.

1) 현상면의 세계화를 위한 조건 : 외부지향적 세계화

무역, 인적 교류 등의 증가에 수반하여 경제적, 문화적 이익이 창출되며, 이와 같은 이익을 추구하기 위한 '현상면의 세계화'의 추진에는 단기적 대응을 필요로 한다. 즉, 호텔, 교통, 통신 수단 등 교류의 촉진과 추진에 필요한 기반시설의 정비가 요구된다. 이러한 기반시설은 비단 국제교류의 목적에만 있지 않고 지역 간의 교류를 위해서 필요한 최저한의 시설들이다. 외국환 거래를 비롯 다양한 상거래의 기준을 표준화하고, 출입국 관리제도 등과 같은 소프트한 측면의 제도정비 역시 이 부문에 포함된다. 서로 다른 시스템에 익숙해져 있는 외국인들과의 교류를 촉진하기 위해서는 공동의 규칙 혹은 기준이 필요하다. 교류기회가 증대되면 필연적으로 제도적 정비가 주요한 정책과제로서 제기될 것이다.

2) 의식면의 세계화를 위한 조건 : 내부지향적 세계화

의식면의 세계화는 현상면의 세계화와 비교할 때 장기적 목표로서 단계적으로 실현시켜 나가야 하는 목표이다. 의식면의 세계화가 필요한 배경은 다음과 같다. 예를 들어, 현상면의 세계화가 진전된다고 하더라도 서로 다른 역사, 문화적 배경을 가진 외국과의 교류를 증대시키려면 상호 간의 이질적 요소에 의해 발생하는 불만과 마찰은 장기적으로 피하기 어려운 과제이다. 따라서 외국인과 잘 교제하고 교류하여, 국가 간의 접촉에서 발생할 수 있는 마찰을 최소한도로 억제할 수 있는 주민 개인적 차원 혹은 지방자치단체 차원에서의 조정기능을 필요로 한다. 이와 같은 조정과정이 '의식면의 세계화'이다. 이와 같은 2가지 전제조건을 충족시킬 수 있는 세계화 정책과 수단이 도시정부 경제적 특성에 따라 마련되어야 할 것이다.

2. 기본방향

지역사회의 세계화가 단순한 친선프로그램에서 성숙된 교류로 전환시키는 데는 현재의 세계화 정책방향의 수정이 불가피하다. 새로운 세계화의 니즈에 대응하여 앞으로 살펴본 전제조건을 충족시킬 수 있는 정책과 방향을 새로이 구축하여야 한다.

한국의 세계화는 반도에 위치하고 있다는 지정학적 요인에서만이 아니라 외국으로부터의 고급지식의 흡수, 외국으로의 플랜트 수출, 외국여행의 급증 등으로 인해 국제사회와의 접촉이 여러 분야에서 광범위하게 이루어지고 있으나 문제점 또한 많이 지적되고 있다. 더욱 큰 문제는 세계화 정책을 담당하는 주체나 담당자가 세계화 시대에 걸맞는 성숙한 의식과 가치를 지니고 있느냐 하는 점으로서 발상의 전환이 무엇보다도 필요하다.

1) 사회구조의 개방화

폐쇄적인 사회구조를 개방화시켜야 한다. 지구촌 어느 곳을 가든지 한국인인 기업과 한국 상품이 진출해 있다. 해외동포들 또한 미국, 일본, 중국 뿐만 아니라 세계각지에서 뿌리를 내리고 정착하고 있으며 각계각층에서 중요한 역할을 담당하고 국제사회의 주체가 되고 있다. 수많은 관광객들이 해외곳곳을 여행하고 있으며 국내에서도 외국인 근로자가 산업현장에서 취업하고 있다. 그럼에도 불구하고 국내에서의 외국인에 대한 제도는 매우 폐쇄적이다. 외국인 고용의 문제, 국내 재산취득의 문제가 하루 빨리 개방적이고 진취적인 방향에서 모색되어야 한다.

2) 세계가 필요로 하는 한국

세계화에 대한 태도에 관한 문제이다. '세계를 필요로 하는 한국'에서 '세계가 필요로 하는 한국'으로 전환하기 위한 태도와 의식의 변화가 필요하다. 지금까지 우리나라는 경제성장을 기초로 선진국 대열에 참여하기 위해 우리나라 제품의 수출과 해외로부터의 자본축적을 중심으로 한 정책 즉, 외국으로부터 경제력을 흡수하는 일방적 세계화 정책이었다. 최근에 일어나는 무역마찰

은 집중호우적 수출일변도 무역의 결과적 현상이라고 볼 수 있다.

3) 발전도상국을 중심으로 한 교류

세계화의 대상을 미국과 일본중심에서 동남아시아와 아프리카까지 광범위하게 넓혀 세계의 모든 국가와의 교류를 심화시켜 나갈 필요가 있다. 앞으로의 국제교류 중심은 우리보다 앞선 나라뿐만 아니라 우리나라보다 한 발 뒤진 국가로 전환하여 그들 국가로부터 깊은 신뢰를 얻을 수 있는 방안을 모색하여 지속적인으로 추진하여야 할 것이다.

4) 문화, 스포츠 중시의 세계화

경제활동에 중점을 둔 세계화 정책을 문화, 스포츠 등의 교류를 포함한 다양한 세계화 정책으로의 개발이 필요하다. 즉, 경제적 이익에 초점이 맞추어진 세계화 프로그램에서 우리나라도 세계평화와 인류복지 증진에 공헌할 수 있는 세계화 정책의 개발이 필요하다. 이러한 방향에서의 세계화 정책은 우리나라의 문화를 외국에 적극적으로 이해시킬 수 있으며, 또한 우리사회구조 또한 개방적으로 전향될 것이다.

5) 지속적 국제교류

일과성적인 국제친선이 아닌 지속적인 국제교류 프로그램을 추진할 필요가 있다. 이를 위해 시민단체, 민간기업, 자치단체와의 협력체제 구축이 바람직하다. 이것은 계산적이고 자혜적 수준에서의 교류가 아니라 양국 간의 시민생활수준, 문화수준의 향상을 진정을 가져올 수 있는 효과를 창출시킬 수 있는 차원에서 모색되어야 한다. 이러한 프로그램의 개발과 추진을 위해서는 대학을 비롯 기업체와의 산·관·학의 협력위에 종합적이고 실효성 있는 체제의 구축이 필요하다. 지금까지의 세계화는 1시민, 1기업, 1자치단체 등의 부문별적이고 개인적 노력에 의해 전개되어 왔지만 앞으로는 지역의 모든 부문이 시스템을 구축하여 종합적이고 유기적으로 추진할 필요가 있다.

6) 세계화 마인드의 형성

세계화라고 하는 사회경제현상이 점차 선행되어 가고 있음에도 불구하고 여기에 대응하는 세계화 마인드가 국제사회의 일원으로서 뒤떨어져 있는, 일종의 문화적 정체현상을 시정하는 일이다. 이를 위해서는 세계화를 위한 어학의 습득에서부터 외국문화의 이해, 국제자원봉사자 운동의 활성화를 폭넓게 전개시켜 나가야 한다. 이러한 부문에서 모범적인 사례는 그렇게 많지 않다. 세계화를 위한 프로그램의 참가와 지원을 통해서 직접 몸으로 체험하면서 글로벌 마인드를 습득하여야 한다.

7) 독자성 있는 도제교류, 민제교류

도시는 도시대로 개인은 개인 나름의 독자성을 가지고 세계화에 대응하여야 한다. 세계화란 그 자체가 가치가 있는 것은 아니다. 진정한 국제이해에 바탕을 둔 교류만이 세계화로서 가치가 있고 유익하기 때문이다. 아무리 교류밀도가 높고, 세계화에 많은 경비가 지출되었다 하더라도 독자성을 가진 주체간의 진정한 이해에 기초하지 않고는 상호 유익하고 유효한 세계화의 결과라고 할 수 없다. 이러한 의미에서 모든 정책에 공통되는 사항이지만 세계화 정책은 자치단체, 개인의 독자성에 바탕을 둔 도제교류, 민제교류로 전환하고 그 정책의 유효화, 최적화에 주의를 기울일 필요가 있다.

세계화 전략의 영역과 과제

1. 세계화 전략의 영역

1) 개인 간의 국제교류지원

교통, 통신기술의 발전에 따라 물자, 자금, 정보의 유통과 사람의 왕래가 증대됨에 따라 세계는 점점 협소해지고, 상호의존성은 한층 더 강화되고 있다. 이러한 상호의존성은 국가차원의 단일 교류가 아니라 보다 광범위하고 다양한 차원에서 유기적인 연대를 필요로 한다. 이러한 경우에 요청 되는 것이 개인과 개인과의 교류이다. 도시정부는 주민의 입장에서 보면 가장 주민생활과 밀착된 행정주체로서 개인 간의 국제교류를 지원하고 촉진시켜야 하는 입장에 놓이게 된다. 세계화가 지향하는 궁극적 목표는 개인과 개인 간의 자유로운 교류를 추구하는 것으로, 그 매체로서 도시정부의 역할은 매우 중요하다.

서울을 외국과의 관계에 있어 국가적 창구라고 한다면, 대도시는 지역경제권의 중핵도시로서 지역권의 외국과의 창구이며 서울을 경유하지 않고 직접 외국과의 교류를 통한 지역의 세계화를 주도하는 존재로서의 위치를 지니고 있다. 이러한 환경 속에서 대도시는 이른바 리더적 존재로서의 지역 내 도시 가운데서 선진도시로서 다른 중소도시의 모델이 될 수 있는 도시개발 및 관리를 할 필요가 있다.

2) 세계화에 대한 높은 니즈(Needs)

최근 도시정부의 세계화에 대한 요청은 매우 높다. 도시는 더욱이 외국인과의 교류가 일상적으로 발생하는 장소로서 외국인과의 접촉에 따른 여러 가지 형태의 문제가 전형적으로 발생하게 된다. 특히 대도시들은 물자, 자금, 정보, 사람의 집적지로서 본래부터 국제적인 성격을 지니고 있다.

오늘날의 자유주의 경제체제를 근간으로 하는 세계시스템은 국가 간의 긴밀한 유대위에서 발전하여 왔다. 그 과정에서 경제활동의 중심적 기관, 즉, 금융업·은행, 신탁업, 보험업과 같은 금융업, 정보처리, 부동산업 등의 대도시 집중에 따른 편리성을 이용하기 위해 다국적 기업의 거점이 설치되는 등 실제적인 세계화가 진행되어 오고 있다. 이와 같은 현상에 직면한 지방자치단체는 이를 지원하여 더욱 활성화시킬 수 있는 방안을 모색하여 어떠한 방법으로든지 대응을 해야 한다. 예를 들어, 외국인의 왕래가 증대된다면 영어로 된 도로표지판, 외국어로 된 팜플렛과 같은 외국인을 위한 행정서비스, 의료 서비스 등의 시책을 필요로 한다. 이와 같은 사실로서의 세계화에 대응하기 위해서는 다양한 행정서비스가 요구되며 이것은 '필연적 세계화'라고 할 수 있다.

우리나라의 세계화는 이미 원하든, 원하지 않든 간에 이미 진행되어 국제사회와의 교류 혹은 존립을 위해 좀더 적극적으로 전개해 가지 않으면 안 될 상황에 놓여 있다. 이러한 세계화의 진전은 발전의 기회임과 동시에 많은 위험적 요소 또한 함께 부여하고 있다. 다른 외국도시에 비해 상대적으로 경쟁력이 취약하다든지, 외국인의 왕래가 감소한다든지 하는 현상이 일어나게 되면 세계화가 가져다줄 수 있는 발전의 기회를 상실하게 된다. 따라서 지역에 거주하는 외국인이나 관광, 상업 등을 목적으로 일시 체류하는 외국인들을 위해서 적어도 도시의 안내나 의료, 교육 등 최소한의 행정서비스 요구에 대응할 수 있는 기반을 구축하여야 한다.

3) 지역활성화의 수단

도시정부가 독자적으로 지역활성화의 수단으로서 세계화에 의미를 부여하고 추진하고자 하는 것이다. 세계화의 니즈에 부응하기 위한 세계화 정책이 사후적 대응방안이라면 지역 활성화의 수단은 '의도적 세계화'라고 할 수 있으며 개방화 시대라는 환경변화를 자치단체 발전의 계기로 적극적으로 활용하고자 하는 것이다. 세계화 정책을 통해 지역주민의 복지수준의 향상을 가져올 수 있도록 지역의 활성화를 꾀하고자 하는 것이다. 이와 같은 측면에서 도시정부는 '세계화 시대'라고 하는 안이한 캐치플레이즈만 내걸지 말고, 세계화의 성과가 지역경제의 발전과 지역문화의 창달 혹은 아름다운 도시 가꾸기, 청소년의 육성이라는 측면에서 나타날 수 있도록 지역 활성화 전략의 하나로서 세계화 정책을 추진하여야 한다.

오늘날 서울에의 일극집중이 가져온 많은 문제를 해결하고 국토의 균형발전을 도모하기 위해서는 지역의 중핵인 대도시를 활성화해야 한다. 서울과 부산이 필연적 요청에 의해 국제도시로 성장된 것에 비해 타도시들은 국제도시로의 경쟁력을 가지고 있다고 볼 수는 없다. 자치단체 스스로가 독자적이고 지역특성에 적합한 세계화정책의 이념과 방향 위에서 정책적 노력을 기울여야 한다. 각 자치단체가 추구하고자 하는 세계화의 목적에 부합되는 기본방향을 설정하고 각 자치단체가 지닌 역사적, 지리적 개성과 특성을 충분히 인식한 다음에, 특유의 경쟁력을 살릴 수 있는 방향으로 세계화 정책을 추진해야 한다. 이러한 세계화 정책의 전개에 따라 기대할 수 있는 효과로는 i)외국기업과 사무소의 유치를 통한 지역경제 활성화 ii)외국인 관광객, 비즈니스 등의 증대에 의한 경제적 효과 iii)도시의 이미지 제고 등을 기대할 수 있다. 한편 세계화에 수반된 이와 같은 장점이 있는 반면 iv)단순 외국인 근로자의 증가에 따른 국내 근로자의 임금저하와 실업발생 등의 우려와 함께 외국인 범죄의 증가 v)이질적 문화 유입에 따른 마찰 등 세계화에 따른 역기능도 지적할 수 있다.

2. 정책과제

1) 상호수용 기반의 구축

개인과 국제교류에 있어서는 상호이해, 수용이라는 발상이 기본적으로 필요하다. 지역주민이 지역 내의 외국인과 마찰 없이 함께 쾌적한 삶을 영위하기 위해서는 이절적인 역사와 문화적 배경을 가진 외국인과 상호이해가 전제되어야 한다. 여기서의 상호이해는 무엇을 뜻하는 것인가? 상호이해를 '서로 다른 상대방의 역사, 문화적 배경을 전면적으로 이해하고, 상대방의 입장에서서 생각하는 것'이라고 일반적으로 정의하고 있다. 각종 마찰의 발생은 상대방이 자신의 입장을 이해해 주지 않는 데서 발생하기 때문에 만약 상대방의 입장을 이해해 준다면 한국적인 관습과 제도를 상대방도 허용할 것이라고 믿고 있다. 그러나 현실적으로 이와 같은 상호이해의 실현은 이상에 가까운 것으로서 거의 불가능하다. 왜냐하면 우리나라와 교류가 있는 미국인,

아시아인, 유럽인, 아프리카인 등 세계 모든 나라 국민과의 상호이해를 추구한다는 것은 우선 물리적으로 불가능하다. 상대국가의 생활습관과 사고방식이 국가에 따라 다른 것은 당연하며, 자신과 다른 상대에 대해서 일방적으로 자신의 습관, 문화, 사고방식에 동조해줄 것을 요청하는 것은 우리나라의 일방적 입장이다.

지역 내의 외국인들이 상호이해의 차원을 넘어 마찰 없이 지역주민과 더불어 쾌적한 삶을 영위하기 위해서는 서로 다른 상대방의 이질성은 이질성으로 인식한 위에서 타협점을 모색, 공존해 나간다고 하는 '상호수용'의 문화가 필요하다. 이러한 예는 미국사회에서 찾아볼 수 있다. 미국은 다종다양한 인종으로 구성되어 있기 때문에 서로 다른 인종 간의 문화, 생활양식을 인정하고 그 위에서 사회전체로서 공존, 공영을 추구해 나가고 있다. 물론 미국사회의 다양한 인종 간의 마찰과 차별의 문제는 이전부터 공존해온 것으로 서로 다른 인종들이 각각의 커뮤니티를 형성해가면서 더불어 공존하고자 하는 자세는 세계화가 진전된 국가의 한 모델로서 시사해주는 바가 매우 크다. 물론 미국은 우리나라와 비교할 때 사회의 인종구성과 현실적 상황 또한 매우 다르다. 그러나 다양한 인종 간에 서로 다른 가치관과 생활양식을 유지한 채 또 그러한 다름을 전제로 공존하면서 협력해 나가는 상호수용의 태도는 세계화를 위해서 반드시 필요하다. 이와 같은 상호수용의 가운데에서 협조, 협력하는 과정은 한편의 문화가 상대방의 문화에 영향을 미치게 되어 결과적으로 상호 간의 다른 점들이 조화를 이루게 되는 현상을 가져다 준다.

2) 세계화 니즈에 대응한 도시기반구축

첫째 과제는 외국인이 우리나라에서 생활하는 데 필요한 최소한의 인프라를 제도적 측면에서 정비하는 것이다. 이와 같은 부문의 정비는 중앙정부와 지방자치단체 상호 간의 협력위에서 이루어져야 하며 특히 항만, 공항 등의 정비는 중앙정부 지원을 필요로 한다. WTO체제의 출범에 따른 무역과 출입국 관리 등의 제도적 측면의 정비는 1차적으로 국가의 책무이며 지방자치단체는 이러한 제도적 틀 속에서 지역 활성화 수단과 방안을 모색해야 한다.

두 번째 과제는 사람의 가치관, 생활 문화양식의 조화, 조정과 관련된 것으로서 국가는 홍보, 유학제도의 정비 등을 추진하고 지방자치단체는 지역주민의 생활과 밀접한 관련을 가진 교육, 생활환경의 정비 등에 중점을 두고 추진하여야 한다. 이러한 과제 중에서 교육에 관한 시책은 국가제도의 틀 속에서 개선되어야 한다.

(1) 인프라의 정비

한국을 찾는 외국인의 증가에 대응하여 국제공항의 건설과 국제회의장과 같은 물리적 기반을 정비해야 한다. 이와 함께 소프트한 면의 정비도 고려되어야 한다. 예를 들어, 국제회의장을 건설하여 외국인이 참가한 경우 회의 참가자를 위한 숙박시설과 함께 동반자에 대한 배려도 필요하다. 한국인들이 국제회의에 참가할 경우 단신으로 참가하는 경우가 대부분이지만 외국에서는 단신으로 장기간 여행한다는 것은 매우 드문 경우로서 회의기간 중의 동반자를 위한 별도 프로그램의 마련과 함께 관광코스 등이 종합적으로 정비되어야 한다.

지방도시의 경우는 국제회의장을 갖춘 호텔 등의 정비가 아직 뒤떨어져 있기 때문에 앞으로는 종합적인 편익을 극대화시킬 수 있도록 지역의 특성을 충분히 살린 인프라의 정비전략이 필요하다.

(2) 주거환경의 문제

우리나라가 사회간접자본 정비의 미비로 인해 국제경쟁력이 뒤떨어져진다는 점은 이미 여러 차례 지적되었다. 외국인이 살기 편리한 도시 주거환경의 정비를 위해서는 기본적으로 지역주민이 살기 편한 지역사회의 구축을 위해 노력하는 것이 최선의 방안이다.

외국인을 위한 주택문제는 세계화 이전부터 문제가 되어 왔으므로 중앙정부의 근본적인 대책이 필요하다. 지방자치단체의 입장에서는 시영주택의 건설과 활용 등 단기적 대책을 마련하는 한편 장기적 관점에서의 외국인 주택정책의 수립과 추진이 필요하다. 외국인이 지역주민과 혼재하여 생활하는 것은 지역주민의 세계화와 함께 외국인이 한국문화와 쉽게 접할 수 있다는 측면에서 바람직하다고 할 수 있으나 현실적으로는 매우 어려운 점들이

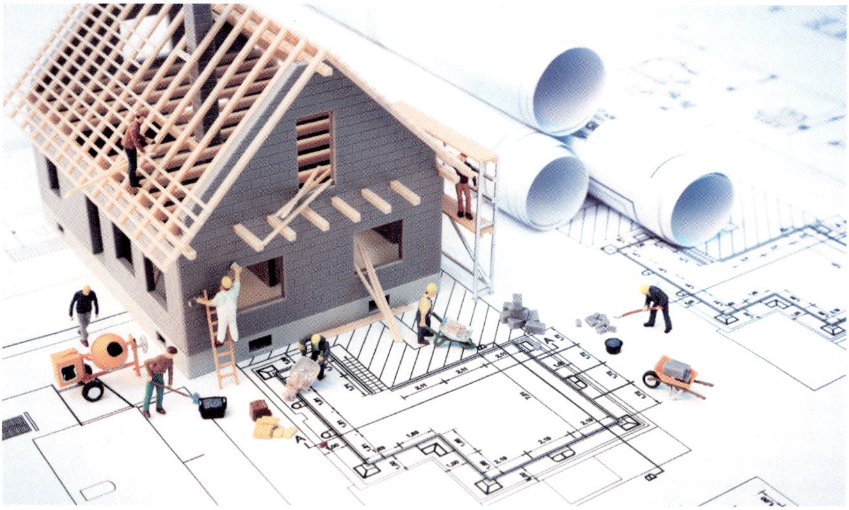

많이 내재되어 있다. 따라서 지방자치단체의 입장에서는 민간기업으로 하여금 외국인 거주를 위한 주택건설을 촉진토록 하기 위해 주택용지를 제공하는 등의 지원방안의 모색이 우선적으로 필요하다. 지역주민이 살기 편리한 거주환경의 정비는 결국 외국인의 입장에서도 살기 편리한 도시환경 정비의 기본이 되기 때문에 도시의 어메니티를 창출하기 위한 정책들을 지속적으로 개발·추진해야 할 것이다.

(3) 커뮤니케이션의 문제

서로 다른 인종 상호간의 커뮤니케이션의 문제점으로는 우선 언어가 다르다는 점을 지적할 수 있다. 이 문제에 대한 가장 간단한 해답은 에스페란토어와 같은 세계 공통어를 보급시키는 것으로 이러한 운동이 실제적으로 존재하고 있으나 아직 세계 공통어로는 정착되지 않고 있다. 현재 세계에서 가장 많이 보급되어 있는 언어 중의 하나인 영어를 주민강좌, 학교교육에 회화를

중점으로 하는 교육을 추진하여 커뮤니케이션 수단으로 영어의 보급에 힘을 기울여야 한다. 현재 우리나라의 영어교육은 일부 개선되고 있기는 하지만 아직 문법중심의 입학시험으로 인해 영어교육이 정상화되지 못하고 있다.

대다수 학교교육이 회화에 중점을 둔 교육을 추진하고 이것을 보완하는 형태로 지역에서 다른 외국어, 예를 들면 일본어, 중국어 등과 같은 강좌를 설치할 필요가 있다. 지역사회에 거주하고 있는 외국인이 영어회화 등의 강사를 할 수 있도록 규제를 완화하고 지방자치단체는 이에 필요한 정보와 공간을 제공하는 등의 외국어 학습기회를 증대시키는 방안을 강구해야 한다. 또 국제회의 등의 국제교류 행사에 의한 교류기회를 만드는 일도 자치단체로서는 매우 중요하다.

(4) 교육 문제

자치단체가 세계화 정책을 추진하는 데는 지역주민의 이해와 협력을 구하는 일이 무엇보다도 중요하다. 이를 위해서는 학교, 사회교육 등의 통한 지역 주민 전체의 국제감각을 배양시키는 것도 매우 중요하다. 이러한 시책으로는 해외 귀국자녀를 활용하여 자치단체가 주민강좌를 개설하거나 지역대학에서의 시민강좌 설치와 같은 현재 시행 중인 정책을 한층 더 발전시켜 활성화시키는 것이 더욱 필요하다.

(5) 생활시스템의 차이

외국인이 우리나라에 와서 제일 곤란을 느끼는 것은 생활시스템의 차이에서 발생하는 문제이다. 예를 들면, 주택임대시스템, 정보시스템, 지하철 및 시내버스의 교통망, 운행거래, 각종 세금 및 공공요금 납부방법, 시장보기 등과 같은 사회시스템의 차이에서 발생하는 문제 때문에 당혹스러울 것이다. 이와 같은 문제의 대부분은 정보제공에 의해 해결이 가능하기 때문에 정보제공의 양과 질적인 면과 제공방법에 이르기까지 정비를 해야 한다. 대도시 지방자치단체는 영문 팜플렛이나 영문표시등 과거에 비해서는 외국인을 위한 정보서비스의 제공에 노력을 기울이고 있으나 중소 자치단체들은 외국인을 위한 행정서비스 제공 기반이 전혀 마련되어 있지 않다. 앞으로는 영문 팜플렛 등을 보다 손쉽게 구할 수 있도록 비치 장소를 늘린다든지, 종류와 내용 또한 관광안내뿐만 아니라 일상생활에 관한 정보에 이르기까지 이를 보완하는 방향으로 개선되어야 한다.

(6) 오피니언 리더의 유치

자치단체 간의 자매결연이나 유학생, 연수생의 초청 등의 방법으로 외국인을 초청하여 오피니언 리더를 육성하고 한국과 당해 자치단체에 관한 기본적 실체를 외국에 알려 도시의 이미지를 향상시킬 수 있는 방안을 적극적으로 모색해야 한다. 무엇보다도 필요한 재원의 확보가 문제인데, 이를 위해서는 국가와 자치단체 그리고 민간부문이 중심이 되어 자치단체의 국제교류활동을 지원해줄 수 있는 국제교류기금을 설치해야 한다. 중앙정부 차원 뿐만 아니라 대도시나 광역자치단체 별로 각기 특색 있는 국제교류기금의 설치를 적극적으로 추진하여야 한다.

(7)생활양식의 문제

식생활, 의료보건제도, 위락 등과 같은 생활양식의 서로 다름에서 발생하는 문제는 외국인 스스로가 우선 한국의 생활양식에 적응하는 노력을 기울이는 것을 기본으로 하여야 한다. 처음 방문하여 우리나라의 생활양식에 적응할 기간 동안에는 주민들로 구성된 자원봉사조직에 의한 자원, 교육센터의 설치 등의 방안이 모색되어야 한다.

3) 지역활성화를 위한 도시기반구축

(1) 전략적 접근

도시정부가 지니고 있는 사회경제적, 역사적 특색에 따라 의도하는 세계화 목표를 실현하기 위해서는 당해 도시정부가 어떠한 방향으로 세계화를 지향해야 하는가를 명확히 설정한 다음 구체적 시책을 개발·추진할 필요가 있다.

개방화 시대에는 국가 간의 경쟁체제보다는 도시간의 경쟁시대이다. 따라서 세계화 전략이 지역 활성화의 중요한 전략의 하나로서 의미를 부여하여야 한다. 동시에 세계화 정책을 구상할 때 타도시에 비해 경쟁력을 가질 수 있도록 개성 있고 독특한 독자성을 기초로 구체적 정책이 수립되어야 한다. 이미 살펴본 2가지 측면 즉, 상호수용기반의 구축, 세계화 니-즈에 대응한 기반구축이 내부지향적 세계화 정책이라면 지역 활성화 수단으로서의 세계화는 외부지향적 세계화 정책의 성격과 기능을 지닌다.

세계화 정책의 형성과정에는 도시정부 간의 적극적인 정보교환이 필요하지만 결국은 개개의 지역 혹은 도시정부 스스로가 나름대로 세계화 정책을 추진해야 한다. 이러한 관점에서 도시의 세계화를 유형화시켜보면 다음과 같다. 이러한 유형 중에서 현실적으로 당해 도시가 지향해야 할 하나 혹은 복수의 유형을 선택하여 세계화 대응방안을 구체적으로 마련하는 전략적 접근이 필요하다.

(2) 국제산업경제도시

우리나라 경제구조의 대부분은 외국과의 무역 특히, 수출에 의존하고 있어 자치단체 또한 외국과의 경제교류를 통한 지역경제 활성화가 지역의 정책과제이다.

지금까지 경제의 세계화는 중앙정부와 대기업 주도로 이루어져 지방은 중앙에 종속하는 형태로 진행되어 왔다. 그러나 개방화, 지방화 시대를 맞이한 요즘에는 획일적이고 평균적인 경제기능에서 과감히 탈피, 지방이 주체적으로 주도하는 경제의 세계화로 전환되어야 한다. 지방의 주체적 세계화는 전통, 지역특화 산업 등을 중심으로 외국 특히, 발전도상국가와의 직접적인 경제협력을 추진하는 방향으로 전개되어야 할 것이다. 이러한 측면에서 볼 때 지방자치단체에 주어진 역할은 중요하며 크다.

(3) 국제문화도시

지역의 활성화를 위해서는 지역의 문화수준을 향상시켜 도시의 독자성을 발휘하는 것이 중요하다. 이를 위한 정책으로서 지역이 본래부터 지니고 있는 특유의 문화를 기반으로 하여 새로운 문화를 융합시키는 윤택한 자연과 인간성 넘치고 개성있는 생활·문화 환경을 구축하여야 한다. 이렇게 하여 지역을 찾은 외국인들과 지역주민이 함께 행복한 삶을 영위할 수 있는 국제문화도시가 구축될 때 당해 자치단체가 지향하는 세계화 목적이 달성될 수 있다.

(4) 국제관광도시

관광도시는 지역의 매력을 풍부하게 하여 국내외 관광객의 왕래를 증가시킴으로써 관광수입의 증대를 꾀한다. 관광산업은 앞으로 성장산업으로 각광받는 분야이다. 지역의 독특한 문화를 전면에 내세우고 한편으로 레저시설을 완비하여 지역의 이미지를 높이고 적극적으로 홍보하여 외국인들이 매력을 느낄 수 있는 도시를 가꿈으로서 지역경제의 활성화를 도모해야 한다.

(5) 국제정치도시

우리나라에는 그 예를 찾아보기 어려우나 국제정치도시란 국제적인 정치기구가 접적함으로 인해 도시의 중요성과 이미지를 세계에 인식시켜 도시의 활성화를 꾀한다는 것을 의미한다.

(6) 구체적 정책과제

① 국제산업경제도시 구축을 위한 과제

(가) 교류 기반의 정비

지역차원의 경제교류가 효과적으로 기능하기 위해서는 국제공항, 국제항만과 고속교통망 등의 교통체계와 해외로부터의 정보를 관리하는 정보시설기반 등을 필요로 한다. 이러한 시설의 지원은 중앙정부의 지원 없이는 불가능하다. 일본에서는 자치성의 중점시책의 하나로 21세기를 지향하는 지역발전을 꾀하기 위한 「리딩 프로젝트(Leading Project)」사업을 추진하였다. 이 사업은 자치단체의 세계화를 위해 전국적으로 모델이 될 수 있고 선도적 역할을 수행할 수 있는 자치단체의 독특한 사업을 시범 프로젝트로 채택하였다. 계획수립 단계부터 적극적으로 참여하고 지원함과 동시에 지방교부세, 지방채 발행승인 등을 통한 재정지원을 하여 지방의 창의와 발상의 전환을 창출시켜 개성 있는 선도적 사업의 추진이 가능토록 지원해 주는 제도이다. 일본의 기타큐슈시(北九州市)는 이미 살펴본 바와 같이 「리딩 프로젝트」의 지정과 함께 국가의 지원을 받아 침체된 지역경제구조를 전환하여 오늘 환황해 경제권의 중심적 도시로 성장하고 있다. 우리나라에서도 이와 같은 제도를 마련하여 지방자치단체의 세계화를 위한 도시기반정비를 개성 있고 고유한 특색을 살려, 경쟁력 있는 도시로 발전할 수 있도록 중앙정부가 유도해야 할 것이다.

(나) 정보의 제공

지역 간의 경제교류를 전개하는 도시정부와 지역의 민간부문이 필요로 하는 정보는 상대국가나 지역의 상황에 관한 정보, 외국인 대우에 관한 정보, 우리나라와 상대국과의 관계에 관한 정보 등이다. 이와 같은 정보의 제공은 공공기관이 보유하고 있는 정보를 민간에서도 자유롭게 활용할 수 있는 시스템을 우선 갖추는 것이 바람직하다. 중앙정부 차원의 공공기관과 출연연구원 등이 보유하고 있는 모든 정보를 유기적으로 활용할 수 있는 정보네트워크를 구축하여 지방자치단체와 민간이 좀더 용이하게 정보에 접근할 수 있는 지원시스템이 구축되어야 한다. 도시정부 또한 중앙정부 차원의 관련기관과 협력관계를 구축, 유지하면서 경우에 따라서는 공동지원시스템을 도시정부 차원에서 설치하는 것도 모색되는 방안이다.

해외정보의 수집과 제공을 위해 도시정부가 직접 해외사무소를 개설하여 해외주재원을 파견하는 방안도 바람직하다. 이러한 경우에도 도시정부가 독자의 사무소를 개설하기보다는 자치단체 국제화재단의 해외사무소와 또는 다른 자치단체와 공동으로 해외사무소를 개설하여 정보의 수집과 확산을 효율화시키고 집적 효과를 기대할 수 있는 방안으로 추진되어야 할 것이다.

(다) 민간경제교류지원

지역차원의 경제교류를 추진하기 위해서는 민간기업의 활력을 활용하는 것이 필요하다. 이를 위해서는 외국기업의 유치에 따른 편의를 제공하는 등의 민간경제교류를 위한 지원책이 필요하다. 기업유치는 공장의 유치가 바람직하지만 교통이나 용지문제로 곤란한 경우에는 외국계 기업의 사무소나 연구기관 등의 유치를 모색하는 것도 현실적 대안일 수 있다.

(라) 도시홍보의 문제

기업유치 등을 위해서는 도시의 실체를 외국에 알리기 위한 적극적인 홍보가 필요하다. 이를 위해서는 한국에 오지 않은 외국인에 대한 효율적이며 효과적인 홍보방안이 마련되어져야 한다. 이를 위한 방안으로는 해외주재원을 통한 현지 기업에 대한 홍보와 현지의 신문에 광고를 내는 방법, 혹은 외국 언론사의 기자들을 초청하는 방안 등이 모색될 수 있다.

② 국제문화도시 구축을 위한 과제

(가) 외국대학의 분교유치

외국의 유명대학은 국제적으로 높은 수준의 연구개발과 인재육성 기능을 지니고 있다. 이와 같은 외국 유명대학의 분교를 유치하게 되면 지역의 연구개발, 인재육성면의 잠재력 향상을 기대할 수 있고, 국제적인 문화교류의 거점 형성의 구축이 가능하게 된다. 유치분야, 인재육성 방침과 커리큐럼, 자금 부담방법 등을 충분히 검토한 뒤 대상 대학과의 교섭을 진행시킬 필요가 있다. 개방화 체제에서 외국대학과 전문학원의 국내진출은 이미 시작되고 있으며, 특히 외국유학에 대한 우리나라의 높은 선호도를 고려할 때 외국대학 분교의 지역 내 유치는 높은 지역 활성화 효과를 가져다준다. 일본의 지방자치단체들은 2차산업 지역유치보다는 외국대학의 분교를 비롯 국내대학과 전문대학을 지역에 유치하기 위해 자치단체가 학교 부지를 제공하는 등의 제3섹타 방식을 통해 교육기관의 유치를 활발하게 추진하고 있다.

(나) 컨벤션의 유치

지역문화 진흥을 위한 학회, 학술컨벤션의 적극적 유치는 지역사회와의 접촉기회를 증대시켜 준다는 측면에서 매우 중요하다. 이를 위해서는 컨벤션 시설의 건설만이 아니라 노하우 또한 중요하기 때문에 컨벤션 담당조직을 구성하여 지역대학, 연구소 등과 공동으로 기획하고 조정하는 기능을 강화할 필요가 있다.

일본 고베(神戸市)는 '포트아일랜드'라는 인공섬 완성을 계기로 <포토피아' 81>이라는 박람회를 개최한 이후, 컨벤션 추진본부를 발족시켰다. 추진본부는 학회개최나 이벤트개최에 필요한 사무국 기능 즉, 기획사의 업무를 무료로 대행해주는 등의 치밀하고 섬세한 컨벤션서비스를 제공하여 일본 내뿐만 아니라 해외까지도 정평이 나있다.

(다) 사회교육의 추진

지역주민의 국제적 감각과 소양을 배양하고 문화적 수준을 향상시키기 위해 외국어 교육뿐만 아니라 학교교육, 사회교육을 통해 교육내용 전반을 국제적 시야에서 검토하고 개선할 필요가 있다. 이를 위해 학교교육과 사회교육의 교육내용과 커리큘럼을 새로이 편성하고, 어학지도 등은 유학생이나 거주외국인을 적극적으로 활용하는 것도 바람직하다.

(라) 외국문화의 보급

외국인을 알기 위해서는 외국문화와 접할 기회가 필요가 있다. 미술전, 음악회 등을 통해 지역주민이 외국문화를 이해할 수 있도록 문화, 학술, 스포츠 교류를 추진할 필요가 있다. 지금까지 이러한 문화 분야는 자칫하면 의례적인 행사에 그칠 우려가 많기 때문에 앞으로는 이러한 관점에서 자치단체 스스로가 적극적으로 추진하고, 민간부문의 활동을 지원해 주어야 할 것이다.

③ 국제관광도시 구축을 위한 과제

(가) 관광기반 조성

관광기반 시설의 건설은 지역의 특성이 두드러지게 나타나는 특유의 시설을 건설할 필요가 있다. 관광객을 유치하기 위해서는 매력 있는 관광자원과 함께 쾌적한 삶과 살기 좋은 거주환경의 정비는 필수적이다. 이를 위해서는 푸른 도시와 함께 조용한 환경과 심신 전환을 위한 레크레이션 시설과 문화시설도 함께 갖추어져야 한다.

(나) 한국문화의 고양

외국인이 한국을 잊지 않게 하기 위해서는 무엇보다도 한국문화의 매력에

심취하도록 하여야 한다. 외국문화의 무분별한 흡수가 아니라 우리문화를 윤택하게 하여 한국문화의 수월성을 외국에 전파하는 것이 필요하다. 이를 위해서는 주민 스스로의 의식을 고양시킴과 동시에 사회교육을 비롯한 종합적인 시책을 전개하여야 할 것이다.

④ 국제정치도시 구축을 위한 과제

(가) 국제기구의 유치

국제정치도시를 지향하기 위해서는 국제기구가 지역 내에 입지하는 것이 가장 바람직하다. 일본에는 도쿄에는 국제연합대학(UNU), 나고야는 UN지역개발센터(UNCRD), 세계은행사무소 등이 입지해 있다. 태국의 방콕에는 UNDP를 비롯한 많은 국제기구와 국제교육기관인 아시아공학원(Asian Institute of Technology)이 입지하여 아시아의 중심적인 국제정치도시의 기능과 역할을 담당하고 있다. 우리나라는 UNDP 한국연락사무소를 제외하고는 국제기구나 기관은 전무하다. 앞으로의 과제로서 국제기구의 일부를 자치단체에 유치하는 운동을 전개할 필요가 있다. 국제기구의 유치가 어려운 현실에 있다면 국제회의등을 활발하게 개최될 수 있도록 대규모 집객시설의 건설이 불가피하다고 할 수 있다. 경상북도가 한국, 중국, 일본, 러시아의 21개 자치단체가 참가한 러시아 하바로프스크에서 열린 동북아 지방자치단체장 회의에서 「동북아지방자치단체협의회」를 구성하고 사무국을 포항에 설치한 것은 매우 중요한 사례이다.

(나) 도시홍보

도시의 이미지를 높이기 위해서는 도시의 존재를 외국에 널리 홍보할 필요가 있다. 국제산업경제도시의 구축에서 제시된 과제와 마찬가지로 해외홍보를 효율적, 효과적으로 추진하기 위한 방안을 제도적으로 마련하여야 한다. 외국인을 대상으로 한 홍보수법으로서 일반시민을 대상으로 하는 홍보와 병행하여 이른바 오피니언 리더를 대상으로 하는 홍보도 적극적으로 검토해야할 것이다.

⑤ 발전도상국에 대한 지원

외국에 자치단체의 존재를 인식시키기 위해서는 경제적, 인적 지원을 시행하는 것이 매우 유용한 시책이다. 자치단체 차원에서는 민간부문에서 행하는 기술연수생을 받아들이는 사업에 대한 지원, 통상사절단의 파견, 발전도상국 공무원의 연수 등의 프로그램을 자매도시 결연사업의 일환으로 추진하는 것이 바람직하다.

10 컨벤션도시 구상의 의의와 전략

컨벤션도시 구상이란?

컨벤션도시(Convention City)란 대규모의 회의장이나 종합전시장 등과 같은 컨벤션 관련시설을 건설하거나 혹은 가지고 있는 도시를 단순히 의미하는 것은 아니다. '컨벤션도시 구상'이란 컨벤션이라는 형식을 통해 지역 외부로부터 사람들을 유치하여 소비활동을 촉진시켜 지역경제를 활성화하고, 사람들이 모이는 것에 의해 집중 발생하는 정보를 효과적으로 활용하여 새로운 지역문화를 창출하고자 하는 복합적 도시경영 전략이다. 컨벤션도시란 이러한 전략을 기본으로 하여 지역의 산업구조를 재편하여 도시전체가 하나가 되어 도시 그 자체를 상품으로 판매해 나가는 도시를 의미한다.

'관광도시'가 이와 유사한 개념과 사고방식으로 파악되는 경향이 있으나 컨벤션도시는 관광도시와는 전혀 다른 개념이며 성립기반 그 자체가 다

르다고 할 수 있다. 관광도시는 새로이 창출하는 것이 곤란한 그 도시 고유의 자연적·역사적 혹은 문화적인 자원이 성립기반이기 때문에 관광자원이 부족한 도시는 관광도시가 될 수 없다. 물론 미국의 라스베가스시와 같이 인공적으로 형성된 관광도시의 예도 있지만 매우 드문 경우다. 컨벤션도시는 이러한 지역의 부존자원 자체를 절대적인 성립요건으로 필요로 하지 않는다. 컨벤션은 개최를 위한 어떤 동기부여만 있으면 개최될 수 있기 때문에 어떤 도시든지 컨벤션도시가 될 수 있는 가능성은 가지고 있다. 인구가 불과 1천 명도 되지 않고 교통조건도 좋지 않은, 99%가 산림인 산촌 동네 일본의 도야마켄(富山縣) 도가무라(利賀村)가 2만여 명 이상이 참가하는 세계연극제를 개최하고 있는 것이 좋은 예가 될 것이다.

컨벤션도시와 관광도시의 또 하나 차이점은 정보의 집중·발생기능의 유무이다. 관광도시의 경우에는 단순히 관광객만 모여들 뿐으로 상호 간의 교류가 없으면 정보가 집중되거나 발생하지도 않는다. 그러나 컨벤션도시는 정보의 집중과 발생기능을 가지고 있다는 점이 큰 특징이다. 정보화사회, 지능사회를 맞이하여 지역의 정보거점화로 발전시키는 것이 요청되고 있는 단계에서 단순한 관광도시만으로 이러한 시대적 요청에 대응하기 어렵다. 컨벤션도시는 충분히 시대적 요청에 대응할 수 있는 기능을 지니고 있다. 가장 이상적인 컨벤션도시는 관광객과 사람들이 모여들 수 있는 관광자원을 가지고 컨벤션기능을 갖춘 도시라고 할 수 있다. 다양한 테마를 끊임없이 준비하여 흥미로운 이벤트 상황을 계속적으로 창출함으로써 언제나 세계 각지로부터 사람들이 모여들고 정보가 항상 생산되어 컨벤션산업이 성립하게 된다. 이것이 컨벤션도시 구상이다.

오늘날 컨벤션도시 구상이 세계적으로 주목받는 것은 종래의 지역개발 전략과 달리 경제개발효과와 사회개발효과라는 두 가지 측면을 가지는 복합적인 도시경영 전략이라는 점 때문이다.

서독을 중심으로 서유럽의 각 도시들은 경쟁적으로 근대적인 견본시장이나 회의장을 건설하고, 그 운영에 힘을 기울이고 있다. 가장 큰 이유는 국제적인 경제교류의 장을 제공함으로써 출품이나 시찰을 목적으로 모여드는 수 만명에서 때로는 수십만 명에 이르는 사람들이 지역경제에 미치는 파급효과 때문이다. 즉, 컨벤션 개최로 인해 건축업자나 호텔 레스토랑 관계, 교통기관, 여행운송업, 기타 견본시 관련 산업에서 발생하는 수익이 매우 크기 때문에 견본시의 개최도시뿐만 아니라 그 지방전체의 경제 활성화에 크게 공헌하게 되기 때문이다.

미국의 경우도 마찬가지다. 미국 내에서 최첨단의 시설을 갖춘 컨벤션센터인 '메코믹플레이스'를 가지고 있는 시카고시는 "시카고는 유전을 가지고 있는 것과 같다."라고 까지 말하고 있다. 경제적 파급효과의 영향을 받는 산업은 컨벤션시설 관련 산업뿐만이 아니라 상점·음식점 등의 서비스산업,

호텔 관련산업, 관광 관련산업, 교통·운수·통신서비스 관련산업, 인쇄·출판 관련산업 등으로 그 종류는 매우 다양하며 이러한 산업 모두가 '컨벤션산업'을 형성하게 된다. 따라서 컨벤션산업이란 어떤 특정한 목적을 가지고 다수의 사람들이 일정한 장소 내지 지역에 집합하는 데 따른 움직임과 관계되는 비영리활동을 포함한 모든 사업 활동을 가리킨다.

컨벤션산업에 포함되는 산업분야는 상공업, 서비스업, 관광업 등 매우 폭넓다. 컨벤션산업은 이와 같이 다양하고 폭넓은 산업들을 재편성하여 유기적인 관계 속에서 하나의 시스템적 기능을 가진 형태로 일어나게 된다. 컨벤션의 관리운영을 총괄하는 조직인 로스앤젤레스시의 컨벤션국이 발표한 '컨벤션 플래너즈 가이드(Convention Planners Guide)'에 게재되어 있는 컨벤션관련 업종을 들어보면 다음과 같다.

숙박시설, 항공회사, 공항, 철도회사, 택시회사, 렌트카 회사, 광고회사, 인쇄회사, 운송회사, 관광조합 등 각종 조합, 의상 렌탈점, 제화점, 양복점, 미용실, 청소용역회사, 꽃집, 식물 렌탈회사, 악기 렌탈회사, 각종 사무기기 렌탈회사, 오디오·비디오 렌탈회사, 영상기기 렌탈 및 기술자파견회사, 녹음서비스회사, 전기기기 렌탈회사, 관광센터, 여행대리점, 텔렉스 등 서비스회사, 신문사, 방송국, 출판사, 서점, 복사서비스회사, 영화 등 촬영회사, 번역 동시통역회사, 아르바이트 등의 인재모집 서비스회사, 심부름센터, 레스토랑, 나이트클럽 등 음식점, 회계사, 변호사, 은행, 병원, 보험서비스회사, 크레디트 카드회사, 출장서비스회사, 경비용역회사, 사무공간 렌탈회사, 조화렌탈회사, 애드벌룬 풍선서비스 회사, 프로덕션 흥행회사, 연예인, 골프클럽, 테니스클럽, 수영클럽, 교회·종교단체, 쇼핑센터·백화점, 각종 기념품가게, 영화관, 박물관, 미술관, 고미술상 등이다.

컨벤션산업은 '도시'라는 '장소'에 '지역주민'과 '컨벤션 참가자'를 어떠한 매체를 통해 유기적으로 결부시키는 시스템산업이라고 할 수 있다. 컨벤션이 '산업'으로 진흥됨으로써 도시 산업구조의 재편성이 촉진되고 기존 산업은 활성화되며 새로운 산업을 창출시켜 도시는 정보중추가 되고 지역경제는 활력을 가지게 된다. 동시에 문화·예술·교육 등 사회적인 측면에서도 좋은 영향을 미치게 된다.

컨벤션은 산업으로 일으킴으로써 도시 산업구조의 재편이 촉진되고 기존 산업이 활성화되며, 새로운 산업을 창출하는 효과뿐만 아니라 직·간접적으로 고용창출, 소득창출 또는 재정유발과 같은 측면에서도 많은 효과를 가져 오게 된다. 이것을 기본으로 지역경제를 활성화시킨다고 하는 것이 컨벤션을 통한 도시경영의 기본전략이다. 컨벤션도시 구상의 전개는 경제개발 효과뿐만 아니라 도시환경, 도시의 이미지 고양, 문화, 예술, 교육 등 소프트·하드 양면에 걸치는 사회 개발효과도 아울러 가지고 있다.

우리나라의 경제구조가 서비스 경제화의 방향으로 향하고 있는 지금 지방 도시들은 제3차 산업을 중심으로 한 산업구조로의 변혁이 요구되고 있다. 시스템 산업으로서의 컨벤션도시로의 재편성은 이러한 요청에 충분하게 부응할 수 있다. 컨벤션산업은 다른 어느 산업과 비교해도 서비스분야가 참여할 여지가 많다. 극단적으로 말하면 도시경영 전략으로서의 컨벤션도시 구상은 앞으로 지역주민이 제3차 산업, 특히 서비스산업을 생활의 양식으로 삼아 나갈 수 있는 환경과 여건을 조성하자는 것이다.

제1차, 제2차 산업 또한 서비스 경제화에 대한 체질개선이 요구되고 있다. 이 경우에 중요한 핵심인 정보의 수집발생기능 강화라는 과제를 해결하기 위해서는 컨벤션이 가지는 의의는 매우 크다. 정보화시대의 타 도시와 비교해서 정보의 집중발생량을 얼마나 크게 할 수 있느냐가 도시 간의 경쟁에서 이길 수 있는 중요한 테마이다. 정보를 수집할 수 있는 것이 컨벤션의 특징이라고 볼 때 컨벤션도시는 정보화 사회의 경쟁에 강력하게 도전할 수 있는 기능을 충분히 지니고 있다.

지역의 전체적인 경제개발과 사회개발 효과와는 별개로 미국의 애틀랜타, 샌프란시스코, 뉴욕 등의 예에서 보듯이 도시재개발이라는 측면에서도 컨벤션도시 구상은 매우 큰 의미를 가진다. 애틀랜타에서는 도심 재개발 프로젝트로서 '조지아 월드 콩그레스센터'를, 샌프란시스코에서는 슬럼화된 사우스 오브 마케트 지구를 재생시킨 프로젝트로서 '조지 모스콘 컨벤션센터'를, 뉴욕에서는 허드슨 강가 웨스트 맨해탄의 재개발 중심프로젝트로서 '뉴욕 컨벤션센터'를 각각 건설하여 재개발프로젝트를 성공적으로 추진시켰다.

우리나라에서는 재개발사업이 상업기능을 주체로 하는데 지역경제의 규모나 경제력이라는 측면 혹은 외부자본과 현지 주민과의 갈등문제 때문에 최근에는 활발하게 추진되지 못하고 있다. 상업기능의 유치와는 달리 지역외부로부터 사람과 돈과 정보를 모으는 컨벤션이라는 기능을 도입한 재개발사업이라는 측면에서 컨벤션도시 구상은 새로운 전개를 기대할 수 있다.

지역 외부로부터 주로 사람을 매체로 해서 돈과 정보를 지역 내로 끌어들이는 장치로서의 컨벤션도시 구상은 지역경제의 활성화를 촉진하는 동시에 사회 개발적 측면에서도 큰 효과를 가져다주는 복합적인 도시경영 전략이라고 할 수 있다.

컨벤션도시 구상의 기본적 시나리오

복합적 도시경영전략으로 컨벤션도시 구상의 기본적인 시나리오는 다음과 같다.

ⓐ 지역 외부로부터 사람, 물건, 정보를 모으는 기반을 구축한다.

ⓑ 컨벤션기능에 의해서 지역외부로부터 사람, 물건 그리고 정보가 집중함과 동시에 새로운 정보의 발생을 통해 그 지역이 국내외 정보의 집중 발생거점으로 발전한다. 또 대외적인 지역이미지의 향상도 기대된다.

ⓒ 컨벤션 참가자와 지역주민과의 다면적인 교류의 전개를 통해 문화와 교육수준의 고양 혹은 새로운 지역문화 창출이 기대된다.

ⓓ 위와 같은 사회적인 파급효과와는 별도로 지역 외부로부터의 사람, 물건, 정보의 집중에 의해 도시 및 주변 지역에서 소비액이 증대한다. 따라서 그 도시에 많은 경제적 파급효과를 가져다 주기 때문에 결과적으로 지역경제의 활성화를 촉진하게 된다.

ⓔ 경제적 파급효과를 한층 더 높이기 위해서 관광을 포함한 상업서비스업을 중심으로 하는 제3차 산업을 컨벤션산업이라는 축으로 재편성하고 컨벤션기능을 지탱하는 기반으로 만들어 나간다.

ⓕ 이같은 과정을 통해 기존 산업군에서도 취업기회가 확대됨과 동시에 컨벤션 관련의 새로운 산업발생에 수반되는 취업기회의 증대도 기대된다.

ⓖ 취업기회의 증대가 주민소득의 향상으로 연결되고, 그것이 시민의 소비구매력을 높이게 되어 상업 등 지역 산업의 활성화와 도시의 활력 증진를 더욱 촉진하게 된다.

ⓗ 제1차, 제2차 산업 또한 우리나라 산업구조의 서비스 경제화에 대응해서 생산과 같은 하드한 기능으로부터 기획이나 판매, 연구개발 등 소프

트한 기능을 중시한 체질로 변혁해 나갈 필요가 있다. 그러기 위해서는 높은 정보수집 능력이 요구된다. 외부로부터 사람, 물건 그리고 정보가 집적하는 구조가 구축된다는 점에서 도시 구조의 체질개선도 원활하게 추진될 것이다. 그리고 그것이 취업기회의 확대로도 연결된다.

ⓘ 사람, 물건, 정보를 모으는 견인력으로서 컨벤션기능을 도입함으로써 초래되는 파급 효과는 매우 크다. 경제적인 측면뿐만 아니라 지역주민의 문화 교육수준의 고양이나 새로운 지역문화의 창출을 촉진함과 동시에 자치단체의 세수효과를 가져다주고 도시재개발 프로젝트 등의 추진에도 크게 기여하게 된다.

이상과 같은 컨벤션도시 구상을 통한 도시경영전략 시나리오를 그림으로 나타내 보면 그림과 같다.

컨벤션도시 구상을 통한 도시경영 전략 시나리오

컨벤션도시의 성립요건

어떠한 조건을 갖춘 도시라면 컨벤션도시로서 사람을 모을 수 있을까? 어떤 도시가 컨벤션도시 구상의 전개 가능성이 높은 도시인가? 컨벤션도시로서의 성립요건에 대해서는 다양한 측면에서 논의할 수 있다. 일본의 고베 도시문제연구소가 실시한 조사결과에 의하면 컨벤션 개최지의 결정요인은 다음과 같다.

ⓐ좋은 회의시설이 있다.(59.8%) ⓑ대회관련사무와 운영이 가능한 회원이나 지부의 소재지이다.(53.5%) ⓒ본부 소재지이다.(33.9%) ⓓ숙박시설이 정비되어 있다.(29.9%) ⓔ개최지 도시의 협력을 얻을 수 있다.(13.8%) ⓕ개최지의 이미지가 좋다.(2.8%) ⓖ개최지에서 큰 이벤트가 개최된다.(2.4%) ⓗ관광거리가 많다.(1.6%) ⓘ기타.(9.8%)

미국에서의 일반적인 컨벤션인 경우에의 개최지 결정조건을 살펴보면 회의개최에 필요한 호텔, 기타시설, 교통의 편리, 참가자 개개인으로부터의 거리, 수송비용, 기후, 레크리에이션 시설과 같은 순위로서 일본의 조사결과와 유사하다. 즉 회의시설의 충실, 교통조건의 양호, 숙박시설의 충실 등을 중요한 요인으로 꼽고 있다.

'Professional Congress Organizer(PCO)는 컨벤션의 기획·운영전문기업의 입장에서 컨벤션 개최도시의 조건으로서 다음의 5가지를 들고 있다.

ⓐ 현지의 합의와 협력 : 컨벤션 개최도시로서 가장 중요한 것 중의 하나는 컨벤션에 대한 지역주민, 산업계 등 각계각층의 이해와 협력이다. 이것은 지역 외부로부터의 컨벤션 참가자에 대한 환대의 마음과 개최자의 노력을 덜어줄 수 있는 현지의 충분한 협력체제가 되어 있는가 하는 두 가지 측면을 가진다.

ⓑ 접근성 : 컨벤션 참가자가 지역 외부로부터 목적 도시로 가는 교통

수단에는 공로, 육로, 해로 등 교통수단의 선택이 다양하여 언제라도 쉽게 갈 수 있는 교통시스템이 필요하다. 또 한 가지 중요한 것은 도시 내에서의 이동 예를 들면, 호텔에서 컨벤션회장으로의 접근도 쉬워야 한다.

ⓒ 기후, 관광요소의 매력 : 지역 외부로부터 컨벤션에 참가할 사람들의 참가 욕구를 끌어내는 것은 그 도시의 관광적인 매력과 기후이다. 기후는 바꿀 수 없지만 관광자원의 매력을 높이는 것은 가능하기 때문에 매력 있는 관광자원의 정비가 필요하다. 특히 관광요소에 대해서 말하면 컨벤션은 축제적인 색채가 강한 점에서 컨벤션 개최 전후를 통해 관광여행이 가능해야 한다. 특히 외국에서 참가하는 경우에는 가족동반을 하는 경우가 많기 때문에 부인이나 아이들이 회의에 참석하지 않는 시간에 관광할 수 있는 기회제공이 필요하다.

ⓓ 회의·전시시설, 숙박시설의 양과 질 : 컨벤션 개최도시의 대전제는 회의·전시시설과 숙박시설이 양적·질적으로 충실하게 갖추어져야 한다는 점이다. 그리고 최근의 경향으로 학회를 포함한 회의에는 거의 반드시 전시회가 병행된다. 전시를 통해 이해를 높인다는 목적에서 각종 학회에서 적극적으로 전시회를 병행하는 경향이 있다. 또 반대로 큰 전시회를 여는 중에 테마에 따른 회의를 하는 경우도 많아져서 회의공간과 전시공간이 같은 건축물 내에 있는 것이 바람직하다고 하는 것이 최근의 경향이다. 그래서 회의시설, 전시시설, 숙박시설 등이 보행권역내에 있는 것이 컨벤션시설로 이상적이다.

ⓔ 통신, 의료, 업무기능의 집적 : 대형회의의 경우 위성중계 혹은 전국적으로 중계를 하는 경우가 많다. 따라서 전파매체를 사용하는 컨벤션의 경우에는 통신망의 정비가 중요하다. 참가자의 입장에서 걱정되는 것이 의료시설이 완비되어 있는가 하는 점인 것도 간과해서는 안 된다. 또한 컨벤션

주최자의 입장에서는 컨벤션의 운영에 필요한 금융기관이나 행정기관의 존재 등 각종 업무기능이 어느 정도 집적되어 있는 것을 필요로 한다.

이상의 논의를 통해 볼 때 컨벤션도시의 성립요건은 다음과 같이 요약할 수 있다.

ⓐ어느 정도의 수용능력을 가지는 숙박시설과 컨벤션 개최 가능시설이 있을 것 ⓑ교통조건이 좋을 것. 그 도시로의 접근이라는 측면과 도시내에서의 이동이라는 두 가지 측면에서의 교통 조건 ⓒ도시로서의 매력이 있을 것. 역사성과 문화성의 질이 높은 도시환경, 걸으면서 즐길 수 있는 시가지, 풍부한 관광자원 등 ⓓ어느 정도의 도시기능이 집적되어 있을 것, 중추관리기능, 상업, 업무, 의료, 학술, 통신 등 ⓔ주민의 환대, 내방객에 대한 환대의 마음과 현지의 지원체제의 충실 등.

컨벤션도시 구상의 과제

1. 컨벤션 시설의 유기적 활용

최근 미국에서는 대도시의 거대한 컨벤션센터나 일류호텔에서 개최되던 대규모 컨벤션과는 달리 활기차고 훈훈한 정이 감도는 분위기의 중규모 컨벤션이 인구 15~30만 명의 전후의 지방 중소도시에서 빈번하게 개최되고 있다. 이것은 대도시와 비교해서 호텔비를 비롯한 물가가 저렴하다는 점도 있지만 참가자들은 대도시의 매력보다는 지방 중소도시가 가지는 개성, 알맞은 도시성, 인정미, 온화함과 같은 것에 더욱 매력을 느끼고 있기 때문이라고 할 수 있다.

우리나라는 질적인 측면이야 어쨌든 양적인 면에서도 서울, 경주, 제주

등 일부 도시를 제외하고는 숙박시설을 포함한 컨벤션 시설이 매우 빈약하다. 이런 도시는 모두 상공회의소 등 각종 단체의 회관, 호텔의 연회장이나 회의실도 있어서 일단 컨벤션의 개최는 가능하다. 단 지방 중소도시에서 전국적인 규모의 컨벤션을 개최한 경험이 거의 없으며 회의장으로서의 시민회관 등은 수백 명 정도의 수용시설로 컨벤션 개최가 완전하다고까지는 말할 수 없다. 컨벤션 개최는 가능하지만 전체회의 외에 개최되는 분과회의장이 적다거나 또 주회의장에서 떨어져 있어 회장 간의 교통수단이 큰 문제가 되기도 한다. 또 시민회관과 같은 공공시설의 경우 국제회의 개최에 필요한 시설이 부족하거나 동일 도시 내의 시설이 각각 별도의 조직에 속해 있어서 절차가 번거로운 점, 또 시설의 이용에 있어서도 일요일이나 경축일은 이용이 불가능하거나 설비의 사용도 제한 받는 등 시설 운영면에서의 문제가 지적되고 있다.

숙박시설에 대해 살펴보면, 호텔·여관을 합한 숙박용량은 각 도시 모두 적지 않지만 시설단위당 수용 능력면에서 보면 문제가 있다. 도청 소재지급의 도시의 대표적인 호텔이라고 해도 1~2백실 정도이고, 3백실 이상인 것은 거의 전무에 가깝다. 주최자 측으로서는 몇몇 시설에 분산해서 숙박시켜야 하기 때문에 시설간 서비스 격차 등의 문제가 있어서 참가자로부터 불만의 소리가 생기게 된다. 숙박시설에 대해서는 '여관'의 문제가 있다. 여관은 관광도시를 비롯해서 많은 도시에서 중요한 숙박기능을 담당하고 있지만 컨벤션 참가자는 관광객과 내방목적이 분명히 다르다. 참가자의 대부분은 독실을 요구하는 경향이 강하다. 러브호텔식의 기존 시스템의 여관으로는 수요에 부응하는 것이 불가능하다.

2. 기존 공공시설의 확충과 교통망의 정비

일본 기후시(岐阜市)에서 개최된 국제회의에 참가했을 때 지방 중소도시에서 컨벤션이 개최될 수 있었던 요인을 주최자 측에게 물어보았더니 다음과 같이 대답했다. "신칸센(新幹線)으로 전국에서 쉽게, 또는 서로 비슷한 교통비로 참가자가 모일 수 있는 도시라는 점에서 기후시에서 개최되었으며, 북쪽은 센다이시(仙臺市)에서부터 남쪽은 오카야마(岡山市)에서까지 참가했다." 또 일본 가나자와(金澤市)의 컨벤션 유치 팜플렛에는 '회의는 일본의 한중간, 가나자와에서'라는 캐치플레이즈를 내걸고 있다. 이와 같은 컨벤션을 유치하는 데는 교통조건 혹은 지리적 조건이 매우 중요한 요소가 되고 있다.

현행 교통조건만을 가지고 본다면 컨벤션도시 성립의 가능성은 지방도시 중에서도 몇몇 도시에 한정된다고 할 수 있다. 지리적인 조건을 바꾸는 것은 불가능하지만 앞으로 고속철도의 정비나 항공망의 정비를 통해 거리적인 핸디캡은 해소될 것으로 기대된다. 예를 들면, 경주시나 제주도에서 컨벤션이 자주 개최되는 것은 지리적으로는 국토중앙에 위치하지 않더라도 철도와 공항의 입지를 통해 지리적 핸디캡을 극복하고 있다.

컨벤션 참가자는 회의나 심포지엄이라는 목적 이외에 그 도시의 고유성을 접하는 것은 상당한 즐거움으로 삼고 있다. 또 주최측으로서도 참가자와 이러한 수요를 고려해서 역사성이나 문화성이 있는 도시, 관광자원이 풍부한 도시를 컨벤션 개최지로 정하고 있다. 지금까지 관광도시나 온천도시라고 불리는 도시가 주로 컨벤션 개최지가 된 것은 이러한 배경에서다. 이러한 경향은 우리나라도 비슷하다. 시설이 잘 갖춰진 서울이나 단순한 관광도시, 온천도시보다는 지방 중소도시가 가지는 장점, 쾌적한 도시가 컨벤션 개최지로서 주목받고 있다. 우리나라 대부분의 지방도시는 질적으로 높은 쾌적한 도시환경을 완비했다고 말할 수 없지만 역사성이나 문화성 측면에서는 대도시 이상의 지역자원을 가지고 있다. 또 각 도시 및 그 주변을 보면 관광자원도 적지 않다. 이러한 지역자원을 컨벤션도시 개발에 어떻게 활용해 나가느냐는 것이 과제이다.

3. 잠재적 자원 활용과 이웃도시와의 유기적 협력

'상업, 업무, 의료, 학술, 통신 등 어느 정도의 중추관리기능의 도시에 집적되어야 한다' 라는 조건에서 말하면, 도청 소재지 급의 도시 혹은 경주와 같은 관광도시는 이러한 요건은 충분히 갖추고 있다고 말할 수 있다. 경주와 같은 지방 중소도시가 다른 지방도시와 비교해서 일찍부터 '컨벤션도시 구상'에 강한 관심을 보이거나 혹은 구체적인 추진활동을 전개해 오고 있는 데는 여러 가지 요인이 있을 수 있다. 그 중 한 요인은 도시 기능이 어느 정도 집적되어 있거나 이웃해 있는 대구시, 포항시 등과의 연계 가능성에서도 찾을 수 있을 것이다. 또 지방 중소도시의 경우에는 반드시 도시기능이 높게 집적되어 있다고 할 수 없지만 '컨벤션도시 구상'의 추진에 있어서는 이웃도시들과 유기적인 연계를 통하여 도시기능의 집적도를 보완해 나갈 필요가 있을 것이다.

지방도시의 주민이 진정한 의미에서는 환대의 마음을 가지고 있는 데에서는 이론이 있을 수 있지만 일반적으로 지방도시의 장점은 인정미 있고 따뜻한 인심이라고 할 수 있다. 이런 점에서 본다면 지방 도시들은 컨벤션도시로서의 요건은 어느 정도 만족시키고 있다고 할 수 있다. 본격적인 컨벤션도시를 지향해 나간다면 컨벤션의 이해와 협력을 얻기 위해 지역주민에 대한 계몽활동, 컨벤션 관련사업 종업원을 상대로 한 교육 등을 철저하게 시킬 필요가 있을 것이다.

직접적인 의미에서 컨벤션 주최의 기획과 운영 등의 측면에서 지역의 지원체제가 갖추어져 있는가 하는 점도 매우 중요하다. 컨벤션의 기획에서

운영까지를 도시정부 차원에서 지원해 줄 기관이 조직되어 있는가 하는 점이다. 이 문제는 단순히 지방도시 고유의 문제라고 하기보다 앞으로 국가적으로 중대한 과제가 될 것이다. 이상에서 지방도시에서의 컨벤션도시 구상 전개의 기능성을 살펴 보았다. 앞으로 해결해야 할 점이 많이 있지만 기본적으로 어떠한 도시에서든 전개 가능한 잠재력을 갖추고 있다고 할 수 있다. 그러므로 컨벤션시설이나 숙박시설 정비를 비롯한 물리적인 조건과 소프트웨어와 같은 과제를 어떻게 조기에 종합적인 관점에서 해결할 것인가라는 측면에서 종합적인 컨벤션도시 구상의 추진을 위한 전략의 확립과 실천이 중요하다.

컨벤션도시 구상을 위한 전략

1. 종합적인 경영시스템의 구축

컨벤션도시 구상을 위한 기본전략으로 우선 고려해야 할 점은 컨벤션도시 구상은 관광개발과는 전혀 다른 개념이라는 사실이다. 성립기반 그 자체가 다르다고 하는 인식을 가지는 것이 중요하다. 즉, 앞에서 말했듯이 컨벤션도시 구상은 도시의 종합적인 경영시스템으로서 파악되어야 한다. 관광개발은 관광이라는 사업을 진흥하기 위한 수단으로서 지역의 종합적인 경제개발과는 직접 연결되기 어려운 성격을 지니고 있다. 또 정보화 사회에 있어서는 각 도시가 정보거점이 되는 것을 필요로 하는데 관광개발로는 이러한 것을 기대할 수 없다.

실제로 지방 중소도시에서 국제회의를 개최하는 것은 시설이나 설비, 인재 등의 부족으로 많은 문제가 있다. 오히려 대부분의 중소도시는 당장은 국내의 컨벤션을 목표로 하고 장기적 관점에서는 국제적 컨벤션 개최의 능력을 발전시켜 나가는 것이 현실적인 대응이다.

2. 총체적 수지균형 평가

컨벤션도시 구상의 기본적인 목표를 지역의 활성화에 둔다고 하면 구상추진에 필요한 투자와 컨벤션이 초래하는 지역에의 파급효과와의 수지균형은 지역총체적으로 평가되어야 한다. 컨벤션 시설정비나 컨벤션 담당조직의 운영 등 컨벤션도시를 운영해 나가는 재원의 대부분을 공공이 맡는다고 하면 그 재원을 어디에서 확보하는가가 문제가 된다.

일반적으로 말해서 컨벤션 시설만의 운영수지가 흑자가 되는 경우는 거의 없다. 예를 들면, 일본의 고베시의 포트아일랜드에 건설한 컨벤션 시설의 경우에는 1억엔 정도의 적자가 발생하여 그것을 포토피아 박람회 수익금으로 보충했다고 한다. 이것은 기타 국내외의 실태를 봐도 그렇다. 이러한 상황에서는 그 재원을 세수에서 염출해야 하지만 현재의 지방 세 제도나 교부세 제도하 에서는 기대하는 정도의 세수효과를 얻는 것은 어렵고 미국의 라스베가스시와 같이 호텔세에 의해서 컨벤션도시를 운영해 나가는 것도 불가능하다. 이러한 문제에 대해서는 앞으로 국가적 차원에서 검토가 이루어져야 할 것이다. 그러나 현재에는 기대하는 만큼의 세수효과를 얻을 수 없다고 해도 지역 경제적 측면에서 초래되는 소비액의 크기, 고용효과 또는 계량화가 불가능한 문화 수준의 향상효과, 정보 거점화 효과 등 간접적 내지 사회적 파급효과를 포함한 종합적인 수지 균형면에서 보면 공공투자는 큰 문제가 되지 않는다고 할 수 있다. 이러한 점에서 컨벤션과 관계되는 재정운영은 구상추진에 필요한 투자와 컨벤션 개최에 수반되는 지역의 경제적·사회적 파급효과와의 총체적인 수지 균형적 측면에서 평가되어야 할 것이다.

3. 가능한 현행시설로서 대응

컨벤션도시 구상 추진에 있어서는 물리적 측면보다도 소프트한 면에서의 시책을 선행시켜야 한다. 도청 소재지 급의 도시에는 공공, 민간을 합쳐서 컨벤션 개최 가능시설이 상당수 입지하고 있으며 중소도시의 경우에도 많든 적든 개최 가능한 시설은 있다. 컨벤션 시설은 시민이용을 목적으로 한 시민회관 등의 시설과는 성격이 다르다. 이러한 점에서 볼 때 컨벤션 시설의 정비는 중요한 일이며 컨벤션 주최측으로부터도 그러한 요청의 소리는 많다. 그러나 한정된 재원 속에서 소프트·하드 면의 시책을 동시에 전개할 수 있는 도시는 적다. 그래서 어느 쪽을 우선하느냐 하는 것이 문제가 되지만 컨벤션 개최를 위한 장소는 현행 시설로도 당장은 어느 정도까지는 대응할 수 있다고 생각된다. 지역과 하나가 되어 컨벤션 개최를 지원하는 도시라고 한다면 오히려 컨벤션 추진기구와 같은 지원체제의 구축 등 소프트한 면을 선행적으로 갖추어 나가는 것이 중요하다. 그 경우 컨벤션센터와 같은 물리적 시설만이 아니라 소프트한 면의 정비에 대해서도 공공자금의 융자와 같은 것을 검토할 필요가 있을 것이다. 또 소프트한 면에서의 시책으로서 중요한 것은 많은 개최 실적을 통해서 축적되는 노하우를 매뉴얼화 하는 것이다. 예를 들면 지역컨벤션 관련 사업이 충분히 성숙되어 있지 않은 초기단계에서는 대도시의 대형기업이 참여하는 비율이 높아져서 컨벤션과 관계되는 총 소비액의 대부분을 역외기업이 흡수하게 되어 결과적으로 지역경제에 미치는 효과가 크지 않은 경우가 자주 있다. 따라서 지역은 컨벤션 개최실적을 쌓고, 노하우를 매뉴얼화 해둘 필요가 있다. 또 지역주민의 환대의식을 가꾸어 나가기 위한 시책을 추진하는 데 있어서도 이 매뉴얼은 효과적이다. 지역이벤트가 일과성으로 끝나고 소프트한 면의 노하우가 축적되지 않는 것은 도시를 경영해 나가기 위한 전략이 될 수 없는 실례라고 할 수 있다.

컨벤션과 관계되는 사업은 매우 다양하지만, 현재 동시통역 시설이나 동시통역사 혹은 오디오설비나 컨벤션의 관리운영 등은 서울의 기업이 지방에 내려가 영업활동을 하고 있다. 컨벤션 개최비용 등으로 소비되는 금액의 대부분이 역외로 유출되고 마는 것이다. 이러한 사태를 타개하고 컨벤션 개최가 가져다주는 경제적인 파급효과를 충분히 향유하기 위해서 컨벤션과 관계되는 모든 산업을 컨벤션산업으로 시스템화하고 육성해 나갈 필요가 있다. 또 지역의 인재육성이라고 하는 측면에서 볼 때 컨벤션도시 구상을 추진해 나가기 위한 비즈니스정신을 가진 기획력이 있는 인재가 필요하고 그러한 인재를 지역에서 육성해 나갈 필요가 있다. 그와 동시에 컨벤션 관련 사업의 종사자에 대해서도 확실하게 교육하는 것이 중요하다.

4. 컨벤션 개최 필연성의 창출과 교통개선

당해도시에서의 컨벤션 개최 필연성을 항상 염두에 두어야 한다. 즉, 지방도시가 가지는 거리상의 핸디캡을 극복하기 위해서는 자기도시에서 개최하는 것에 대한 필연성을 주장하고 비록 거리상으로는 멀어도 그 컨벤션에 추가할 수밖에 없는 상황을 만들어내는 것이 필요하다. 이러한 필연성을 창출하기 위해서는 단순히 유치만이 아니라 도시의 특질, 역사적·문화적인 자원, 지역자원 등을 재검토하고, 그러한 가운데 현지에서 직접 기획·지도해 나가는 '내발형(內發型) 컨벤션'의 개발이 중요하다. 이러한 점에서도 역시 기획력이 있는 인재의 육성이 중요하다. 또한 거리의 핸디캡을 극복하기 위해서 앞에서 말한 소프트 노하우에 의한 대응과 동시에 고속교통시스템 정비라는 하드면에서의 시책전개도 필요하다.

대도시만이 아니라 지방도시에서도 컨벤션도시 구상을 전개해 나갈 수 있는 잠재력이 있다. 앞으로 우리나라에서 컨벤션이 제3의 미디어로서 각광을 받고, 컨벤션 수요가 매우 크다는 점 등을 고려할 때 지방도시에서의 컨벤션도시 구상 추진의 전망은 밝다고 할 수 있다. 그러나 지방도시가 컨벤션도시 성립의 잠재력은 있다고 해도 도시 간 경쟁에서 구체화하고 실현해 나가기 위해서는 면밀한 전략적 차원에서 접근해야 할 것이다.

컨벤션이 정보의 터미널기능이라고 한다면 컨벤션에 사람들을 모으기 위한 교통 터미널기능이 도시기능으로서 무엇보다 중요하기 때문이다. 이를 위해서는 고속도로나 철도역, 공항과 도시와의 시간적 접근성을 확보하기 위한 여러 가지 시책을 강구해야한다. 또한 앞으로의 고속교통시스템의 정비 특히, 항공과 관련해서는 국토 계획적 단계가 아니라 국제사회라는 세계적인 네트워크 속에서 검토해 나가야 한다.

5. 작지만 질 높은 컨벤션 개최의 경험 축적

당장은 컨벤션의 규모에 구애받지 않고 작더라도 질이 높은 컨벤션을 목표로 삼을 필요가 있다. 이것은 컨벤션의 테마나 내용이 좋으면 참가자가 많이 모이게 되고 그 컨벤션은 성공하기 때문이다. 이러한 성공 경험의 축적이 컨벤션도시로 변해나가는 데 있어 추진력이 되며 거리상의 핸디캡을 극복할 수 있는 방안이 될 것이다.

국제사회에서의 우리나라 역할증대 등을 고려할 때 국제회의 개최건수는 앞으로 분명히 대폭 증가할 것이다. 따라서 지금까지와 같이 대도시만으로는 증가하는 국제회의 개최에 대응할 수 없게 되어 지방도시도 일부분 담당해야 할 것이다. 지역의 입장에서도 국제화의 촉진이라는 측면에서의 국제회의 유치에 대한 기대가 매우 클 것이다.

6. 컨벤션에 대한 이해와 지역 고유자원의 활용

컨벤션도시 구상을 위해서는 범지역적으로 지원할 수 있는 시스템을 구축해야 한다. 이를 위해서는 지역의 일반주민을 비롯해서 각계각층의 컨벤션에 대한 충분한 이해와 협력을 필요로 하는 것은 당연하다. 다양한 형태의 홍보활동의 전개가 필요하며 컨벤션도시 구상 추진은 여기서부터 시작한다고 할 수 있다.

컨벤션도시가 '도시' 그 자체를 상품으로 판매한다는 점에서 내방객들로부터 쾌적함과 감동을 주는 도시, 혹은 걸어 다니면서 즐길 수 있는 도시라는 말을 들을 수 있는 도시환경의 창출이 매우 중요하다. 지역고유의 자원을 도시환경의 연출재원으로 활용하고 어메니티 타운으로 정비해 나가는 것이 중요하다. 앞으로 정보화가 급속히 추진되는 가운데 제3의 미디어로서 컨벤션이 가지는 의의가 높아지면 '사람이 모인다'라고 하는 의미에서의 컨벤션기능은 '사람, 물건, 정보가 교류하는 도시의 터미널'로서 도시기능의 하나로 평가 받게 될 것이다.

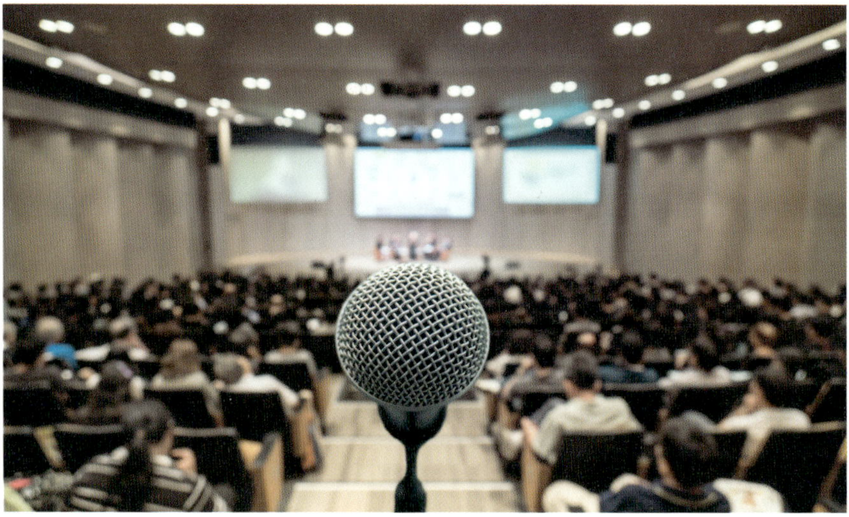

7. 뉴미디어 도입을 통한 컨벤션 유치

계속해서 개최할 수 있는 박람회형태의 컨벤션에는 전시장도 반드시 필요하지만 앞으로는 전시장에 경영주체와 경영효율화, 주최자, 출품자, 내방객에게 다양한 편의제공을 위한 뉴미디어의 도입도 필수적이다.

먼저 데이터베이스의 작성이 마케팅의 효율화에 도움이 된다. 즉, 효율적인 판촉활동을 추진하기 위해서 국내외의 컨벤션 스케줄의 데이터뱅크를 구축하여 우편홍보를 위한 발송이나 영업계획의 입안에 활용할 수 있는 기반정비이다. 이것은 컨벤션 관계자에게 있어서도 가치 있는 데이터베이스가 된다. 컨벤션 유치 의사와 관련된 관계자를 중심으로 한 인재 데이터뱅크를 구축함으로써 신규이벤트, 컨벤션의 발굴, 기획, 공동개최시의 인재활용에 도움을 줄 수 있다. 또 컨벤션 서비스 관련기업, 인재와 관계되는 데이터를 입력한 컨벤션 서비스 데이터뱅크를 구축하여 주최자, 출품자에게 컨벤션 서비스 정보를 제공함으로써 지역 컨벤션사업의 진흥으로도 연결된다. 또한 영업활동에 역점을 두기 위해서는 미국에서 일반화되고 있듯이 온라인시스템의 도입을 통해 수년 후까지의 회의장 예약을 신속하게 실행할 수 있는 시스템의 도입도 중요하다.

마케팅 세일즈나 운영활동에 이바지하는 정보통신시스템 이외의 내방객을 위한 정보제공 서비스도 다양하게 구성해야 한다. 비디오텍스 등을 통해 컨벤션 정보의 영상화를 실시하고 내방객은 이벤트, 컨벤션 정보나 전시장, 전시회의 주최자, 출품자 등에 관한 정보를 효율적으로 입수할 수 있도록 해준다. 한편 주변 숙박시설이나 오락시설 등의 컨벤션 관련 정보도 다양하게 제공 가능한 시스템을 갖추어야 한다. 영상정보는 기성 시가지나 다른 전시회장 등과 네트워크화 할 때 서비스 제공을 광역적으로 전개할 수 있게 된다. 그 외에 항공기, 철도, 버스의 운행시간표, 예약 상황, 도로의 혼잡

상황 등을 알려주는 교통정보 서비스 기능도 갖추어야 할 것이다.

또 케이블 TV 방송을 통해 개최되고 있는 컨벤션을 중계하거나, 요약된 회의내용을 지역 내의 계약기업이나 호텔 등에 제공하는 것도 앞으로 검토되어야 할 요소이다.

8. 지방도시의 컨벤션도시 구상 전망 밝아

'정보화' '서비스 경제화' '세계화' 등의 진전에 대응하고 지역의 자립적 발전을 도모하기 위한 도시경영전략으로서 '컨벤션도시 구상'은 앞으로 각 도시에서 경쟁적으로 추진될 것이며, 이미 그 움직임이 각 지역에서 현재화되고 있다. 이러한 움직임과 함께 컨벤션도시가 갖추어야 할 기본적 요건을 만족시키기 위해서 앞으로 해결해야 할 과제가 적지 않다. 지금까지 살펴보았듯이 대도시만이 아니라 지방도시에서도 컨벤션도시 구상을 전개해 나갈 수 있는 잠재력이 있다. 앞으로 우리나라에서 컨벤션이 제3의 미디어로서 각광을 받고 컨벤션 수요가 매우 크다는 점 등을 고려할 때 지방도시에서의 컨벤션도시 구상 추진의 전망은 밝다고 할 수 있다. 지방도시가 컨벤션도시 성립의 잠재력은 있다고 해도 도시 간 경쟁에서 구체화하고 실현해 나가기 위해서는 면밀한 전략적 차원에서 접근해야 할 것이다.

11 공공서비스 공급과 민간위탁

공공서비스 공급의 민간위탁

우리나라의 도시정부는 생활의 질적 충실을 바라는 주민들의 욕구증대에 따라 다양하고 질 높은 공공서비스를 생산, 공급할 수 있는 시스템에 대한 재검토 요청에 직면하고 있다. 종래 전국적으로 통일성과 균일성을 특질로 하는 관치적 행정시스템하의 표준행정적 사업발상이나 패러다임으로는 고도화·다양화되어가는 주민생활이나 자치단체가 직면하고 있는 환경변화에 능동적으로 대응할 수 없기 때문이다.

자치단체가 오늘날 직면하고 있는 상황을 현장에서 살펴 보면 문화, 예술, 평생교육, 유상복지, 스포츠, 레크리에이션 등 주민들이 선호에 따라 자유롭게 선택하던 재화나 서비스의 제공이 이제는 공공서비스로 전환되고 있다. 즉 주민들의 욕구가 이제는 생활에 없어서는 안 되는 필수적·기초적인 서비스 자체의 질 향상 요구와 함께 생활을 윤택하게 하는 선택적인 서비스의 요구까지 동시적으로 분출되고 있다. 도시정부의 공공서비스 공급 또한 다양하고 선택의 폭이 넓은 서비스 공급체계로 전환이 요구된다. 도시정부의 공공서비스 공급영역은 종래부터 공공부문이 제공해 온 서비스와 사업분야에 한정되지 않고 시장 메커니즘에 친숙한 서비스 분야를 정책적 판단에 의해 '공공(公共)의 손'으로 공급하기에까지 이르렀다. 왜냐하면 주민의 생활이나 도시생활과 관련된 문제와 과제는 공공 메커니즘이냐? 시장 메커니즘이냐?라고 하는 종래 관·민의 이분법적 논리로는 해결될 수 없게 되었기 때문이다. 이는 지금까지의 공공서비스의 생산, 공급 메커니즘으로는 효과적인 대응이 곤란한 공공적 영역이 새롭게 형성되고 확대됨을 의미한다. 최근 도시정부에서 재단법인·사단법인과 같은 민법상의 법인과 주식회사·유한회사와 같은 상법상의 법인 설립이 늘어나는 '제3섹터' 현상의 증대는 이와 같은 현상을 반영하고 있다고 할 수 있다.

공공적인 것과 기업적인 것이 연결되는 등 '공'과 '사'의 경계를 무너뜨리는 '경계붕괴현상'이 일어나고 있다. 지금까지 성역화되어 있던 공공부문의 일이 민간의 아이디어와 지혜에 의해 뉴 비즈니스로 잇달아 변신하고 있고 소비자의 다양한 요구, 선택의 자유에 대응한 매력적인 대체 서비스가 계속 창출되고 있다. 또 개인이나 기업의 사회적 환원성에 지탱되어온 민간 비영리 공공 활동부문이 점차 확대되고 있다. 도시의 쾌적함이나 생활의 여유를 가져다주는 공공서비스가 주민, 민간공익법인, 기업 등 다양한 공급주체에 의해 다양한 형태로 생산, 공급되고 있다.

고도화·다양화되어가는 주민생활이나 자치단체를 둘러싼 환경의 변화에 대응하기 위해서는 공공서비스의 생산·공급 매커니즘의 다양성과 유연성의 확보가 불가피한 조건이 되고 있다. 다양한 공급주체의 각각의 특성과 장점을 살린 공공서비스 공급체계의 확립이 중요하다. 종래의 '획일성'이나 '양(量)의 논리'에 대신하여 '다양성'이나 '질(質)의 논리'를 기초로 한 행정의 새로운 발상이나 패러다임의 확립이 도시경영의 중요한 과제로 제기되고 있는 것이다. 공공서비스 공급의 민간위탁을 논의하는 데 있어서 요구되는 가장 중요한 관점은 바로 이 점이다.

민간위탁의 3가지 유형

오늘날 민간위탁은 도시정부의 공공서비스 공급의 광범위한 분야에 걸쳐 다양하게 나타나고 있다. 그 특징을 어떠한 요인을 기준으로, 어떠한 업무를, 어떠한 위탁처에 맡기고 있는가를 분류·정리하여 유형화시켜 보면 다음과 같다.

1. 유형 I : 경제성·능률성 기준형

유형 I 의 '경제성·능률성 기준형'은 경제성이나 능률성을 주된 판단 기준으로 한 위탁업무이다. 이 위탁요인을 살펴보면 ⅰ)업무효율화와 인건비 절감 ⅱ)행정의 고도화에 따른 전문적 지식·기술의 필요성 ⅲ)직원의 노동부담 경감에 의한 효율성과 안정성의 확보(변칙적인 근무상태 해소 등) ⅳ)직원의 확보난과 경제성·능률성확보(피크타임이 있는 임시적 업무의 처리 등) 등을 들 수 있다.

위탁업무로는 청사청소, 수수료징수, 급여계산, 세금계산, 주민등록표 작성, 야간경비, 설계측량업무, 엘리베이터 보수, 각종 사무기기, 인쇄, 학교 급식, 분뇨수거·처리, 쓰레기수거·처리 등이 있다.

위탁처는 민간기업을 시작으로 공공시설관리공단, 환경위생공사, 비즈니스서비스 등의 소위 제3섹터, 주민회, 개인 등이다. 이와 같이 민간부문 또는 준 공공부문의 다종다양한 공급주체의 활용은 공공서비스 수준의 향상이나 재원과 인원의 절감 등 행정의 능률화를 가져온다.

2. 유형 II : 전문적 지식·기술 기준형

유형Ⅱ의 '전문적 지식·기술 기준형'은 고도의 전문적 지식·기술의 확보를 주된 판단기준으로 한 위탁업무이다. 그 위탁요인을 살펴 보면 자치단체는 고도의 지식·기술을 가진 적절한 인재확보가 어려운 점 등을 들 수 있다. 위탁업무로서는 종합계획, 지역개발계획, 행정정보화계획 등의 기초조사나 원안작성, 여론조사, 법률상담 등 각종 상담, 행정진단업무, 직원연수 등이 있다. 또 위탁처는 민간 컨설팅회사, 연구소, 대학, 변호사, 의사회 등이다. 이러한 업무는 앞으로 행정 스스로의 지력에 의한 자주적인 대응이 강하게 요청되는 분야이나, 현상황에서는 외부의 전문적 지식, 정보, 인재 등의 활용을 통해 행정고도화에 대한 응급적 대응이 이루어지고 있다.

위탁유형	위탁요인	위탁업무명	위탁처
유형 I	요인1. <경제성의 확보와 업무의 능률적 처리> 1.다량의 사무를 단시일에 처리할 필요 2.업무의 특수성보다 인사관리상 문제 3.단순업무로 능률적 요소가 강한 것 4.당해 업무의 효율적 처리와 인건비 절감	(1)청사청소, 청사경비 (2)청소수수료, 주택사용료, 수도료 징수 (3)가스, 수도메타 검침 (4)인쇄 (5)학교급식, 급식수송 (6)분뇨의 수집·처리, 쓰레기 수집·처리 (7)공공시설의 운영관리	민간기업, 주민회, 공공시설관리공단,제3섹터,개인
경제성· 능률성 기준형	요인2. <변칙적인 근무상태에 있는 것> (직원의 노동부담 경감에 따른 능률과 안전성의 확보)	(1)일·숙직(야간경비)	민간기업
	요인3. <행정의 고도화에 따른 전문지식·기술의 필요성> 1.피크타임으로 인한 임시적인 업무 2.전문적 기술확보에 의한 효율과 안전 3.전문기술과 행정합리화 4.업무합리화와 인건비 절감	(1)설계·측량업무 (2)전기설비 보수,엘리베이터 보수,냉온방기 보수 (3)IT기기 보수 (4)급여계산, 각종 세금고지서 작성, 수도사용료 계산 (5)주민기록관리	민간기업, 제3섹터
유형 II 전문적 지식· 기술 기준형	요인4. <고도의 지식·기술을 가진 인재 확보의 곤란> 1.고도의 전문적 지식·기술의 확보 2.인건비 절감 등	(1)각종 조사연구 (2)각종 상담진단 (3)연수	컨설턴트, 연구소, 변호사,의사회, 민간기업연수원
유형 III	요인5. <주민의 공공심 앙양과 지역자주 관리 의식의 정착화>	(1)불법폐기물 감시사업 등 (2)공공시설의 관리운영 (3)시민의 숲·아동공원이나 주변녹지대 관리	주민회, 지역주민협의회, 노인회
자치성· 공동성 기준형	요인6. <지역사정에 맞는 세심한 서비스 공급과 커뮤니티자원의 활용>	(1)홈헬퍼 (2)지역사회복지증진 (3)봉사은행 운영 (4)신생아 방문지도 (5)사회를 명랑하게 하는 운동 (6)보육소 운영	복지사업단, 사회복지협의회 (사회복지법인), 노인회

유형	요인	위탁업무	위탁처
유형Ⅲ 자치성· 공동성 기준형	요인7. <자치의식이나 시민문화의 양성>	(1)커뮤니티 모델 활동 (2)각종 학급, 세미나 등 지구문화재 (3)청년봉사자 클럽활동 추진사업 (4)근로자축제 지도	부인회, 지역문화원, 자원봉사자클럽, 축제기획위원회, 문화진흥재단
	요인8. <행정에 주민의 유효한 피드백 보완과 정보제공>	(1)홍보공청업무 (2)상품 조사사업 (3)행정모니터 (4)시정소식	홍보위원회, 소비자회, 모니터봉사회

민간위탁의 유형

3. 유형Ⅲ : 자치성·공동성 기준형

유형Ⅲ의 '자치성·공동성 기준형'은 다양한 주민욕구에 대한 세심한 대응이나 자치의식의 양성효과를 주된 판단기준으로 한 위탁업무이다. 그 위탁요인을 살펴보면 ⅰ)주민의 공공심 앙양과 자치의식의 정착화 ⅱ)지역의 실상에 알맞은 세심한 서비스 제공과 커뮤니티 자원의 활용 ⅲ)자치의식이나 시민문화 양성 ⅳ)지역 정보수집, 전달 등에 의한 정책반영이나 정보제공 등을 들 수 있다.

위탁업무로는 불법폐기물 감시사업, 커뮤니티시설의 운영관리, 홈헬퍼, 자원봉사은행 운영, 신생아 방문지도, 보육원 운영, 지역문화제, 봉사활동클럽 추진사업, 행정모니터 등이 있다. 또 위탁처는 주민회, 부인회, 노인회, 소비자회, 지역주민협의회, 문화원, 체육회, 시민여가활동센터, 봉사활동센터, 사회복지단체, 사회체육협의회, YMCA, YWCA, 종교단체 등을 들 수 있다. 다양한 공급주체의 활용을 통해 지역의 주민활력과 행정활력을 연결하여 협동적인 도시발전의 촉진을 목표로 한 도시경영적 접근이다. 이와 같이 공공서비스 공급 분야에 걸쳐 민간부문 또는 준 공공부문의 다종다양한 공급주체가 행정서비스 공급주체가 되고 있는 사실은 종래의 단순한 관·민 이분법은 이미 깨어졌다는 것을 의미한다. 지금까지의 관·민 이분법에 의해 주민생활과 관계있는 공공서비스를 전부 도시정부가 맡아서 주민을 위하여 효율적으로 제공하고자 하는 '분리의 발상' 대신에 실제 공공서비스의 담당자가 주민을 위한, 주민에 의한, 주민의 서비스라는 원리에 입각하여 주민, 기업, 행정 등의 다양한 공급주체가 협동적·복합적으로 공공서비스를 생산·공급하고자 하는 '융합의 발상'이 중요성을 더해가고 있다.

도시경영의 역할은 주민생활의 윤택함과 여유를 만드는 공공서비스의 생산·공급에 있다. 공공영역에 있어서 도시정부 역할의 비중이 크다는 것과 그 중요성은 말할 필요도 없다. 그렇지만 문제는 이미 관·민이라는 이분법적 발상으로 주민욕구의 고도화·다양화에 대처할 수 없게 되었다는 데 있다. 따라서 다양화·고품질화 하는 도시주민의 요구나 욕구에 대응하여 여러 가지 공공서비스가 다종다양한 공급주체에 의해 제공되어야 한다. 오히려 '공'과 '사'의 융합화를 기초로 하여 어떠한 공급주체가 어떠한 성격의 공공서비스를 제공해야 하는가? 주민이 바라는 공공서비스 성격에 적합한 공급형식과 공급주체를 어떻게 선택·조합해야 하는가? 제공하는 서비스의 질을 기준으로 주민을 위한, 주민에 의한, 주민의 행정을 행동원리로 한 공급주체와 공급형식의 적절한 선택과 조합, 그리고 그것을 바탕으로 도시정부의 경영책임을 확보한 도시경영을 어떻게 전개하는가 하는 문제가 제기되고 있다.

주민생활이나 도시정부를 둘러싸고 있는 환경조건이 다양화·고도화되어가는 가운데 도시경영도 환경의 다양성에 적합한 다양한 공공서비스의 생산·공급 메커니즘을 확보할 필요가 있다. 급속한 도시사회의 변화 가운데 도시정부가 충분히 유효성을 발휘할 수 있는가, 그렇지 못한가는 공공서비스의 생산·공급 메커니즘과 환경변화에 따른 행정수요가 적합한가에 달려있다. 지금까지의 도시정부에만 공공적인 문제와 과제해결을 의지하고 주민을 단순한 공공서비스의 소비자, 수요자로 간주해 왔던 이분법적 발상은 변화하지 않을 수 없다.

공공서비스 공급의 민간위탁 유형에서 본 바와 같이 다양한 공급주체가 공공서비스를 제공하고 있다. 주민욕구의 변화, 주민이 바라는 공공서비스의 본질을 확인하는 한편 주민·기업등이 단순한 서비스의 수요자에 그치지 않고 경우에 따라서는 공급자로서 공공서비스를 공급하고 있다. 즉, 외부의 다양한 공급주체에게 자치단체의 행정기능을 적절히 이전하여 공공서비스의 생산·공급 메커니즘을 다양화·다원화시키는 시스템의 구축이 중요하게 되었다. 말하자면 환경변화에 적응할 수 있는 도시정부의 유연구조화로의 촉진이고 이를 위해 도시정부의 경영기능을 외부에 이전함으로써 경영의 효율화나 주민과 도시정부의 협동적인 공공서비스 공급을 추진하는 경영기술의 하나가 민간위탁이다.

민간위탁 논의의 문제점과 대안 구축의 필요성

1. 직영, 위탁의 장·단점

일반적으로 지적되는 위탁의 장점과 단점 또는 직영의 장점과 단점을 각각 세 가지씩 간단히 살펴보면 다음과 같다.

위탁의 장점으로 ⓐ인건비 등의 절감에 의해 비용효과가 높다. ⓑ민간쪽이 헌신적으로 일하고, 기업적 능률성이 도입될 수 있다. ⓒ야간, 새벽, 휴일 등 근무시간에 관계없이 유연한 대응을 할 수 있다. 마찬가지로 위탁추진 논리의 근거가 되는 직영의 단점으로는 ⓓ직원의 고령화 등으로 인한 비용이 높게 된다. ⓔ직원관리 특히 노무관리가 어렵고 근무시간의 손실이 크다. ⓕ소위 관공서 일이라는 속성에 의해 업무가 획일적이고 비능률적이다. 이 밖에도 위탁의 장점으로 피크타임 사무량 증대에 대한 대응, 전문적 지식·기술의 도입, 더구나 주민의 자치의식 양성과 커뮤니티 자원의 활용 등이 지적된다.

위탁의 단점으로는 ⓐ영리위주로 되기 쉽고, 주민서비스가 미흡하다. ⓑ자치단체의 업무파악이 충분치 않고 주민요망에 즉시 응할 수 없다. ⓒ책임소재가 불명확하게 되고 비밀사항이 누출되기 쉽다. 마찬가지로 위탁반대의 논리적 근거가 되는 직영의 장점으로는 ⓐ관리체제가 명확하고 책임있는 일처리가 된다. ⓑ공공적인 일에 대한 이해도나 숙련도가 높고, 주민서비스가 좋다. ⓒ일처리에 있어서 연락 등이 긴밀하고 즉시 해결이 가능하다. 이 밖에도 위탁의 반론으로 고유사무에 치우침으로써 자치단체의 자율성 저해, 주민의 통제 결여, 부정부패로 흐리기 쉬움, 직장의 축소, 노동조건의 악화 등이 지적된다.

민간위탁은 지금까지 인건비·물건비 등의 경상경비 삭감이나 사무사업의 간소·합리화 또는 조세의 효율적 사용 등 행정의 능률화·효율화의 추진 수단으로 채택되어 왔다. 행정이 꼭 행할 필요가 없는 것, 행정이 행하게 되면 도리어 비능률적인 것, 또 민간이 행하는 편이 서비스의 성격으로 보아 효과적인 것 등을 민간에 위탁하여 비대해지기 쉬운 행정의 군살을 빼서 감량화 하려는 것이다. 감량주의형의 위탁을 제안하는 것은 '관'에 잠재하는 비능률성, 비경제성, 획일성과 그 결과로 야기되는 주민서비스의 저하를 '민'이 가지고 있는 경제성이나 탄력성, 경영감각의 도입으로 시정하자는 것이다. 여기에는 한정된 재원의 효율적 사용이라는 과제와 함께 소위 시민감각으로부터 유리되기 쉬운 자치단체의 행정본질 문제가 제기되고 있다.

위탁에 대한 반론은 한마디로 말하자면 공공성을 전제로 한 반론이다.

말할 필요도 없이 도시정부의 경영은 공공서비스를 직영으로 생산하고 공급하는 것을 원칙으로 한다. 공공성으로부터의 반론이란 '공공서비스=도시정부 공급'이라는 행정의 역할과 책임에 대한 자부와 인식, 더구나 지금까지의 민간위탁에서 나타난 민간기업의 단순한 이윤추구 자세에 대한 비판이다. 그 반론을 살펴 보면 민간의 경우는 이윤추구가 제일이고, 또 도시정부의 역할도 잘 이해하고 있지 않다. 따라서 공공서비스를 위탁하는 것은 주민에 대한 서비스공급이 미세한 곳까지 철저하지 못하고, 그 결과 주민복지의 저하를 초래할 위험이 있다는 것이다. 또 민간위탁은 지금까지 도시재정의 악화를 계기로 경제성·능률성 확보를 주목적으로 도입·확대되어 왔다. 주민복지의 향상이라는 것보다도 단순히 재정효율·행정효율을 중점으로 한 행정합리화 수단으로 도입된 것이다. 위탁에의 반론은 채산성을 중시하는 시장서비스와 기본적 성격의 차이 즉, 공공성 확보의 의문과 주민신탁에 의한 경영이라는 기본원리에 입각한 경영책임의 확보문제를 근거로 한다.

2. 문제점

위탁·직영 논쟁은 조세의 효율적 사용, 도시정부 체질의 혁신, 공공성의 확보, 경영책임의 확보 등 자치단체의 기본적인 과제에 직면하게 된다. 그렇지만 도시정부의 현장을 살펴 보면 위탁추진론, 위탁반대론 모두 문제를 안고 있다.

위탁추진론은 그 기본이어야 할 조세의 효율적 사용이나 행정체질의 개혁 시점을 놓쳐버리기 쉽다. 민간위탁의 추진단계가 되면 단순한 경비의 절감, 삭감을 위한 임기응변식 위탁이 대부분을 차지하게 된다. 임시방편의 안이한 민간의존 자세가 강하고 합리화·효율화라는 면에서는 자극이 될 수 있어도 재원을 정책적 관점에서 어떻게 재배분 할 것인가, 도시정부 체질을 어떻게 혁신하는가 하는 점은 그다지 고려되지 않고 있다. 또 위탁반대론도 공공성이나 경영의 책임성 확보라는 이념은 어찌 되었든 현실에서는 종적관계, 부서이기주의, 책임회피의 절차지상주의, 관료체질 등 시민감각과 동떨어진 경영체질이 자치단체에 아직도 뿌리깊이 존재하고 있다. 이러한 것이 필요 없는 시민부담이나 공공서비스의 질적 저하를 야기시키고 있다는 것도 부정할 수 없다. '공공서비스=도시정부공급'이라고 해도 실현해야 할 공공적 가치는 시대와 함께 변화하고, 더구나 공공서비스는 선택적인 재화와 서비스를 중심으로 양과 질에 있어서 앞으로 한층 증대할 것이다. 아무리 뛰어난 자치단체라 하더라도 이런 것 모두를 공급하는 데는 한계가 있다.

민간위탁을 둘러싼 지금까지의 논의란 위탁추진론은 임기응변적인 군살빼기, 위탁반대론은 획일적인 도시정부 성역론이 주류를 이루고 있다고 할 수 있다. 여기에는 For the People이라는 발상은 있어도 By the People, Of the People이라는 발상은 보이지 않고, 종래의 관·민 이분법의 패러다임의 정착·고정화가 강하게 나타나고 있다. 그렇지만 지금은 주민생활의 풍요와 여유를 제공하는 공공서비스의 생산과 공급에 있어서 도시의 다양한 공급주체의 지력과 활력을 모두 살려 협동적·복합적인 도시경영의 전개가 요구되는 시대에 있다. 또 풍요로운 도시사회의 주민욕구에 정확하고 적합하게 대응하기 위해서는 제공하는 재화·서비스를 단위로 생각하지 말고 다양한 특성의 재화와 서비스를 네트워크화한 시스템으로 이해하는 것이 중요하다. 예를 들면 고령자는 신체장애를 가지는 경향이 있다. 그렇다고 해서 장애치료에만 눈을 돌린 서비스가 아니라 예방, 치료, 애프터케어 등 일련의 과정을 네트워크화한 시스템으로 구성된 서비스 제공이 필요하다. 주민욕구란 항상 종합적이고 다면적이다. (오늘날의 자치단체는 주민의 다면적인 욕구 전체에 관심을 가지고, 이에 대응하여 선택의 폭이 넓은 서비스를 공급하는 노력이 요구되고 있다.)

따라서 다양한 공급주체의 특성이나 강점을 살린 공공서비스의 생산·공급 매커니즘의 다양화·다원화가 중요하다.

공공서비스 공급의 다양화·다원화를 위해서는 주민의 생활을 지탱하는 공공적인 기능을 행정이 모두 떠맡을 것이 아니다. 환경변화에 대응하여 행정기능을 탄력적으로 수정하여 재화와 서비스의 기능적 요소와 일부를 다른 조직단위에 적절히 이전하여 신축성 있는 공공서비스 네트워크시스템을 구축하는 것이 필요하다. 도시정부기능의 적절한 이전을 통해 행정과 주민, 기업 등과의 원만한 네트워크 형성을 도시경영의 수단으로 하여 공공서비스의 생산과 공급에 효율성과 창조성을 최대한 발휘하도록 하는 한편 주민, 기업, 도시정부 등의 지력이나 활력 등 도시경영자원의 다중이용에 의한 상승효과의 창출을 꾀하는 네트워크 경영에의 도전이 크게 요청되는 단계에 있다. 민간위탁은 바로 이와 같은 네트워크 형성을 매개로 하는 경영기술로서의 의의를 가진다.

협동적·복합적 도시경영 네트워크형 시스템

도시경영 기능의 외부이전과 경영의 유연구조화 촉진에 의한 다양한 공급주체의 지력과 활력을 살리는 도시경영 전개의 필요성이라는 측면에서 주목되는 것이 네트워크형 시스템이라고 하는 새로운 관점의 유효성이다.

네트워크형 시스템은 도시정부의 경영기능을 필요에 따라서 정부조직으로부터 외부에 이전·분할하여 자율적인 조직단위로 분리한다. 이렇게 도시정부의 문제해결 능력을 넘어선 또는 경영의 직접적인 대상이 아니었던 문제와 과제에 대하여 조직과 조직의 원만한 네트워크 형성을 통하여 유효

한 전략적 대응을 도모하는 것이다. 아는 바와 같이 네트워크형 시스템의 도입은 이미 민간부문에서 나타났다. 민간기업의 본체조직과 조인트벤처, 독립벤처, 비즈니스 등과의 관련성 또는 전략적 제휴, 자본참가, 다른 업종과의 교류, 타 기업과의 공동연구개발 등 다양한 네트워크의 형태가 보인다.

네트워크형 시스템이 노리는 것은 크게 두 가지로 집약된다. 하나는 본체조직의 기능을 외부에 이전함으로써 효율성을 확보하는 한편 동시에 자율성이 높고 이질적인 조직과 연결하여 이질적인 아이디어나 발상을 융합화함으로써 새로운 사업에 필요한 창조성을 확보하고자 하는 것이다. 다른 하나는 외부의 다양한 공급주체가 가지고 있는 경영자원의 유효활용이고, 이러한 경영자원의 다중이용에 의한 상승효과의 확보에 있다. 각각의 본체조직이 가진 경영자원이나 새로운 과제에 대응하여 본체조직의 기능을 다른 조직단위에 이전하고 어느 정도 외부화해 가는가? 또는 외부의 경영자원을 활용하는가? 그 기능의 외부화와 내부화, 즉 조직이 가진 기능의 결합과 이전의 정도 여하에 따라 다양한 네트워크 형태가 생겨나게 된다.

주민생활의 다양화, 질의 고도화와 환경 변화 하에서 주민생활의 질적 충실을 도모하는 공공서비스의 생산과 공급은 공공서비스의 전문기관인 도시정부 직영만으로는 역시 한계가 있다. 도시경영의 효율성과 창조성을 최대한 발휘하고, 외부경영자원의 유효활동을 도모하는 네트워크형 시스템의 시점을 기본적 관점으로 자치단체의 행정기능을 적절하게 외부로 이전할 필요가 있다. 이렇게 할 때 다양한 공급주체의 지력과 활력을 충분히 살리는 '융합의 발상'을 기조로 한 협동적·복합적인 도시경영의 전개를 기대할 수 있다.

민간위탁의 전략적 활동과 추진원칙

1. 전략적 활동

오늘날 민간위탁은 경영의 모든 분야에서 시행되고 있으며 위탁업무 자체도 증대되는 경향에 있다. 이러한 점에서 볼 때 민간위탁의 찬반 논의에 따른 적정화와 필요성은 더 이상 논란의 가치가 없다. 이제는 경영기술의 다면적 효과의 주체적 활용을 통해 경영기능의 유연화와 함께 도시정부기능의 적절한 이전을 도모하는 공공서비스의 생산·공급 매커니즘의 다양화·다원화의 실천단계에 있다. 즉 다양화·고품질화 되어가는 주민욕구에 직면하고 있는 자치단체는 지금까지의 민간위탁에 대한 고정적 관념을 탈피하고 민간위탁의 창조적·전략적 활용을 극대화시킬 수 있는 새로운 발상과 역량이 요구되고 있다.

민간위탁은 경영환경의 변화에 대응하여 주민, 기업, 도시정부 등 도시경영 주체의 지력과 활력을 공공서비스의 생산과 공급에 유효하게 이끌어내어 살리는 매개기술이고, 도시경영의 유연한 환경적응 수단이라 할 수 있다. 앞에서 본 바와 같이 도시정부 기능으로는 성과가 오르지 않는 공공적 영역이 확대되고 있는 가운데 도시정부 활력에만 의지하는 것은 역시 한계가 있다. 주민활력, 기업활력 등 도시가 가지고 있는 모든 역량을 동원할 필요가 있다. 주민, 기업, 도시정부 등의 협동적·복합적인 도시경영의 전개를 필요로 하는 이유도 여기에 있다.

민간위탁의 기본적 성격을 검토하면 다음의 5가지로 정리할 수 있다. ⓐ민간공공법인, 기업 등의 자발적인 지혜와 힘의 유효한 활용으로 질높은 공공서비스의 효과적이며 효율적인 생산과 공급이라는 관점에서 ⓑ공권력 행사와 관계없고 법령상에서 규제가 아닌 사무사업의 일부를 ⓒ도시정부 기관이 아닌 주민, 민간공공법인, 기업 등 외부공급주체에 자주적인 책임과 사무를 위임하여 ⓓ도시 공공서비스의 다양한 공급주체를 네트워크로 연결하여 공공주체의 특성이나 장점을 공공서비스의 효율적·창조적인 생산과 공급을 통해 살리는 한편 ⓔ주민의 쾌적한 생활과 경영의 확보를 위하여 위탁사무, 사업에 관한 도시정부의 충분한 협의권과 조정권 등을 확보한다고 할 수 있다.

자치단체 민간위탁의 전략적 활용의 의의는 민간위탁이라는 행정기술을 매개로 다양한 공공서비스 공급주체의 특성이나 장점, 창의나 자발성을 네트워크로 연결하여 이질적인 아이디어나 활력의 융합화로 도시경영의 효율성과 창조성을 최대한 발휘하고 주민 생활의 질 향상을 위해 다양한 도시경영 자원의 유효이용, 다중이용에 의한 상승효과 창출을 도모하는 협동적·복합적인 도시경영의 확립에 있다. 지금까지 민간위탁은 비용효과를 추구하는 행정 감량화 수법으로서만 시행된 경향이 있었으나, 오히려 공공 서비스의 생산·공급 메커니즘의 다양화·다원화라는 관점에서 도시의 경영혁신을 추구하는 경영적 접근이라는 점에서 더 큰 의의를 찾을 수 있다.

2. 추진원칙

1) 추진기준

민간위탁의 추진기준으로는 이미 살펴본 바와 같이, 첫째 '경제성·능률성 기준형'–경제성과 능률성을 주된 판단기준으로 한 위탁업무, 둘째 '전문적 지식·기술 기준형'–고도의 전문적 지식·기술의 확보를 주된 판단기준으로 한 위탁업무, 셋째 '자치성·공동성 기준형'–다양한 주민욕구에 대한 세심한 대응이나 자치의식의 양성효과를 주된 판단기준으로 한 위탁업무의 3가지 유형을 들 수 있다. 이러한 3유형에 따른 추진기준의 설정과 검토가 필요하다. 이 경우 적용되어야 할 원칙을 들어보면 다음과 같다.

(1) 기술선택성의 원칙 : 적정한 행정기술을 선택한다.

오늘날의 주민욕구에 적합한 질 높은 서비스공급을 위해서는 주민이 원하는 서비스의 성격이나 지역실정에 적합한 행정기술을 고려하는 문제의식과 자세가 필요하다. 종래부터 관행적으로 활용되고 있던 것, 국가의 획일적인 지시에 의해 활용하고 있던 것 등 종래의 행정기술을 항상 정책적 시점에서 고쳐나가는 한편 새로운 행정과제에 대응한 독자적인 행정기술 개발을 위해 노력하는 것이 중요하다. 따라서 민간위탁도 이러한 관점에서의 기본적 검토가 필요하다. 동시에 도시정책시스템 가운데 준 공공부문과 민간부문을 어떻게 위치 매김 하느냐, 민간위탁의 역할을 어떻게 다루는가를 명확히 하는 것이다. 이러한 검토 위에 위탁으로 할 것인가, 직영으로 할 것인가 또는 위탁료, 보조금, 장려금 등 어떤 방법으로 시행할 것인가를 검토할 필요가 있다.

(2) 서비스성의 원칙 : 주민서비스를 향상시킨다.

주민서비스 향상이야말로 주민신탁에 의한 행정의 기본이다. 따라서 공공서비스의 직영과 위탁으로 예상되는 효과나 폐해의 상이, 서비스 대상자의 상황파악, 수탁자의 업무처리 능력 검토, 나아가서 서비스수준을 명확히 파악하고 설정하여 주민서비스의 질적 저하를 초래하지 않도록 충분히 배려해야 한다.

(3) 자치성의 원칙 : 주민자치를 존중한다.

민간위탁이 주민자치를 저해해서는 안 된다. 지역에는 나름대로의 전통이나 풍토가 있고, 지역사회의 시민성이나 주민단체의 성숙도, 말하자면 지역의 자치능력에 따른 위탁을 추진한다.

(4) 효율성의 원칙 : 경제성·능률을 높인다.

도시경영에 수반되는 편익과 부담은 모두 주민에게 귀속한다. 따라서 최소의 경비로 최대의 효과를 올리는 것이 항상 요청되며, 민간위탁은 가능한 한 경제성과 능률성을 높인다.

(5) 공정성의 원칙 : 공정성과 공평성을 확보한다.

공공서비스 공급은 항상 공정성과 공평성이 요구되며 민간위탁 또한 도시경영과 마찬가지로 공정성과 공평성을 기본으로 한다.

(6) 안정성의 원칙 : 안정되고 확실한 공급을 확보한다.

민간위탁의 결과로 주민에 대한 서비스 공급이 안정성을 결여해서는 안 된다.

(7) 책임성의 원칙 : 행정책임을 확보한다.

민간위탁은 수탁자의 창의와 책임 하에 공공서비스를 제공하는 것을 기본으로 하고 있지만 위탁결과에 대하여 결코 경영책임이 면제되는 것은 아니다. 위탁계약조항의 충분한 검토를 통하여 경영책임이 확보될 수 있는 체제의 정비 위에서 시행되어야 한다.

(8) 법 적합 원칙 : 법령에 적합해야 한다.

현행법에서는 공권력 주체로서 법적 집행과 관계있는 업무는 법률상 근거가 없는 한 위탁할 수 없다.

민간위탁은 앞의 3유형 기준과 이상의 8가지 원칙을 기준으로 하여 실시여부를 검토할 필요가 있다. 이러한 실시기준은 민간위탁이라는 매개기술을 도시경영수단으로 하는 네트워크 시스템의 기본적 요건이다.

2) 추진체제

민간위탁의 추진체제는 특히 다음 두 가지 측면에서의 정비가 중요하다.

첫째는 민간위탁 시행에 따른 유의점, 즉 체크포인트의 정비이다. 구체적으로는 위탁효과의 예측(원가계산 또는 비용효과분석, 생산성 지표 등에 의한 위탁의 장점과 단점, 장기적·단기적 효과 등)·적절한 수탁자의 확보(영업상황, 활동상황, 사무처리 능력, 신뢰성, 장래성 등)·위탁효과의 확보(계약사항의 정비, 수탁자연수, 수탁자와의 정례회의의 개최 등)·직원에의 배려(위탁의 계획적 추진, 배치전환에서 충분한 사전연수 등)·사무개선·조직개선에의 배려(위탁을 계기로 한 사무·조직개선의 검토 등)·주민을 대상으로 한 PR방법의 검토가 바람직하다.

둘째는 전반적인 위탁관리체제의 정비에 있다. 이 경우 다음 4가지 사항이 체크포인트가 된다. ⓐ청 내의 위탁사업에 관한 전문적 지식을 집결하고 민간위탁의 종합적 검토가 효과적으로 이루어질 수 있는 체제를 어떻게 만드는가? ⓑ임시적인 위탁 검토기구와 항시적인 위탁 검토기구를 어떻게 설치·조합해야 하는가? ⓒ검토해야 할 위탁사무사업의 경중에 대응하여 효율적으로 대응할 수 있는 체제를 어떻게 구축하는가? ⓓ위탁에 대한 직원의 학습기회, 공통의 인식 형성을 위한 기회를 어떻게 만드는가?

이러한 문제에 대응하기 위해서는 구체적이고 임시적으로 위탁을 검토하는 조직과 항시적이고 개별적으로 위탁을 검토하는 조직의 두 가지 측면에서의 조직적 대응이 필요하다. 전자는 위탁 추진지침 작성이나 3년에 한 번 정도로 위탁 추진지침을 수정하는 역할을 수행한다. 이를 위해서는 사무개선위원회나 기획의 활용이 고려된다. 후자는 위탁사무사업의 개별적인 체크나 위탁 추진사무의 검토, 위탁방법이나 위탁가격의 통일화, 기준화, 위탁결과의 심사분석 등을 수행한다. 사무관리 담당과의 활용 또는 사무관리 담당과 사무사업 주체와의 연계 등을 고려할 수 있다.

'함께 창조한다'는 발상의 전환이 중요

민간위탁은 이제까지 일반적으로 인기 있던 도시정부 기능의 감량화에 그치지 않고 도시경영 혁신을 지향하는 도시정책론적 측면에서 활용되어야 할 단계에 접어들었다. 도시정부의 현장에서 살펴보면 지금까지의 경영행정이라는 커다란 외압에 의해 단순한 비용효과에만 착안한 민간위탁이 급속히 증대하고 있어 많은 문제를 내포하고 있는 것 또한 사실이다. 위탁받은 자는 자칫하면 '도시정부로부터 부탁받은 것이니까 한다'라는 의식이 강하고, 위탁사무처리 또한 단순히 말단기관의 감각에 의존하는 경향이 있다. 기업도 이윤추구에 몰두하는 경향이 있어, 서비스 생산성의 향상을 목표로 한 민간위탁이 결과적으로 주민서비스의 질적 저하를 초래하는 경우가 많이 나타났다. 또 공공시설관리공단 등과 같은 공익법인 등의 경우 도시정부와 매우 동질적이고 단순한 하청의 형태가 된 '제2시청'의 성격이 강했다.

민간위탁의 추진과 전략적 활용에는 무엇보다도 공무원의 의식과 발상의 전환을 필요로 한다. 일반적으로 민간위탁을 '필요악'이라 생각하는 경향이 있다. 그러나 지금까지 살펴본 바와 같이 도시정부가 새로운 환경변화에 직면하고 있는 가운데 민간위탁은 다면적인 효과와 효능을 발휘하고 있다. 이미 도시정부만이 공공서비스를 공급하는 시대가 아닌 네트워크시스템이라는 새로운 도시경영의 전개가 요구되는 단계에 있다. 공무원은 민간위탁을 나쁜 이미지만 가지고 거부만 할 것이 아니라 공공적 책임의 바람직한 자세는 어떻게 해야 하는 것인가를 스스로의 일을 통하여 명확히 하는 노력과 주체적 자세를 가지고 대응하는 것이 필요하다.

'남에게 위임한다'라고 하기보다는 '함께 창조한다'라는 공무원의 의식확립과 함께 주민의 생활의 질을 높이는 미래예측과 역량 그리고 변화에의 적절한 대응력과 변화를 진단할 수 있는 시간을 확보할 필요가 있다. 이러한 측면에서 공무원의 의식개혁과 발상의 전환이 이루어질 때 민간위탁의 창조적·전략적 활용과 그 주체적 통제가 가능하게 된다.

12 지역혁신시스템의 구축과 대학의 역할

지방의 실상

한국사회는 그 동안 강력한 중앙집권시스템 하에서 집권·집중이라는 발전모델의 채택을 통해 산업화와 근대화라는 압축성장을 계속하여 왔다. 그 결과 수도권 일극집중화에 의한 국토의 만성적 불균형현상은 심화되었다. 수도권은 교통혼잡, 환경오염, 토지와 주택의 부족 등의 과열로 인한 폐해에 시달려 왔다. 그 반면 비수도권은 인적자원과 자본의 급속한 유출로 인해 정체와 침체라는 악순환 현상이 반복되어 왔다.

수도권은 전국의 자본과 인재를 무차별적으로 집중시키는 블랙홀과 같은 하나의 거대한 흡인체로 변해 버렸다. 반면에, 지방은 점점 더 사막화되고 있다. 지방의 사막화란 서울 및 수도권 중심의 산업화와 자원집적화, 정치적·문화적 패권주의, 지방경제기반의 와해, 그리고 지방인재의 수도권

유출로 인한 지방의 대학, 산업, 문화의 자생력 약화와 지방몰락 현상의 은유적 표현이라고 할 수 있으며 우리나라 비수도권 지역의 실상이기도 하다. 이는 강력한 중앙집권체제 속에서 권력과 국가의 중추관리 기능이 수도권으로 집중한 데서 비롯된 것으로, '서울은 중심이며 지방은 주변'이라는 총체적 종속구조가 심화된 결과이기도 하다. 이와 같은 지방위기의 악순환 구조를 그림으로 나타내면 그림과 같다.

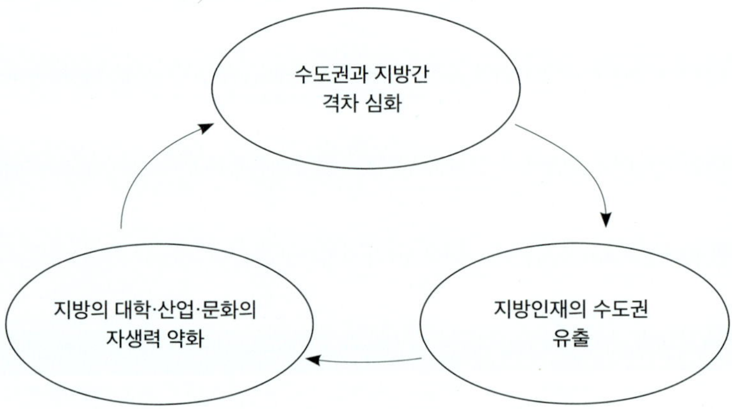

지방위기의 악순환구조

지역혁신시스템의 구축

1. 지방발전

지방의 발전을 이론적으로 설명할 수 있는 전통적인 지역성장이론은 입지이론에 기초한 공급중심이론과 지역내부에서 지역외부로의 수출을 지역성장요인으로 파악한 수요중심이론으로 구분할 수 있다.

공급중심의 지역성장이론은 기업의 입지비용을 최소화시킴으로써 당해지역내로 많은 생산시설의 유치를 통해 지역의 발전을 꾀하는 이론이다. 반면에 수요중심의 지역성장이론은 당해지역의 생산품에 대한 다른 지역의 수요가 지역경제발전의 결정적 요소로 파악하고 지역내 수출기업의 성장을 촉진시키거나 유치하거나 창업을 지원한다. 그러나 이와 같은 전통적 지역성장이론은 지역발전의 핵심요인을 지역외부에서 구하고자 하는 점에서 한계가 있다. 외생적 지역발전전략(Exogenous Regional Development Strategy)으로 불리어 온 전통적 지역성장이론의 문제점은 지역산업과의 연계부족으로 부가가치의 유출, 의사결정기능이 외부에 존재하기 때문에 환경변화에 따른 지역경제의 불안정 현상, 그리고 환경오염과 같은 사회적비용의 손실 등이 지적 된다. 지식정보기반사회의 지역발전을 위한 새로운 패러다임은 지역자체의 혁신능력 배양을 통한 지역경제의 내생적 지역발전전략(Endogenous Regional Development Strategy)의 추구이다.

선진국에서는 이미 오래전부터 지역개발정책을 과거의 중앙주도적 개발정책과 기업유치를 통한 외생적 성장정책의 실패를 인정하고 기술혁신지향적인 성장정책을 추구하고 있다. 이러한 기술혁신지향적인 전략은 보다 중요한 핵심전략으로서의 정부·대학 및 연구기관·기업들 간의 네트워킹과 파트너십의 형성을 강조한다.

지역 기술혁신체계를 구성하는 중요 요소들은 새로운 기술의 개발을 담당하는 대학과 연구기관들, 이러한 기술개발의 필요를 제기하고, 비용을 제공하며 결과를 활용하는 기업들을 추가하여 지역 내의 산·학·연간의 연계는 물론 중앙정부를 비롯한 지역외의 기관들까지의 연계를 포함한다.

과학기술혁신을 위한 지역발전정책의 궁극적 목표는 테크노파크등의 설립을 통하여 지역 내의 기술혁신 능력의 고도화와 확산체계를 추진하는 한편, 대기업의 연구개발부서를 지역에 유치하여 지역의 기술혁신 잠재력을 최대한으로 높이는 것이다. 이러한 지역 과학기술정책은 지역간 경제적 불균형 해소, 지역의 실업률 감소, 지방재정의 건설화, 지방대학의 재정건실화 등의 목표를 갖는다. 과학기술 혁신을 통하여 지역개발을 성공시킨 사례들은 지방자치단체의 경영화, 산업계와 대학 및 연구기관과의 산학협동, 기업보육센터 또는 기술혁신센터의 형태, 테크노파크나 테크노폴리스 등의 형태로 발전되고 있다. 지식기반경제로 진행이 가속화되면서 국가 및 지방발전에 있어서 지식의 창출과 전파를 위한 핵심기관으로서의 대학의 기능은 매우 중요하다.

2. 지역혁신시스템의 구축

지역 경쟁력의 원천은 혁신에 있다. 혁신의 핵심에는 과학을 기반으로 하는 기술개발이라는 차원과 이러한 혁신을 총체적으로 유인할 수 있는 경제사회 및 문화시스템의 중요성이 재인식되어 왔다. 혁신을 창출하는데 '지역'이 특별히 강조되는 이유는 공간적 인접성으로 인해 지역 내에서 혁신주체들 간의 긴밀한 상호협력과 네트워킹을 통한 새로운 지식의 지속적 창출과 확산이 가능하며, 지역사회 내에서 신뢰를 기반으로 하는 '사회적 자본'의 축적이 용이하기 때문이다. 즉, 지역이 새로운 환경변화에 국민국가보다 훨씬 더 역동적이고 유연하게 대응할 수 있는 조건을 갖추고 있는 것이다.

지역혁신체계(Regional Innovation System: RIS)란 대학, 기업, 연구소, 지방자치단체, 시민단체 등 지역 내 혁신주체들 간의 활발한 상호협력과 공동학습을 통하여 지역의 산업생산시스템, 과학기술시스템, 기업지원시스템을 효율적으로 접합시키고 인력양성, 정보·통신 등 혁신기반을 확충하기 위한 제반

활동과 이에 필요한 지원시스템을 말한다.

지역혁신시스템의 중추기지로서 지방대학

대학이 지역발전에 미치는 역할에 대해서는 지금까지 지역사회 학교모형과 산학협동모형 그리고 지역경제 활성화에 대한 대학의 부분적 역할 등과 같은 지역정책의 관점과 대학정책의 관점이 통합되지 못한 채 부분적으로만 논의되어 왔다. 최근에는 지역혁신시스템에서 대학의 역할이 강조되고 있다. 지역혁신시스템에서의 대학의 역할은 연구·교육·경제사회·문화시스템으로 각각 나누어 살펴 볼 수 있다.

구분	대학의 역할
연구시스템	- 과학적 하부구조의 유지 - 과학영역에서의 잠재력 유지 - 새로운 아이디어의 출현 및 학제간 연구촉진 자극 - 과학적 표준의 유지
교육시스템	- 미래세대의 과학자 생산 - 교육 및 연구방법의 교육 - 기업, 정부, 지자체, 시민 등 지역사회의 재교육 평생교육
경제사회시스템	- 미래혁신에 필요한 기초역할 수행 - 공공정책 영역에서 기여 및 자본 활동 - 산업, 공동체, 정부를 위한 응용연구 수행 - 지역경제성장의 견인
문화시스템	- 지식의 진보 - 개인, 공동체, 국가의 자각 촉진 - 국가(지방)정체성 확인; 국가(지방)문화의 전통해석 - 지역문화의 선도

지역혁신시스템에서 대학의 역할

대학은 전통적으로 교육과 연구활동이 강조되어 왔지만, 오늘날에는 경제적 역할과 문화적 역할도 강조되고 있다. 대학은 다양한 지식과 문화적 자원을 지니고 있기 때문에 지식기반사회를 이끄는 핵심역량을 보유한 가장 창의적인 공간으로서 경제, 사회, 정치를 이끄는 선도적 기관이 될 수 있다. 지방대학이 지역발전에 미치는 효과를 지역경제 활동 결과의 순환도를 통해 살펴보면 지방대학이 지역혁신시스템 속에서 매우 중요한 중추기지(Hub)의 역할을 수행하고 있음을 명확히 알 수 있다.

대학은 지역 고교로부터 인재를 선발하여 자신의 예산과 정부와 자치단체 예산, 기업의 투자에 힘입어 지역인재를 배출하게 된다. 이들은 지역문화교육, 지역기업, 지역언론, 지방자치단체에 공급되고, 각 분야에서 핵심인력으로 고유의 기능과 역할을 담당하게 된다. 교육기관으로 진출한 인력은 계속적으로 지역의 발전을 가져올 더 우수한 인재양성에 힘쓰게 되고, 기업에 진출한 인재는 기술혁신 창출로 국제경쟁력 확보와 시장·시설확장을 가능케 하며, 지역행정기관과 언론으로 진출한 인재는 양질의 서비스를 제공하여 지방의 자율성확보와 함께 지역의 단합을 이끌어내어 지역발전의 계기를 가져오게 된다. 이러한 발전은 지역에 소요인력과 자금과 토지를 더 요구하게 되어 다시 지역교육, 지역금융을 발전시키고, 토지이용이 고도화되어 또 다시 우수인력을 요구하는 순환적·누적적 과정을 거치면서 지역발전을 견인하게 된다.

지역대학이 풀어야 할 과제

이상에서 살펴본 바와 같이 대학이 지역발전에 미치는 역할과 기능이 매우 중요하다는 사실은 누구도 부정할 수 없는 전제적 조건이 되었다. 그러나 오늘날의 지방대학은 이러한 역할과 기능을 수행할 준비와 역량이 축적되어 있지 않다는 데에 문제가 있다.

유능한 학자 및 능력있는 학문 후속세대의 지방기피, 연구와 교육시설의 미비, 그리고 특성화된 교육프로그램의 미비 등으로 인해 지역의 지식창출 기반으로서의 대학이 그 역할을 소화해 내기 어려운 형편이다. 더불어 지역내의 산업체, 지자체, NGO, 언론 등과의 교류와 협력을 유도해 낼 역량의 부족으로 지역단위의 거버넌스 구축에 기여치 못하고 있다. 이와 같은 지역대학의 위기는 정치·사회·경제·문화적 요인이 복합적으로 작용한 구조적 문제점으로 더욱 심화되고 있는 실정이다.

수도권과 지방소재 대학간의 서열화로 인한 격차를 더한층 벌려 지방대학에 대한 선호도와 신입생 감소로 이어지는 악순환이 되풀이 되고 있다. 한편 지역경제의 원천인 기업과 산업발전을 위한 산업인력 수급과 관련해 볼 때 대학에서 배출되는 인재들을 확보할 수 없어 심각한 인력난과 기업의 연구인력 부재로 인한 경쟁력 약화 등 지역산업의 위기까지 야기시키는 실정이다. 이와 같은 문제의식을 기초로 할 때 지방대학 스스로는 혁신역량 강화를 위해 어떠한 고민과 선택을 해야 할까?라는 문제를 제기해 보고자 한다.

1. 지역혁신의 중추기관이라는 정체성확립

지역혁신은 지방의 기업, 교육기관, 지방자치단체, 언론이나 NGO 등이 상호 유기적으로 협력하여 지역발전이라는 공동목적을 달성하는 것이다. 한마디로, 지역혁신체계를 구축하여 지역의 분산된 혁신자원들을 지역 발전,

산업 발전, 지방 문화 발전을 위해 결집하는 것을 말한다.

이제 대학은 지역사회 단위들의 연계망을 형성하는 중추적 기능을 수행해야 한다. 연구개발 기능을 담당하는 대학 및 연구소, 생산 기능을 담당하는 대기업 및 중소기업, 각종 지원 기능을 담당하는 벤처 캐피탈과 컨설팅 등의 기관이 한군데 모여 클러스터를 형성할 때 지식창출의 시너지 효과를 누릴 수 있다.

대학은 산업별 클러스터를 형성하는 데 선도적 역할을 해야 할 뿐만 아니라 지역 내 긴밀한 네트워크를 구축하는 데에도 역점을 두어야 한다. 중앙정부, 지자체, 지방기업 등은 대학을 지원하고 대학은 지식기술창출과 우수인재 양성능력을 신장하게 되면, 지역의 기존 산업이 개선되거나 신생 벤처 산업이 창출될 수 있게 된다. 지역 역량을 결집하고 체계적인 혁신노력을 기획하고 실행하는 데 대학의 역할은 매우 중요하다. 대학 스스로가 지역혁신 주체로서의 정체성을 확립하고, 그 구체적인 실천을 시작할 때이다.

2. 지역내 대학간의 교류·협력·제휴시스템의 구축

지역의 균형발전은 지역사회의 특정 대학만이 감당할 수 없으며, 특정 대학만의 책임은 더 더욱 아니다. 대학 간의 긴밀한 협조와 연대가 필수적이다. 그렇지만, 현실은 그렇지 못하다. 대학경영이 어려워지면서 지방대학들은 신입생 유치를 위해 무한 출혈 경쟁을 계속하고 있는 양상이다. 대학이 지역발전과 혁신의 중추기지로서 기능하기보다는 이웃 대학 간의 과도한 견제와 경쟁의 풍토만 심화되고 있다. 국·공립대학과 사립대학 간의 협력 혹은 전문대학과 4년제 대학 간의 연계는 거의 전무한 실정이다.

이와 같은 상황이 지속되는 한, 대학은 지역사회의 혁신을 견인할 역량을 상실할 수밖에 없을 것이다. 지역대학은 그 설립 유형이나 학제, 교육

조직의 차이성이 존재하더라도 하나의 지역교육공동체로 전환되어야 한다. 학생 선발, 교육과정의 운영, 교육 시설과 설비의 활용, 지역개발 연구의 추진 등에 있어서 동반자적 관계를 구축하는 일이 무엇보다 우선이다.

3. 지방과 세계와의 직통적 가교 역할과 정부 수집·제공의 중심 센터

대학은 지방을 세계와 곧바로 직통할 수 있게 연결해주는 핵심 기지가 되어야 한다. 대학은 외국어 소통 능력, 타국 문화에 대한 이해, 선진 기술의 연구 능력, 학문 분야별 첨단정보의 수집과 활용 등 지방의 세계화에 필요한 요건들을 골고루 갖추고 있다. 대학은 다양한 외국과의 교류와 협력의 경험들을 지역사회에 환원함으로써, 지역의 정치·경제·사회·문화가 세계와 직접 교류할 수 있는 기회를 갖도록 해야 할 것이다. 또한, 대학은 대학과 지역사회간의 지식격차를 완화할 수 있는 정보센터의 역할도 적극적으로 수행해가야 한다.

이를 위해서, 대학은 지역혁신 프로젝트를 중심으로 학내 및 이웃 대학의 인적자원들을 클러스터화 할 수 있는 조직성과 개방성을 지녀야 한다.

4. 지역사회 평생교육기관으로서의 역할 강화

지식기반사회는 지식과 기술의 폭발적 증가로 인하여 그것들의 생명주기가 극히 짧다는 특징을 지니고 있다. 대학교육을 마친 현직자들도 끊임없이 새로운 학습·욕구를 표출하고 있다. 하지만 한국은 OECD 회원국 중 평생학습 수준이 최하위에 머물고 있다. 특히 35세 이상의 국민이 대학을 졸업한 후 학교에 다시 입학한 수는 전체 2.8%이다. 이는 선진국의 20% 수준과 커다란 격차를 보여 준다. 이는 곧 지역혁신체계의 효율성을 저하시키는 요인이 될 수 있다. 직업의 초기 진입자들을 위한 직전(Pre-service)교육은 물론이고 현직(In-service)교육의 필요성이 급증하고 있는 만큼, 대학은 지역의 중추적인 평생교육기관으로서 그 기능을 확대해야 한다. 단순한 지역봉사 차원의 교양프로그램을 개설하는 방식이 아니라, 지역산업과 자치단체가 요구하는 학습 요구 분야를 정규의 심화된 평생교육프로그램을 개설하고 운영해야 한다.

대학이 평생교육기관으로서의 역할을 활성화하기 위해서는 '대학–산업체 사내대학–지역내 기타 평생교육기관간의 공고한 협조 관계', '기업이나 단체와의 협약에 의한 성인직무교육', '특수대학원의 평생교육기능 강화' 등 다양한 접근이 요구 된다.

5. 문화 콘텐츠 구심체로서 지역주민의 삶의 질 제고

지역대학은 지역의 여론을 선도하거나 여러 가지 문화행사를 통하여 지역의 문화구심체로서의 기능을 수행하고 있다. 지방화 시대에는 대학이 지역문화 공동체를 성숙시키는 데 주도적인 역할을 해야 한다. 지역주민을 위해 대학의 시설과 설비를 보다 적극적으로 개발하고, 각종 평생교육 프로그램을 개설할 뿐만 아니라 지역 내 초·중등학교 교육을 정상화해야 한다. 대학의 국제 어학교육 프로그램, 청소년 인성교육 프로그램, 과학영재교육원 운영 사업 등은 지방의 초·중등 교육 문화를 성숙시키는 데 도움이 되고 있다. 대학의 다양한 인적·물적 자원들을 활용하여 지역사회의 학습욕구를 충족시켜 줄 수 있을 것이다.

6. 새로운 사업을 발굴·창출·제안하는 공격적 경영시스템

대학과 지역사회는 불가분리의 관계로서, 대학은 지역발전의 지식창출과 활용의 중심 센터가 되어야 한다. 중앙정부는 물론이고 지방자치단체, 지방언론, 지역상공회의소 등이 공동으로 지방대학 지원에 앞장서야 한다. 그렇지만, 보다 중요한 것은 대학 스스로가 지역의 적극적인 관심과 지원을 받을 수 있도록 열심히 뛰어야 한다는 것이다. 중앙정부나 지자체 및 지역기업들이 의뢰하는 사업이나 연구 프로젝트를 수행하는 것도 중요하다. 그렇지만, 지역혁신체제를 통해 지역의 각종단위들과 상시교류의 채널을 열어 두고, 대학이 신규 산업과 연구를 발굴하고 제안하는 공격적 경영의 접근이 요구된다.

7. 특성화 교육과 합리적 구조 조정을 통한 자기 혁신 노력의 지속

전국경제인연합회가 실시한 조사에 따르면 대학에서 습득한 지식과 기술이 기업의 필요 수준과 비교할 때 고작 26%에 불과하다는 것이다. 이 가운데 대학이 가장 소홀히 하고 있는 교육 영역으로는 실험·실습·현장교육 및 창의력 배양교육 등이 꼽힌다. 그 반면에, '정보화 교육'이나 '외국어·국제화 교육'은, 비록 만족스런 수준은 아니지만, 상대적으로 잘하고 있다는 의견이 많았다. 이는 곧 기업의 대학교육에 대한 불신감을 확산시키고 지방대학 출신자의 취업률 저하를 초래하게 된다.

그러므로 대학은 주문식 교육, 산·학·연 협약교육 등 다양한 방식의 현장 연계교육 프로그램을 활성화하고, 교육과정을 편성하고 운영함에 있어서 기업체를 포함한 외부인사들을 위원으로 참여시키는 개방적 접근이 요구된다. 이로써 대학 교육과정의 사회적 적합성을 제고하고 지역 내 인적·물적 교류와 협력을 증진할 수 있게 된다.

동시에 대학은 기존의 백화점식 경영방식을 탈피하여 특성화 전략분야를 중심으로, 선택-집중의 접근을 시도해야 한다. 21세기를 선도할 경쟁력을 지닐 수 있는 전공 분야를 적극 발굴해야 한다. 이 과정에서, 대학은 기존 교육조직에 대한 객관적 평가를 통하여 합리적인 교육구조조정 노력도 시도하게 될 것이다.

오늘날과 같은 가속적 변화의 시대에서는, 학문적·사회적 적합성이 저하되거나 인기 없는 전공 분야들이 생겨나기 마련이다. 대학은 조직통합이나 조직제휴 방식으로 과감한 구조 조정을 지속할 수밖에 없다. 왜냐하면, 대학경영이 건실해야 지역발전의 중추로서의 역할과 기능을 수행할 수 있기 때문이다. 이를 위해서는 적극적이고 과감한 대학의 구조조정이 필요하다. 그러나 수도권과 비수도권 대학을 같은 조건과 기준을 적용한 구조조정은 피해야 한다. 국가균형발전을 위해서는 현재 형성되어 있는 지역간 불균형을 충분히 고려해야 한다. 가령, 대학경영위기에 따른 정원 감축이나 M&A는 수도권 소재 대학을 기점으로 하여 인재의 지방분산을 유도하는 것이 효과적일 것이다.

8. 대학 내부의 분권-분산 경영시스템의 도입

대학이 지역혁신의 중추적 역할과 기능을 다하기 위해서는 대학의 경영자체가 민주적이고 합리적이며 효율적이어야 한다. 이미 지역의 거대 대학들은 하나의 교육목표와 실천전략만으로는 경영하기 어려워졌다. 또한 다원주의사회의 가치와 운용방식에도 적합하지 않다. 마치 카오스적 복합계와도 같이 대학은 복잡하고 다양한 혼돈 속에서 나름대로의 조직적·학문적 질서를 정립하는 역동적 생명체이다. 교수의 역할도 다양해졌고, 학생의 구성과 욕구도 다원화되고 있다. 대학은 대학 내의 분산형 경영전략을 구사할 필요가 있다.

대학은 전교적 차원의 단일경영시스템에서 '대학 내의 대학(미니대학)'을 육성해 가야 한다. 단과대학이든, 학부나 학과이든, 독립단위의 자율경영방식을 활용하여 학문 영역별로 자체적인 경쟁력을 강화하도록 권고해야 한다. 21세기 중반이 되면, 현재와 같은 거대 캠퍼스가 문을 닫게 될지도 모른다는 미래학자들의 예측을 생각할 때, 대학은 새로운 유형의 수입원을 시급히 개발하고 적정규모로 구조조정하여 내부적 경쟁력을 길러야 하는 것이다.

9. CEO적 창조적 리더십 발휘

오늘날의 대학은 개방성과 다양성을 추구하는 도전과 변화의 흐름 속에 있다. 대내적으로 신입생 부족 사태, 교육 프로그램 및 교육환경의 혁신, 교육구조 조정 등 갖가지 현안을 안고 있으며, 대외적으로는 교육시장의 개방이나 국제적 고등교육 표준화 등에 능동적으로 대처해야 하는 상황에 직면하고 있다.

대학은 총장을 중심으로 학내교육 및 연구역량을 결집하고 분출하는 욕구와 갈등을 합리적으로 교섭·조정해 가야 한다. 또한, 단위대학의 생존과 경쟁력 강화에 역점을 두는 것은 물론이고, 지역혁신의 중추기지로서의 사명과 역할도 수행해야 한다. 그 어느 때보다 대학공동체 구성원들의 이해와 협력과 분발이 요구되는 시점이다. 그러기 위해서는 대학공동체의 중심에 있는 대학 경영의 CEO, 대학 총장이 창조적 리더십을 발휘해야 한다.

대학 총장은 전통적 학교관리자의 역할을 넘어 서야 한다. 지역발전과 혁신의 비전을 제시하고 지역주민들과 공동체적 연대감을 형성할 수 있어야 한다. 지역언론이나 NGO와의 교류와 협력도 활성해야 한다. 대학 본연의 기능과 존재 가치를 인식시키는 동시에, 부단한 혁신노력을 통하여 대학이 지방발전을 선도하는 중추적 기능을 수행할 수 있도록 견인해야 한다.

지역정치시스템의 인식전환

지방대학들은 지금까지 스스로 경쟁력을 높이기 위한 자구적인 노력보다는 정부에 대한 맹목적인 재정 및 정책적인 지원을 요구한 경향이 많았다는 점에서는 비판의 여지가 있다. 지원을 받더라도 강도 높은 구조조정과 내부혁신이 선행되어야 한다. 폐쇄적인 사고의 전환과 투명한 학사운영, 구성원의 개혁의지가 필요하다. 또한 백화점식 양적팽창 위주에서 질적인 교육을 위한 인프라 구축과 교육프로그램 개발 등을 추진해야 한다. 이를 통해 지역혁신시스템의 중추적기지로서 역할과 기능을 수행할 수 있는 혁신역량의 강화가 이루어질 수 있다.

지방대학은 제각기 발전방안을 모색하고 있으나 현실적으로는 매우 어려운 한계에 직면하고 있다. 지방대학 육성문제는 이제 대학만의 노력으로는 불가능한 것이 현실이다. 국가와 지방자치단체를 비롯한 산·학·연 그리고 민간단체와의 합리적인 역할분담을 바탕으로 지역주민의 적극적인 협조를 통해 다 같이 해결해야 할 사회적 과제이다.

지방대학이 지역혁신시스템의 중추기지로서 작동하기 위해서는 혁신주체간의 총체적이고 통합적인 노력과 함께 법적·제도적 기반구축 또한 해결해야 할 시급한 과제이다. 대학과 지방정부 간의 협력적 파트너십이 구축되고 기능하기 위해서는 지방자치단체가 지역대학을 지원할 수 있는 법적 장치가 마련되어야 한다. 물론 교육기본법 제7조와 고등교육법 제7조에서 대학지원에 관해 규정하고 있으나 선언적 조항에 지나지 않고 있다. 지방자치법 제9조의 지방자치단체 사무의 범위규정과 지방재정법 제 17조의 기부 또는 보조의 제한 규정 때문에 현실적으로 지방자치단체가 당해지역의 대학을 지원하기 어려운 실정에 있다.

대학이 지역혁신시스템의 중추적기지로 작동하기 위해서는 대학 스스로의 혁신역량의 축적과 함께 지역정치시스템의 대학에 대한 이해와 협력을 기초로 한 인식의 전환 또한 시급한 실정이다. 대학 본연의 역할이나 기능에 대한 이해가 전제되지 않은 채 단기간에 일자리를 창출하는 기업이나 정치적 투표권을 가진 시민들과 동일한 선상에서 대학의 가치를 판단하여 대학과의 갈등관계를 조성하는 경우도 생기고 있다. 대학도 대학시민으로서 지역정치의 중요한 구성인자이다. 학생시민들의 생활을 보살펴 주고 학생시민들의 권익을 대변해 주며, 대학과 지역정치권과의 협력관계를 유지해줄 지역정치시스템의 구축을 위해 혁신주체 모두가 노력하여야 할 것이다.

13 환경도시 구축의 과제와 경영전략

환경도시 구축의 새로운 접근

환경의 기본적인 권한과 책임은 주민 개개인에게 귀속되며 도시정부는 이를 위한 지원역할을 적극적으로 담당하지 않으면 안된다. 도시정부의 경영목표는 주민의 '삶의 질'을 향상시키기 위한 환경이 최상위 목표가 되어야 하며, 단순한 환경보전의 차원을 넘어서서 보다 나은 환경을 위한 적극적인 정책을 구상하고 실천할 수 있어야 한다. 규제중심의 환경기준이나 배출기준을 설정해 배출규제나 지도를 주로 하는 단순 구조적 정책의 전개에 머물러서는 안 된다.

오늘날 우리들이 체험하고 있는 환경위기는 지금까지의 산업규제와는 근본적으로 다르다. 산업공해를 중심으로 하는 환경문제는 특정지역의 산업활동에 의해 시민건강과 생활환경의 파괴가 주를 이루어 왔으며, 그 대책 또한 전국적 수준에서 오염원별로 일률적이고 획일적인 규제로 접근되어 왔다. 여기에 비해서 지구환경문제로 대표되는 오늘날의 환경문제는 영향범위에 있어 현격히 확대되었으며, 그 요인 또한 복합적으로 이루어져 규명하기도 매우 어렵다. 오늘날의 환경정책은 전국적 수준에서 획일적인 단순구조적 규제방법으로는 정책효과 면에서 한계를 지닐 수밖에 없다. 각 도시정부를 중심으로 종합적이고 체계적인 환경관리시스템을 지역특성에 맞게 구축하여 추진하여야 한다. 이의 효과적 수행을 위해서는 주민과 가장 밀접한 조직체로서 도시정부의 역할과 기능을 다시 강조하게 된다. 도시정부는 자신이 위치해 있는 자기지역의 환경문제가 곧, 지구 환경문제라는 시야에서 환경정책을 수립·추진해 나가야 한다. 즉, 오늘날의 환경문제는 주민들의 사회경제활동과 한층 밀접한 문제로 모든 부문과 관련이 있다. 따라서 도시정부의 환경정책 또한 단순한 생산 활동에 의한 환경오염이나 자연 파괴만을 대상으로 할 것이 아니라 종합적인 환경의 틀 속에서 인간의 생산활동·생활행태·사회행태를 광범위하게 개조·변혁시키는 데 그 목표를 두어야 할 것이다.

우리들의 생활이나 생산활동은 그림에서 보는 바와 같이 자원의 공급인 투입을 절대적으로 필요로 하는 한편, 처분·폐기와 같은 산출활동도 동반

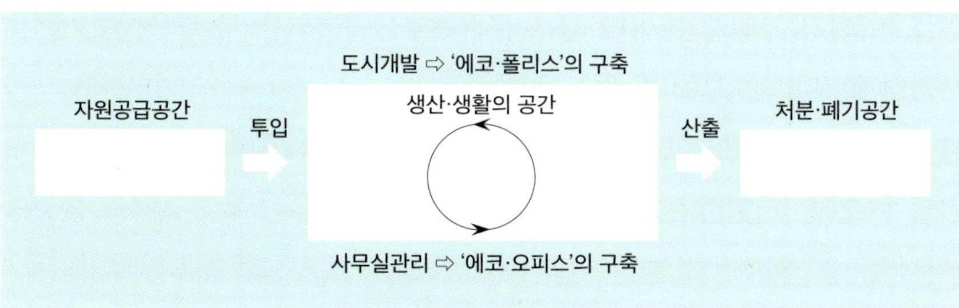

도시정부의 환경기능과 목표

하고 있다. 투입요소로는 원료·자재 등의 물질적 요소인 생활용수·공업용수와 같은 수자원, 전력, 석유 등의 에너지 등을 들 수 있다. 이들 요소들은 생산과 생산 활동에서 이용된 오수, 폐열, 대기오염 물질 등으로 배출된다.

새로운 환경정책은 자원공급의 단계, 생활·생산활동 단계 그리고 처분·폐기의 단계로서 전체적이고 종합적인 시스템 속에서 환경에 대한 배려를 일관성 있게 지속적으로 추진시켜 나가야 한다. 이와 같은 새로운 환경정책의 수립에는 다음과 같은 6가지 시각에서 새로운 접근이 종합적으로 시도되어야 한다.

ⓐ 투입의 감량 : 투입요소인 원료와 자재를 어떻게 줄일 것인가? ⓑ 투입요소의 질적 개선 : 투입요소의 질은 어떻게 생태적으로 건전화할 것인가? ⓒ 생활·생산의 터전에서의 리싸이클링 : 재이용율을 어떻게 높일 것인가? ⓓ 산출의 감량 : 산출·배출량을 어떻게 줄일 것인가? ⓔ 산출물의 질적 개선 : 산출·배출요소인 오수, 폐기물 등의 질을 생태적으로 어떻게 하면 건강하게 바꿀 수 있는가? ⓕ 완결순환시스템의 구축 : 투입과 산출주기를 가능한 짧게 줄일 수 있는 방법은 없는가?

도시정부는 이와 같은 6가지의 문제의식에서 새로운 환경정책을 수립·추진해야 한다. 도시정부의 경영은 지금까지의 이념과 행정의 틀에서 과감히 탈피하여 담당국·과의 업무만이 아니라 환경에 관해서는 모든 도시정부의 조직이 각 조직의 분야별 업무에 환경주의 혹은 환경권 사상을 기초로 하는 종합적이고 체계적인 접근이 필요하다.

환경혁명과 환경도시

앞으로의 환경문제를 해결하기 위해서는 환경에 대한 배려를 종합적인 시점에서 고려하여 시민개인, 기업, 정부 모두가 연대하여 체계적으로 접근하는 환경혁명이 시도되지 않으면 안 된다.

환경혁명이란 환경주의의 시점에서 ESSD를 가능케 하는 기존의 사회·경제시스템을 전면적으로 개혁하는 것을 의미한다. 이러한 환경혁명은 정치적 혁명이나 산업혁명과 같은 생산수단의 도약과 같이 단시간에 신·구(新·舊)의 단절을 가져오지는 못한다. 환경혁명은 모든 사회영역의 모든 단계로부터 무수한 환경우선주의가 발휘되어 시간을 두고 거대한 흐름의 변화에 의해 달성하게 된다.

환경혁명은 시민 개개인의 라이프 스타일의 개혁과 기업이나 자치단체·중앙정부 등의 사회형태 내지 구조의 개혁을 통해 그 목적을 달성할 수 있을 것이다. 시민 개인의 라이프 스타일의 개혁은 풍요로운 생활을 향유하기 위한 대량 소비병의 극복에서부터 시작되는 것이다. 장바구니의 휴대, 재생지 사용, 절수, 에너지절약, 쓰레기 감량 등에서 달성되는 개인수준의 환경혁명은 필연적으로 사회구조의 개혁을 촉발시킨다. 그러나 사회구조 자체가 아직도 대량 생산·소비·폐기를 전제로 하는 에너지 다소비형 구조에 머물고 있어 개인의 노력은 그 결실을 거두지 못하고 있는 실정이다. 환경혁명을 위한 사회구조의 개혁은 기업과 같은 상품의 생산 활동을 하는 영리사업체의 개혁과 국가나 도시정부, 공공단체 등과 같이 사회적 공공서비스를 제공하는 비영리단체의 구조개혁을 통해서 완성될 수 있다. 요컨대 기업과 같은 사업체의 환경혁명은 우선 사업체의 모든 생산 활동에 환경원칙을 도입해 생산물의 결과가 환경에 미치는 부하를 최소화하고자 하는 것이다. 이러한 개혁의 움직임은 우리나라에 아직 기업의 환경마크 등에서 볼 수 있는 바와 같이 이제 부분적으로 시작단계에 접어들었다.

도시정부나 공공단체는 환경주의적 시각에서 공공서비스를 제공하여 환경혁명을 이룬다는 노력을 과연 얼마나 하고 있는가? 환경혁명을 이루기 위한 노력은 사실 시민이나 기업보다도 국가나 도시정부들과 같은 공공부문에서부터 선도적으로 이루어져야 했으며, 구체적으로 환경혁명을 이룩하려는 지방자치단체의 모델로서 그림에서는 환경자치단체의 구축을 위한 과정을 제시한다.

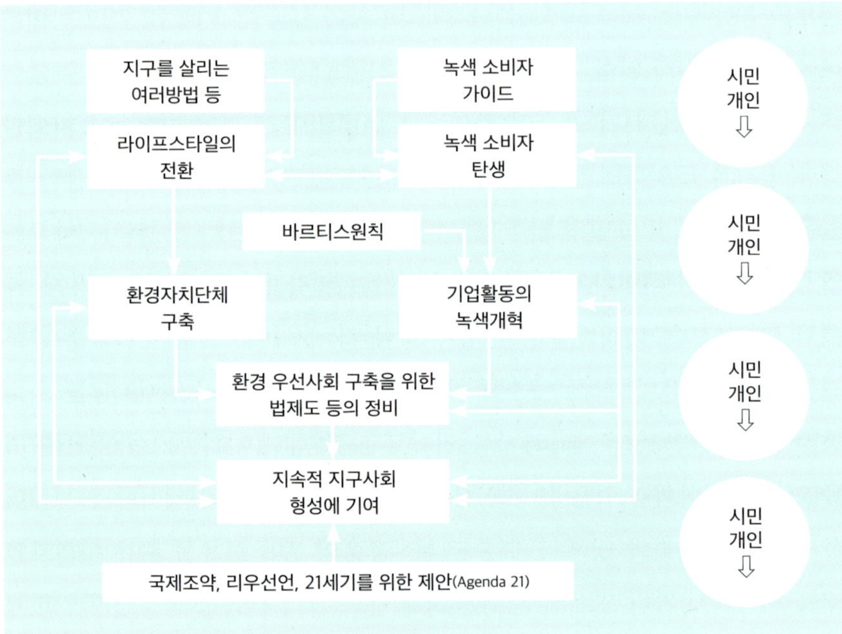

환경도시의 구축과정

환경도시의 구축과 과제

1. 환경도시 구축

앞으로의 환경정책은 환경에 대한 배려를 종합적인 관점에서 고려하여 시행하여야 한다. 도시정부는 정책을 통해 지역 환경 보전을 도모하는 기능과 도시정부 스스로가 기업과 같은 하나의 사업소라는 기능의 두 가지 기능을 동시에 지니고 있다.

전자의 기능을 앞의 그림에서 살펴보면 그림의 중앙부분은 지역의 생산 활동, 생활의 공간이다. 여기서 도시정부의 환경정책은 환경주기적 시각에서 지역에 투입과 산출을 함께 검토해 행정의 모든 분야를 통해 생태적으로 건강한 지역사회를 가꾸어 나가야 한다. 다시 말하면 환경보전형의 도시개발, 즉 '에코·폴리스(Ecopolis)'를 추구하는 것이 환경정책의 목표 중의 하나가 된다.

후자의 기능을 살펴볼 때 그림의 중앙부분은 시청을 비롯 공공시설 등의 사업 활동의 무대가 된다. 따라서 도시정부의 환경정책 가운데 또 하나의 중요한 목표는 환경주의적 시점에서 공공사업이나 행정활동의 투입에서 야기되는 산출물을 검토해 생태적으로 건강한 사무소나 시청사가 될 수 있도록 건설·관리한다는 것이다. 말하자면 시청과 같은 관공서 사무실 자체부터가 환경보전형 '에코·오피스'(Ecooffice)로 전환한다는 것이다.

따라서 이 장에서는 ESSD를 가능하게 하는 환경혁명을 달성할 수 있는 자치단체의 환경행정목표를 에코·폴리스나 에코·오피스의 구축에 두고 이를 조화롭게 추진시켜 나가는 자치단체를 환경자치단체로 개념설정을 하고 이를 구체적으로 실현하기 위한 자치단체의 경영전략을 모색해 보고자 한다.

2. 환경도시의 구축과제

1) 부서별 할거주의 타파

환경문제의 복합구조나 개별 오염원과의 관계를 무시하고 국지적, 부분적 대중요법에 의한 환경행정의 합리성을 추구하려고 할 때는 결과적으로는 중대한 환경파괴를 초래하는 경우가 적지 않다.

환경은 각각의 환경의 요소가 상호 간에 깊은 관련성을 가지고 기능하는 하나의 시스템이다. 그러므로 도시경영에 있어 여러 국·과들이 담당업무만 가지고 국부적 경영의 합리성을 우선적으로 고집할 것이 아니라 모든 관련 분야를 고려하여 거시적이고 종합적인 시각에서 종합적 합리성을 추구하는 자세를 도시정부의 모든 활동분야에서 수행할 필요가 있다.

2) 조직 확대에서 업무의 질적 고도화

업무의 발전을 담당 국·과의 인원과 예산의 확대에서 찾으려고 하는 경향이 강하며, 조직의 유지·확대를 목적으로 업무를 전개·추진해 나가는 경향이 또한 강하다. 이것이 환경문제 해결을 악순환 구조로 몰고 가는 이유 중의 하나이다.

환경문제를 해결하기 위해서는 이러한 풍조를 지양하고 업무의 양적 팽창 즉, 공공서비스 공급체계의 확대·강화보다 한층 더 생태적으로 건강한 시민생활의 질을 높이는 것이 업무의 발전이라는 의식개혁이 필요하다. 쓰레기 처리를 위한 공급체계의 증대가 아니라 쓰레기를 감량하고 재자원화하여 궁극적으로 행정수요를 감소시켜 나가는 것이 시민복지의 질을 높여 높은 환경의 질을 추구할 수 있다는 발상전환이 필요하다.

3) 시민운동과 연대

앞으로의 환경문제 해결을 위해서는 시민 또한 새로운 환경도시를 구축하는 데 손과 발이 되어 적극적으로 참가하여, 시민의 역할을 수행해야 한다. 시민은 환경오염의 피해자로서의 시민이 아니라, 이제는 시민 누구나 상호 가해자라는 입장에서 생태적으로 건강한 지역사회를 구축하는 데 주체자로서 행동하여야 한다.

도시정부가 환경정책을 기획·추진해 나가는 데 있어 시민과의 연대·협력체계의 구축은 불가결한 요소이다. 물론 이러한 시민과의 협력체계 구축에는 관련 행정정보의 공유 등이 무엇보다도 전제가 되어야 한다. 사업체 측, 환경오염 물질 배출원으로서 도시정부 활동, 사업 등과 관련된 환경정보는 모두 공개하고, 시민 자신들이 살고 있는 지역사회의 상황을 올바르게 이해할 때 비로소 적극적인 시민 참가를 기대할 수 있을 것이다.

이러한 운동에 참여하는 시민이란, 공공서비스의 수혜자 혹은 도시정부에 추종하는 모습이 아니다. 환경문제에 대하여 자신이 직접 가해자라는 인식을 가지며, 생활태도나 지역사회 활동을 한층 더 생태적이고 건강하게 개혁시키는 노력을 기울여야 한다. 이때 바로 행정에 대해서도 자유롭게 의견을 제시하거나 충고할 수 있는 자주적이고 민주적인 시민이 될 수 있다. 요컨대 자주적이고 민주적인 시민들의 비판과 충고가 있을 때 비로소 도시경영은 발전되며, 이를 위해 투명한 공개행정이 되어야 시민의 제안이나 비판을 겸허히 받아들일 수 있는 것이다. 이를 환경도시의 발전 원동력으로 삼아야 한다.

4) 규제에서 자치

환경문제에 대해서는 기업의 생산 활동에서 발생하는 배출물질을 규제하는 행정수법이 효과적이었다. 하지만 오늘날의 환경문제에 대한 규제행정 수법은 몇 가지의 문제점을 가지고 있다.

물론 강화된 규제수단도 환경문제 해결의 유효한 수단 중의 하나이다. 온난화 방지를 예로 들면, 규제행정이 자동차의 이용이나 화석연료의 사용을 제한하면 어느정도의 개선은 이루어질 수 있다. 쓰레기문제도 각 가정에서 버리는 쓰레기양을 측정하고 쓰레기의 양과 질에 따라 수거료를 부과하는 종량제를 채택한다면 어느 정도 개선될 것만은 틀림없다. 그러나 이와 같은 수법은 행정과 시민과의 관계를 규제자와 피규제자의 관계로 전락시켜 시민은 도시정부의 명령만을 준수하는 존재에 지나지 않게 된다.

환경문제의 바람직한 해결수법은 시민자치에 의한 방법이다. 쓰레기를 버리는 데 있어서도 시민의 행위가 자발적으로 감시되어 무단배출자에게는 비싼 수거료를 부과시켜서 쓰레기를 자율적으로 분리·배출하도록 해야 한다. 쓰레기 감량화, 자원재활용이 시민운동의 일환으로서 이루어질 때 결과는 같다 하더라도 그 의의나 거시적 측면에서 볼 때 매우 큰 차이를 가지고 있다.

시민자치를 통해 환경문제를 해결해 가기 위해서 무엇보다 중요한 것은 도시정부가 시민과 협력체계를 먼저 구축해 가는 일이다. 이렇게 하여 환경문제에 시민들도 깊은 관심을 가지게 되며, 이것은 시민운동을 더욱 강화시키게 되어 궁극적으로는 시민자치를 실현할 수 있게 된다.

환경도시 구축을 위한 경영전략

1. 전략

ESSD의 창조를 위한 환경혁명을 구현하려고 하는 도시정부의 바람직한 모

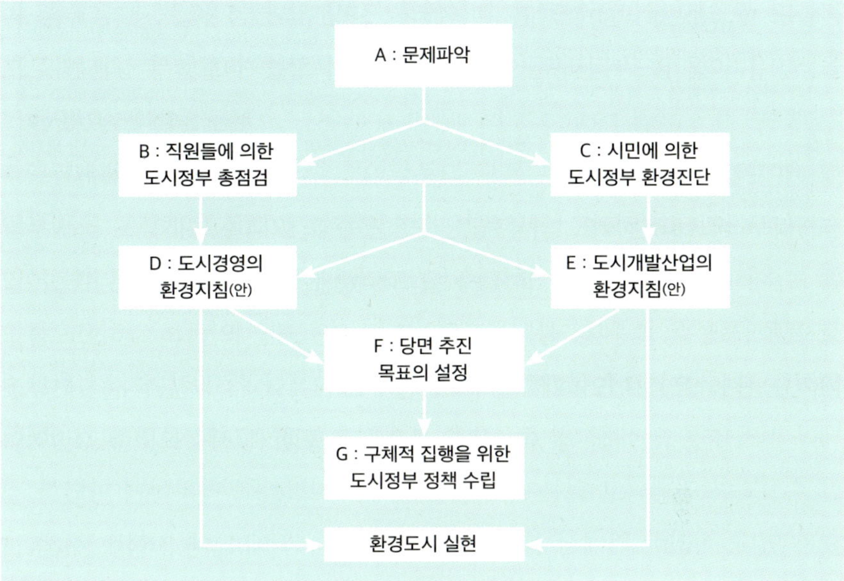

환경도시 구축을 위한 경영전략

습을 환경도시로 설정하고, 환경도시는 지역 환경 보존형 도시창조를 목표로 하는 '에코·폴리스'의 구축과 도시정부 내부조직 자체를 하나의 사업체로 보고 '에코·오피스'를 구체적으로 구현하는 도시정부라고 정의하였다. 그렇다면, 현재의 도시정부를 어떻게 하면 환경도시로 개혁할 수 있을까에 대한 전략을 논의해 보고자 한다.

그림은 환경도시 구축을 위한 전략의 단계를 나타낸 것이다. 물론 이러한 경영전략은 도시정부의 특성과 여건에 따라 각기 다른 형태로 전략을 수립할 수 있겠지만, 그림에서는 전략의 개념적 체계를 제시하고 있다.

2. 시민에 의한 환경진단

환경도시를 구축하기 위한 구체적인 행동을 시민들이 앞장서서 전개하기 위

현황진단	에코 오피스 진단	환경정책진단
1. 정기적인 화학물질 오염실태의 파악 대기, 물, 토양등의 조사항목 2. 공원의 사용농약 실태, 농약사용량/공원면적 3. 공원에 제초제 사용금지(유·무)	1. 청내 폐건전지 회수제도(유·무) 2. 청내의 비누사용 추진(유·무) 3. 청사 건설시 석면사용금지(유·무)	1. 폐건전지 회수제도(유·무) 2. 비누사용 추진대책의 결정(유·무) 3. 민간사업을 대상으로 한 독자적인 석면대책 수립 (유·무)

도시 환경진단의 예(유해물질)

해서는 자신들이 거주하고 있는 도시가 어떤 문제를 안고 있는지 그 현황에 대하여 올바른 인식을 가지는 것이 기본이다. 또한 도시정부의 환경정책이 잘 수립되어 집행되고 있는지 여부에 대해서 시민들이 명확하게 파악할 필요가 있다. 이러한 점에서 볼 때, 환경도시 구축의 제1단계 전략은 우선 시민과 환경도시의 공무원들이 도시정부의 환경진단을 실시해 진단표를 작성하는 방법도 한 전략이 될 수 있다. 그림에서 본다면 B와 C의 단계가 이에 해당된다.

환경진단은 ① 현황진단, ② 에코·오피스 진단, ③ 환경정책 진단으로 구분할 수 있다. 진단대상이 되는 환경범위의 설정에는 여러 가지 대안이 제기될 수 있으나 환경도시 과제로 살펴본 바와 같이, 물질순환, 쓰레기 재활용, 유해물질, 에너지, 대기, 물, 녹지와 농산물 등의 분야를 들 수 있다. 예를 들어, 유해물질의 환경진단표의 개념을 정리해 보면 표의 내용과 같다.

1) 현황진단

현황진단은 분야별로 도시정부의 상황을 수치로 진단하는 것이다. 각종 환경데이터를 지표로 설정하여, 시민 누구나 입수 가능한 통계자료로써 도시정부가 발간하는 백서 등을 기초로 해서 진단을 실시한다. 이러한 지표 등을 통해서 시민들은 자신들이 거주하고 있는 환경실태를 확인할 수가 있으며, 당해 도시정부가 전국 평균과의 비교를 통해 어떤 특성이 전국적으로 어느 수준에 있는지 명백히 알 수 있게 된다.

2) 에코·오피스 진단

에코·오피스 진단이란 도시정부 스스로가 하나의 사업체 입장에서 환경문제를 어느정도 고민하고 있으며, 그 이념을 도입하여 구체적으로 어느 정도 시행하고 있는가를 파악하는 것이다. 지표로서는 환경문제를 고려한 내부적 제도나 대책의 유무에 관한 사항이나 직원 1인당의 수치로서 나타낼 수 있을 것이다. 예를 들면 사무실내의 폐지를 분리하여 수거하고 있는가? 혹은 직원 1인당 폐지배출량이 어느 정도인가? 하는 지표들을 생각해 볼 수 있다. 시민들은 이와 같은 진단결과를 보고 자신들이 삶을 영위하고 있는 지역의 도시정부가 환경문제를 어느 정도 중요시하는 사업체인가를 판단할 수 있게 된다.

3) 환경정책 진단

환경정책 진단은 도시정부가 지역에서 추진하고 있는 환경정책의 내용을 진단하는 것으로 에코·폴리스 진단이라고 할 수 있다. 환경문제를 고려한 제도나 정책의 존재여부 혹은 시민 1인당 수치로서 나타낼 수 있는 지표 등을 들 수 있다. 예를 들면, 쓰레기 분리수거를 하고 있는지, 하는 경우에는 몇 가지 종류로 분리하는가 등이다. 이러한 진단결과를 기초로 해서 자치체의 정책이 생태적으로 건강한 정도가 어느 정도인지에 대해 자치체 간에 비교가 가능하며 시민들이 정책요구를 할 경우에는 근거자료로서 제시할 수도 있을 것이다.

4) 도시경영의 기본 이념 제정

1. 이념	① 자연의 보전과 회복 ② 자원의 유한성의 인식과 지구환경의 보전 ③ 순환형 도시시스템 구축
2. 원칙	① 환경권사상에 기초한 환경주의의 확립 ② 도시의 종합적 검토 ③ 환경과학에 기초한 사업의 추진
3. 행동지침	① 추진체제의 확립 ② 독자적 환경기준 제정 ③ 환경고려지침의 제정과 사전평가 ④ 황경자원의 파악과 연차보고서 작성 ⑤ 환경감사 실시 ⑥ 도시정부 시행사업으로 인한 환경악화의 개선과 손해배상 ⑦ 환경을 고려한 납품과 공사발주 ⑧ 정보의 공개 ⑨ 직원의 환경의식 보급 ⑩ 환경과 관련한 국제협력 증진

환경도시 경영이념과 행동지침

환경도시를 구축하기 위한 또 하나의 전략은 도시정부가 스스로를 하나의 모범적인 환경사업체로 경영하고, 한편으로는 지역의 환경 보전형 도시개발을 추진하기 위해 자치체의 투자 사업이나 행정활동을 대상으로 환경에 관한 기본적 이념이나 행동을 명백히 밝히는 자치체 경영이념과 행동지침을 제정하는 일이다.

3. 실천계획과 목표의 작성

우리나라의 도시정부는 환경문제를 종합적이고 체계적으로 접근할 수 있는 환경관리 기본계획이나 환경관리시스템을 가지고 있지 못하다. 단지 도시계획이나 장기발전계획의 한 부문으로서 국지적인 단순 구조적 시각에서 접근하고 있을 뿐이며 비록 부문별 계획의 하나라 하더라도 구체적인 시책의 전개나 집행관리 측면에까지 다루지 못하고 계획의 이념과 내용을 추상적인 미사여구로 표현하고 있을 뿐이다. 환경자치단체가 지향하는 구체적인 실천계획은 시민, 기업, 행정이 상호간에 합의된 역할 분담에 기초하여 공동의 목표달성을 위해 추진될 수 있도록 수립되어야 할 것이다.

시민들이 작성한 도시의 환경진단결과를 기준으로 하여, 지역환경의 문제점과 특성, 환경정책의 실시상황 등을 파악한 후 지역의 실태를 고려하여 실천목표를 정하고 실현가능한 수단이 포함된 실천계획을 수립하여야 할 것이다.

4. 환경도시 구축의 실천적 수단

"도시정부의 모든 조직은 환경 담당부서이다."라는 환경도시의 개념을 달성키 위해서 도시정부의 모든 부서가 환경문제와 어떻게 관련을 맺고 있는지, 환경을 고려한 실천수단이나 사업 등은 무엇인지, 구체적 행동을 나타내주는 실천 매뉴얼을 만들어서 이를 실천해야 한다.

관료적 보수주의 내지 보신주의 조직생리 때문에 새로운 분야를 개척하는 것은 말할 것도 없고, 종래의 공공서비스 공급시스템을 환경주의로 개혁하는 것조차 강하게 저항받을 수 있다. 또한 중앙집권적 체질이 많이 있기 때문에 중앙정부로부터의 '지시대기형' 도시정부가 많아서 자주적인 정책결정을 기대하기가 어려운 실정이다. 특히 도시정부의 사무 자체가 때로는 환경파괴를 야기시켜 환경을 보존하고 지키려는 시민과 대립관계에 있는 경우도 많다.

우리나라의 도시정부는 용기있게 새로운 변화와 혁신을 받아들여야 한다. 환경혁명이라는 대조류 속에서 표류되지 않기 위해서라도 적극적인 변화를 추구하여야 할 것이며 환경도시로의 방향을 올바르게 잡아야 할 것

이다. 여기에서 가장 중요한 전제조건은 주민과 도시정부가 숨겨진 불신의 벽을 허물고 하나가 되는 것이다.

14 도시정부의 조직개편과 저항

조직개편의 필요성과 한계

1. 행정환경의 변화

1) 지방화/분권화

21세기의 특징은 자율과 경쟁이며, 이를 통해 주민들의 삶의 질을 높이고 국가 전체를 발전시키기 위한 패러다임이 지방화이다. 지방화란 분권화와 자율을 근간으로 하여 국가의 대내적, 대외적 체제대응능력을 강화하는 것을 의미하며, 이는 권력체제의 분산과 발전주체의 다원화라는 현상으로 나타난다.

지방화는 지역주민들이 지역공동체의식을 가지고 스스로의 운명을 자치적으로 결정할 뿐만 아니라 지역발전의 방향과 속도를 스스로 결정하는 것을 뜻한다고 볼 수 있으며, 지역발전의 기본적 책임을 국가가 지는 것이 아니라 바로 지방자치단체가 지는 것으로 해석할 수 있다.

특히 직선 단체장의 권한과 책임은 주민들의 직접선거에 있는 만큼 앞으로의 도시정부의 경영 또한 지역의 특성과 개성에 따라 공격적인 경영체제로 전환될 것이다. 이는 곧 중앙정부의 기능은 상대적으로 취약해지면서 세계와 한 지역이 직접적으로 교류하고 지역과 지역 간, 도시와 도시 간의 경쟁과 협력이 동시에 나타나게 된다. 따라서 지방자치단체는 지역주민의 잠재력 개발을 극대화하고 활력을 불어 넣어줌으로써 지역의 발전능력을 강화하는 것이 지방화, 분권화라는 환경변화가 부여하는 과제이기도 하다.

2) 세계화/국제화

세계화는 전 세계를 하나의 지구촌으로 보고 한 국가나 지역이 세계 공동체의 일원으로서 개방된 국제사회에 동참하는 것을 의미하며, 특히 경제 분야의 세계화는 세계 단일시장의 형성을 의미한다. 이와 유사한 개념으로 이용되는 국제화란 개인이나 조직 또는 국가가 다른 나라의 개인, 조직, 국가와의 거래를 통해 국제사회에 효과적으로 적응해가는 총체적 과정을 뜻한다. 따라서 세계화가 더 적극적인 개념이라고 할 수 있다.

현재 우리는 과거 어느 때보다도 절실하게 세계화의 현실에 직면해 있으며, 이미 우리가 처해있는 사회경제적 현상은 객관적으로 세계화의 추세를 보여주고 있으며 우리의 일상생활과 밀접하게 관련되어 있다.

세계화와 지방화의 관계는 서로 상반되거나 모순되는 것이 아니라, 상호조화를 이루며 보완적인 성격을 지니고 있다. 오늘날의 세계화는 세계화와 함께 지방화를 동시에 수행하고 있으며, 세계화의 추진주체는 중앙정부일 뿐만 아니라 지방정부이기도 하다.

3) 정보화/첨단화

정보화란 정보의 생산, 가공, 유통 및 축적을 고도화시켜 나가는 활동으로, 인공위성 및 과학기술의 발달로 인한 정보유통의 초고속화와 광역화로 인해 더욱 진전되고 있다. 개방된 국제사회에서 경쟁과 협력에서 살아남고 우위를 점하기 위해서는 개인이나 기업, 그리고 지역사회는 정보화 사회에 앞장서서 적응해 나가야 한다. 특히 인터넷을 통한 해외정보의 용이한 접근으로 정보가 지역산업 활동에 중요한 요소로 등장하고 있다. 따라서 지역 내의 정보수요도 급격하게 팽창될 것이며 앞으로는 정보전달의 속도와 양 그리고 질의 지역 간 격차가 지역발전의 중요한 요소로 작용할 것이다. 이를 위해서는 지방정부는 한편으로 산업구조와 공간구조를 정보화시대에 걸맞게 개편하고 조정 관리하여야 하며, 다른 한편으로 행정시스템과 지역사회의 정보화를 추진해야 한다.

정보화의 진전을 지방자치의 정착과 지역발전에 활용하기 위해서는 정보의 공유화와 정보공개를 통한 정보민주화가 전제되어야 할 뿐만 아니라, 지역특성을 살린 지역단위의 정보화가 활발하게 추진되어야 한다.

4) 성숙화

성숙화란 인구증가와 경제성장이 저성장시대로 접어들면서 전반적인 사회계층은 안전과 균형 속에서 질적인 충실과 정신적, 문화적 가치를 중시하고 다른 한편으로는 절대빈곤층 혹은 한계계층의 문제가 더욱 심화되는 현상을 말한다.

고령화 사회로의 진전은 노령인구의 증가와 이에 따른 의료복지나 직업소개 서비스에 대한 욕구 등을 초래하고 한편으로는 전문직 노령인구가 지역사회발전의 새로운 인적자원으로 등장할 것이다. 이와 함께 사회전반

환경변화	변화의 주요내용	행정수요 변화
지방화/ 분권화	광역시정 수요증대 대정부 간 관계변화 단체장 지위변화	정부 간 협력관계 정립 광역행정체제 정립(교통, 환경 등) 갈등해결 및 조정 근무환경 개선
	지방정부의 재정책임 증대	지방정부 경영의 효율화 세원확충 및 세수외수입 증대 합리적 재정운영
	지역경제 발전 산업구조 변화	공·사 간 협력체제 확립 지역기반 시설확충 여성, 노인인력 취업기회 확대
	대주민관계 변화 주민요구 증대	주민참여기회 확대 정보공개 및 주민의사 수렴 주민대상 사회·교육 프로그램 주민생활환경 개선
국제화/ 세계화	국제경제환경의 변화 개방화 지역주의 경제협력	거주외국인 관리 및 민원처리 외국농산물 검역, 유통관리 지역이미지 제고 국제적 환경 재해대비 지역특화산업의 육성 산·학·정 협동 연구체제 중소기업 지원 및 육성
정보화/ 첨단화	정보매체의 발달	정보통신기반시설 확충
	지역정보화	지역정보시스템 구축(산업, 생활, 행정정보 등) 행정통계 작성 다양한 매체이용 시정홍보
	정보행정(정보유통, 안전, 보호)	지역종합정보관리 정보관리 및 정보민원 업무
성숙화	복지서비스 수요증가	사회복지서비스 확충 한계 소비계층의 사회적 보호 지역공동체 확립
	위기관리 치안	대형 재난대비 위기관리체계 대형 구조물 안전진단 및 관리 외국인 범죄대비 행정체제
	행정서비스공급의 영역과 전달체계 재조정	공급주체의 다양화 행정의 감축관리 명확한 편익과 비용부담 주민위주의 행정서비스 전달
	환경문제에 대한 주민의식 변화 및 제어증대	지속가능한 도시개발 "지방의제21"작성 및 실천 환경친화적 산업육성 재생산업육성 환경단체와의 협동생산 방식의 환경정책

도시정부환경의 변화와 공급수요변화

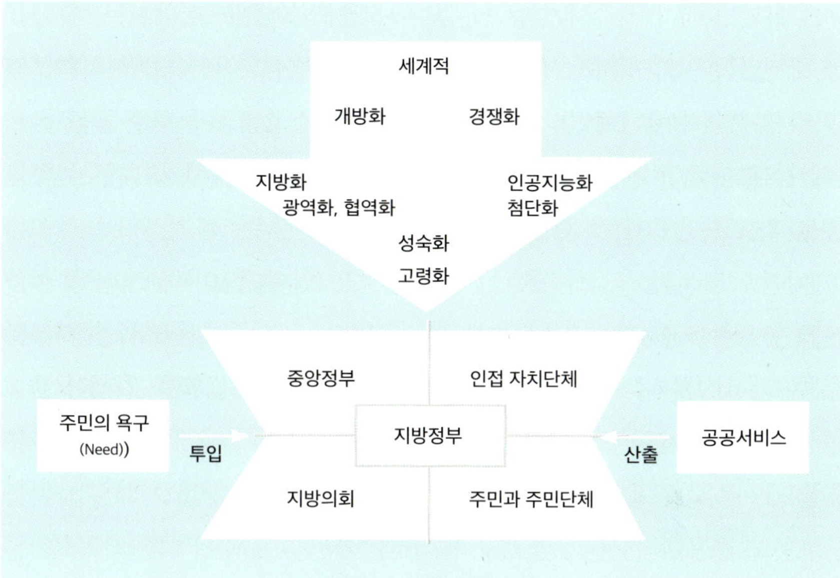

도시정부가 직면한 환경변화

의 고학력화와 시민운동의 활성화, 정보매체의 공유 그리고 민간부문의 신장으로 인해 행정서비스의 차별적, 선택적 향유의 주장과 함께, 공공부문의 신뢰성이 사회적 문제로 제기될 것이다. 지금까지의 공급자, 생산자 중심의 지방정부 편의적인 행정서비스 공급체계에서 소비자이고 지방정부의 주인이기도 한 시민중심의 서비스 공급체계로서 전환이 요청되고, 이것은 지방정부가 해결하여야 할 중요한 과제다. 이와같이 변화하고 있는 도시정부 환경에 도시정부가 직면하고 있는 상황을 요약 정리하면 위의 그림과 같다.

2. 도시정부 수요변화와 조직개편의 필요성

지방정부를 둘러싸고 있는 4차 산업혁명/인공지능화, 지방화/분권화, 세계화/국제화, 정보화/첨단화, 성숙화로 대별되는 행정환경의 변화를 살펴 보았

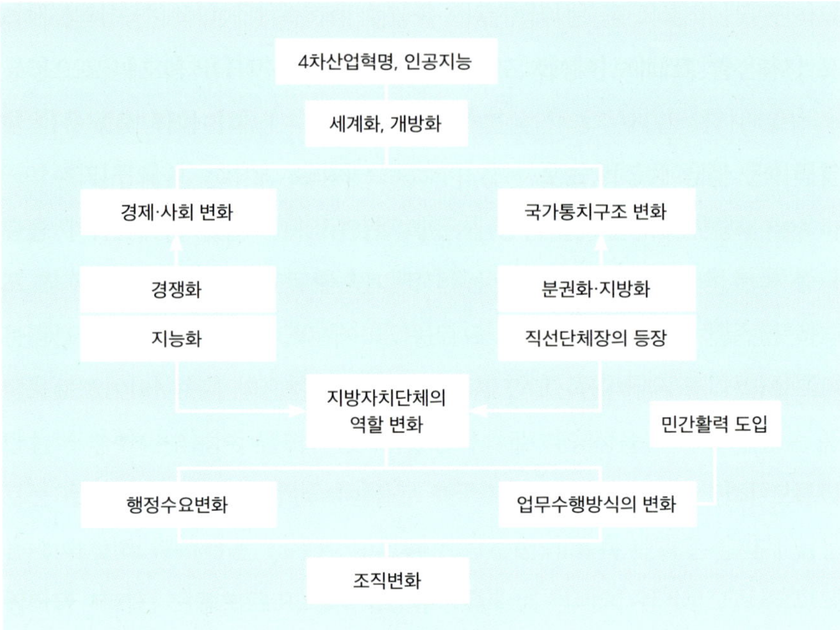

조직개편의 필요성

다. 이와 같이 급변하는 행정환경의 변화에 따라 자치단체에서 공통적으로 발생하는 행정의 수요변화를 구체적으로 전망해 보고 이에 따른 조직개편의 필요성을 도식화하면 위 그림과 같다.

3. 조직개편의 의의와 한계

지방자치단체 중에 특히 기초자치단체인 시·군·구의 차원에서는 특히 조직상의 문제점이 매우 중요하다. 특히 최근의 급변하는 정치·사회·경제적 환경변화에 조직이 어떻게 대응해야 할까? 책임의 명확한 소재와 주민의 편의를 어떻게 실현시킬 수 있을까? 어떻게 하면 복잡한 조직기구를 간소화시켜 의사결정을 신속하게 할 수 있을까? 등등 지방자치단체가 직면하고 있는 과제는 산적해 있다. 이와 같이 조직개편의 당위성과 시급성이 지방자치단체가 직면하고 있는 큰 과제임에도 불구하고 자치단체의 조직개편이 잘 추진되고 있지 않는 것이 오늘날의 현실이다.

조직개편이 잘 추진되지 않는 이유는 다음과 같이 지적할 수 있다.

ⓐ조직자체가 중요성을 충분히 인식하지 못하고 있다. ⓑ정책목표와 조직의 연동성이 일치되고 있지 않다. ⓒ조직지향보다 인사지향성이 강하다. ⓓ조직의 현상유지적 성향이 유난히도 강하다. ⓔ조직에 대한 의회나 일반주민의 관심이 희박하다. ⓕ조직개편에는 많은 시간적, 절차적 노력이 필요하다. ⓖ직원들의 제안이나 저항이 매우 강하다. ⓗ특히 인원감축이 있을 때에는 직원들의 조직적 반대와 저항이 강하다. ⓘ과거에도 조직개편이 순조롭게 이루어진 사례가 매우 적기 때문에 조직개편의 성공성 그 자체에 대한 회의 때문에 소극적으로 추진된다. ⓙ조직관련 사무의 주무부서인 기획과 내무부서의 주도와 선도로 조직개편이 이루어지기 때문에 사업부서의 의견이 잘 반영되지 않고 조직전체의 일체성이 형성되지 않는 경우가 많다. ⓚ조직개편에서만 그치는 것이 아니라 항상 인사문제가 얽혀져 있다. 이와 같은 이유에 의해 자율적으로 추진되는 조직개편은 지금까지 별로 없었다. 그러나 최근에 급변하는 행정환경의 변화에 의해 주민들의 관심 또한 높아짐에 따라 소위 행정개혁의 일환으로서 자치단체 스스로에 의한 조직개편이 이루어지고 있다.

이론적 측면에서 조직이란 목적, 구조, 자원의 각 요소의 결합적 산물이라고 할 수 있다. 즉, 조직은 목적적 요소(사무사업의 목표와 방법 : 중점 목표의 확립과 효율적 방법의 채택 등), 구조적 요소(기구구성 : 국·과의 편성과 직무 및 권한의 설정 등), 자원적 요소(인적자원 : 요원의 충원과 배분, 재정적 자원 : 재무조달과 배분, 물적 자원 : 자재와 설비의 조달배분 등) 등을 결합한 것이다. 이론적으로 말한다면 '조직개편'

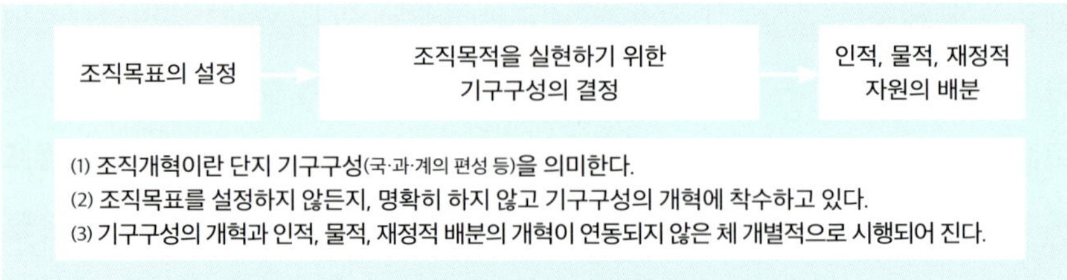

조직개편의 실제

은 지금까지의 각 요소의 종합적 개혁을 의미한다고 할 수 있다. 그러나 실제로 조직개편을 추진할 경우, 이와 같은 이론적 의의와는 매우 큰 괴리가 있다. 이론적인 '조직개편'은 언급한 바와 같은 사고와 방법에 의해서 실현되어야만 한다. 그러나 실제로 행해지고 있는 조직개편은 다음과 같은 특징적 사고와 방법에 의해 시행되고 있다. 이것을 더욱 구체적으로 살펴 보면 지방자치단체의 조직개편이 지니고 있는 그 의의나 문제점을 명확히 알 수 있다.

ⓐ목표나 시책의 실현 때문에 조직개편 의식이 희박해지는 점, ⓑ논리적으로는 사무수행에 대한 조직진단을 통해 그것과 합치되는 개편방안을 모색해야 하는데 그렇게 행해지지 못하고 있는 점, ⓒ전결, 대결, 진행관리, 사무분석 등은 '사무관리' 혹은 '사무개선' 분야로 다루어져 조직개편과는 별도로 다루어지기 때문에 연동해서 종합적으로 추진되지 못하고 있는 점, ⓓ조직기구와 인사관리가 혼동되어 있다. 예를 들면, 서기, 주사 등이 '직'으로 이해되고 '조직'으로 이해되고 있지 못하는 점, ⓔ그럼에도 불구하고 조직기구와 재원의 배분은 별도로 다루어지고 있다는 점 등이다.

다시 말해 조직개편으로 추진되어지는 대상과 의의는 협의의 '조직'만을 의미할 뿐, 조직의 중요한 요소를 지닌 소프트한 측면은 간과되어 연계성이 확보되지 않고 있는 것이 실제적인 현상이다. 실제의 조직개편은 하드한 측면의 개편으로 추진되고 있으며 그 내용을 살펴 보면 다음과 같다.

ⓐ국·과·계의 명칭의 변경 ⓑ국·과·계의 신설, 통합, 폐지 ⓒ국·과·계의 사무분장의 변경 ⓓ창구의 통합과 폐지 ⓔ연락과 조정 조직의 설치와 폐지 ⓕ동태적 조직의 설치와 폐지 ⓖ특별부서의 신설·폐지·통합 등이다.

조직개편의 목적과 절차

1. 목적과 동기

1) 분류

지방자치단체의 조직개편의 목적과 동기는 어디에서 그 정당성을 찾을 수 있을까? 조직개편의 목적과 동기를 모두 심층적으로 분류하기란 다음과 같은 두 가지 측면의 이유에서 무척 어렵다. 첫째가 조직개편의 유형이 매우 다양하다는 점이다. 전면적 개편을 실시할 경우, 부분적 개편을 실시하는 경우, 그리고 단순사무를 이관하는 경우 등 조직개편의 실제는 매우 다양하다. 따라서 그 목적이나 동기 또한 다종 다양하다. 둘째로는 목적과 동기 그 자체 또한 일반적인 것, 특수적인 것, 조직자체에 관한 것, 정책 변화 등에 의한 것 등으로 다양한 형태를 띠고 있다는 점이다. 여기서 조직개편의 목적과 동기를 ⓐ조직자체와 사무의 변화 ⓑ환경변화에 대한 대응 ⓒ기타 특수한 목적으로 분류하여 보면 표와 같다.

조직자체와 사무의 변화
ⓐ조직의 간소화 ⓑ신규사업에의 대응 ⓒ사무의 폐지, 축소, 통합 ⓓ시설의 신설 폐지 ⓔ사무처리의 신속화, 정확화 ⓕ부서별 할거주의의 극복 ⓖ참모부문과 최고관리층 강화 ⓗ책임과 권한의 명확화 ⓘ사무의 OA화 ⓙ사무사업의 민간위탁 ⓚ조례, 제도의 신설과 폐지 ⓛ창구사무의 신개선
환경 변화에의 대응
ⓐ자치단체장의 교체 ⓑ의회구성의 변화, 의회의 지적 ⓒ종합계획의 수립, 개선 ⓓ경영진단 혹은 조직진단 ⓔ자문위원회등의 제안 및 건의 ⓕ감사 지적 ⓖ시민, 시민단체로부터의 비판 ⓗ인원삭감, 정원억제 ⓘ행정서비스의 확대와 향상 ⓙ시민중심의(소비자 중심) 조직 설계 ⓚ중심목표의 변화 ⓛ세무의 감소, 보조금삭감, 재정위기 ⓜ행정의 이미지 제고 ⓝ직원의 사기진작 ⓞ증원요구(관리직, 직원, 노동조합, 시민단체) ⓟ법률개정 ⓠ일부사무조합의 설치, 폐지 ⓡ중앙정부, 광역단체의 지적과 지도 ⓢ선행해서 개편한 타 자치단체와의 조정
기타, 특수한 목적
ⓐ부정사건, 사고등의 발생 ⓑ청사건설 ⓒ자치단체의 지위승격

조직개편의 목적과 동기의 분류

2) 환경변화에 대응한 조직개편

이상과 같이 자치단체 조직개편의 목적 및 동기는 매우 다양하다. 조직개편의 실제 목적과 동기는 이론적이거나 실제적 필요성에 의한 것도 있다. 오히려 조직자체 또는 사무 그 자체에 기인한 것이라기보다는 정치적, 정책적 외부 환경적 요인에 의한 조직개편의 목적과 동기가 더 많다. 이 가운데서 특히 주목해야 할 요인을 살펴 보면 다음과 같다.

(!) 자치단체장의 교체

자치단체장이 교체되면 조직개편을 단행하는 것이 일반적 현상이다. 이것은 소속정당이 다른 단체장의 취임, 보수성향의 단체장에서 진보성향의 단체장으로 교체, 성향이 같은 단체장간의 교체 등의 경우에도 예외는 아니다. 단체장이 바뀌어서 정책의 변경이나 변화가 크게 없는 경우에도 조직개편이 단행되는 경우도 많다.

여기에서는 ⓐ정책의 전환은 어렵지만 조직의 개편은 비교적 쉬운 점 ⓑ조직개편에 의해 이미지 향상을 가져올 수 있거나 최소한 진보적이라는 인상을 줄 수 있다는 점 ⓒ자치단체조직(시청,군청,구청)내의 조직 장악력 증대 ⓓ직원들에 대해 근무자세의 쇄신촉구 수단으로 활용되는 등 조직개편이 자치단체경영의 수단으로 활용되는 현상도 볼 수 있다.

(2) 경영진단

컨설팅회사나 연구소 등에 자치단체의 경영진단을 의뢰해 그 결과에 기초해서 자치단체의 조직개편을 단행하는 것이 최근의 추세로 볼 수 있다. 이것은 조직개편의 필요성과 목적에 대해 가능한 한 객관성을 확보하고자 하는 의도와 배경에 의해서이다. 하지만 일부의 의견에는 현실성이 고려되지 않고 너무 이론적이고 이상적이라는 비판과 함께 저항이 발생하기 쉽다.

(3) 자문위원회의 제안 및 건의

자문위원회등으로부터의 일정의 제안과 건의가 있으면 담당 부서로서는 조직개편의 면죄부를 얻은 것과 마찬가지로 보는 현상이 있다. 하지만 이러한 경우의 대부분은 과나 계의 증설만에 한정되어 있고 조직의 축소나 통합에는 거부 반응을 표시하는 경우가 많다.

(4) 직원의 사기진작

조직의 축소는 당연히 직책의 감소를 가져온다. 고도 성장기에는 직원의 사기진작을 위해 조직 확대를 도모하는 현상이 대부분이었지만 앞으로는 불가능해질 것으로 보인다. 적절한 조직편성과 함께 적정한 인사관리를 어떻게 시행하는가가 매우 큰 과제이다. 사기를 제고시킬 수 있는 적정한 인사관리가 병행되지 않는다면 조직개편은 큰 저항에 직면하게 될 것이다.

2. 수법과 절차

조직개편의 동기나 목적이 다양하듯이 조직개편의 수법과 절차 또한 매우 다양하다. 또 조직개편의 규모와 관련해서 간단한 수법과 절차를 취하는 경우도 있으나, 대규모의 조직개편의 경우는 실제로 복잡한 수법과 절차를 거치게 된다. 조직개편을 행할 때 어떠한 수법과 절차에 의해 이루어지는가를 살펴보기로 한다.

1) 기본적 구조

대규모의 조직개편의 경우는 일반적으로 다음과 같은 수법과 절차에 의해 시행되고 있다.

ⓐ조직개편의 필요성과 인식의 합의 ⓑ조직개편의 지시 ⓒ조직개편 방침(안)의 작성 ⓓ조직개편 방침의 결정 ⓔ조직개편 방침의 발표 ⓕ조직개편 추진조직의 설치 ⓖ조직개편 추진을 위한 환경조성과 연수, 설명회의 개최 ⓗ조직개편 추진조직의 회의 개최 및 토의 ⓘ각 부서의 조직개편안의 검토, 작성 ⓙ각 부서의 조직개편안의 보고 ⓚ각부서의 조직개편안의 조정과 조직개편요소의 작성 ⓛ조직개편 1차안을 단체장에게 보고 ⓜ조직개편 1차안의 결정 ⓝ조직개편 1차안에 대한 의견청취(각부서, 관련기관, 전문가, 의회) ⓞ조직개편 1차안에 대한 의견 수정 ⓟ조직개편안의 결정 ⓠ조직개편안의 발표 ⓡ조직개편의 세부추진계획 발표, 설명회, 홍보등의 실시 ⓢ인사발령등의 조치

이와 같이 복잡한 수법과 절차를 요약해서 기본적 구조를 그림으로 나타내면 다음과 같다.

① 조직개편의 방침	④ 조직개편 추진조직의 구성	③ 환경조성과 개편안 작성을 위한 활동	④ 조직개편안의 작성	⑤ 조직개편의 실시

조직개편의 기본적 구조

2) 절차

(1) 조직개편의 방침

최근의 조직개편은 대상과 조직의 규모가 매우 크다는 점, 영향을 받는 직원이 많다는 점, 직원과 주민의 가치관이 다양화되어 간다는 점을 고려할 때, 직원이 공통으로 참여하는 조직개편을 위해 '조직개편방침'을 발표하고 자치단체 조직 내에서 공개적으로 추진되는 것이 바람직하다.

일반적으로 '조직개편방침'에는 조직개편의 필요성과 목적, 조직개편에 대한 의지 및 결의, 조직개편의 추진방법과 일정, 조직개편 추진조직, 조직개편의 시점과 방침, 개편안 작성방법과 절차, 보고요령의 내용을 담아야 한다.

지금까지는 조직개편 방침의 작성에는 조직담당부서인 기획이나 내무부서 직원에 의해 비공개리에 일방적으로 작성되어 왔으나, 앞으로는 조직개편안 방침작성 자체를 모든 부서가 참가하는 직원들에 의해 작성되어야만 조직개편 후의 후유증을 최소화시킬 수 있다. 조직개편 방침은 조직개편의 동기부여, 목표설정, 목표로 유도, 행동준칙의 설정, 능률적, 효율적인 작업지침 등의 역할을 부여하지만 조직개편방침 그 자체의 합리성이 문제가 되는 경우는 조직개편의 최대 저해요인으로 작용되는 경우가 많다.

(2) 조직개편의 추진조직

조직개편을 추진하기 위해서는 조직개편을 추진하는 조직체제의 정비가 필요하다. 기존의 조직과는 별도로 추진조직을 새로이 신설할 것인가? 그렇지 않으면 기존의 조직을 그대로 추진조직으로 전환시킬 것인가?의 방법 중에서 선택하는 것이 일반적 현상이다. 어떤 방법을 택하든지 조직개편을 위한 추진조직을 설치할 때는 다음과 같은 사항에 유의해서 설치 운영하는 것이 최근의 경향이다.

• 직원 전원에게 어떠한 형태이든지 과제를 부여하는 방안 : 계층중심으로 팀설치, 과단위의 연구회 구성 등

• 계장, 과장 등의 중간간부가 각자의 입장을 주장하는 데 리더쉽을 발휘할 수 있도록 고려하여야 한다 : 과장을 리더로 하는 과나 팀의 설치, 계장이상으로 구성된 연구회 등의 설치

• 조직 주관부서와 사업부서 간의 의사소통이 가능하도록 조직개편 추진협의회등과 같은 조정조직의 설치

• 조직 주관부서가 타부서를 리드할 수 있도록 기획관리실장이 조직개편추진위원회 위원장을 담당하는 등의 조치를 강구

• 조직개편 추진본부 같은 조직은 단체장과 각 부서장과의 토의의 장을 마련

• 조직개편 추진본부가 과나 팀의 의견 등을 청취하는 방법 등을 통해 조직 간의 피드백이 작동할 수 있는 조치의 강구.

(3) 조직개편의 환경조성과 개편안 작성을 위한 활동

조직개편은 어떤 자치단체이든지 간에 어려움에 직면하게 되는데 그 이유는 다음과 같이 지적할 수 있다.

조직개편에 직원들이 익숙해져 있지 않다는 점, 조직개편이 급선무라 할지라도 현안 일상업무의 우선성 때문에 조직개편 그 자체는 시급히 해결되어야 할 과제라고는 인식하지 않고 있다는 점, 조직개편에 대한 직원들의 관심이 크지 않다는 점, 조직개편을 실시하면 조직자체가 일시적으로 혼란상태에 빠질 수 있기 때문에 부서장 등이 솔선해서 조직개편을 단행하지 않는 경우가 많은 점들을 지적할 수 있다. 이와 같은 상황 속에서 조직개편을 추진하기 위해서는 조직개편의 필요성, 결의, 개편 후의 전망, 개편의 방법 등을 개편의 당사자인 직원들에게 철저히 인식시키고 조직개편에 임하는 의식을 고양시킬 필요가 있다. 조직개편에 대한 직원들의 의식여하에 따라 조직개편의 성공자체가 좌우되는 것을 각 자치단체의 사례를 통해 살펴 보면 다음과 같이 분류된다.

조직 담당부서인 기획이나 내무부서 등은 업무상 조직개편을 주도적, 적극적으로 추진하지만 타부서의 국장, 과장, 계장, 일반직은 냉담한 것이

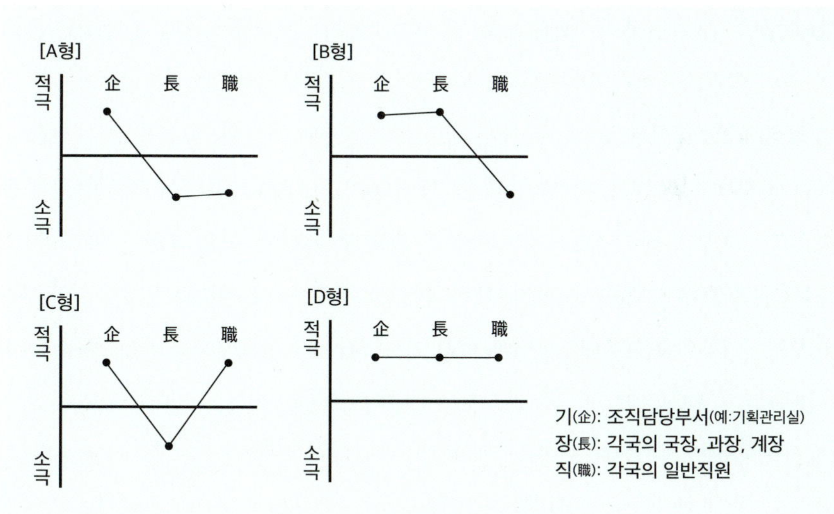

조직개편에 대한 직원들의 의식패턴

일반적 현상이다.

A형은 실패하는 것이 통례적이고, 성공하더라도 기획부서와의 갈등이 남는다. B형은 성공 가능성은 많지만 시행에 있어서 직원들의 협력을 얻을 수 없다는 문제가 남는다. C형은 최근 많이 볼 수 있는 유형으로서 젊은 직원들은 무기력한 중간관리직을 무시하는 경향이 있는데, 이를 이용해서 조직개편을 추진하는 방법이다. 역시 직장에서의 문제는 여전히 남는다. 조직개편안을 원활하게 만들고 성공적으로 추진하기 위해서는 이상형인 D형과 유사한 방법을 택할 필요가 있다. 이러한 방법에는 성공적인 조직개편을 위한 설명회, 연구 등의 보완적 조치가 뒤따라야 할 것이다. 이러한 시책의 사례는 다음과 같다.

•시장담화, 지시하달, 시장이 각 부서의 토의에 참가 •조직개편 방침을 직원 전원에 배포 •기획관리실장등이 참석하여 설명회 개최 •계장 전원 연락회의의 개최 •국·과장을 대상으로 한 설명회 개최 •조직개편 추진위원회의 합숙 연수 •조직개편연수의 실시(이론적인 연수) •조직개편 뉴스의 발행

(4) 조직개편안의 작성

조직개편안의 작성은 아주 복잡한 과정이지만 기본적인 것은 그림에서 볼 수 있는 과정과 같다. 조직개편안의 작성은 조직개편 작업과정 중에서 가장 중요한 과정이며 대립이 가장 심한 과정이기도 하다. 이 과정에서 가장 큰 문제는 조직 주관부서와 사업부서 간의 대립이다. 이러한 대립은 주로 조직

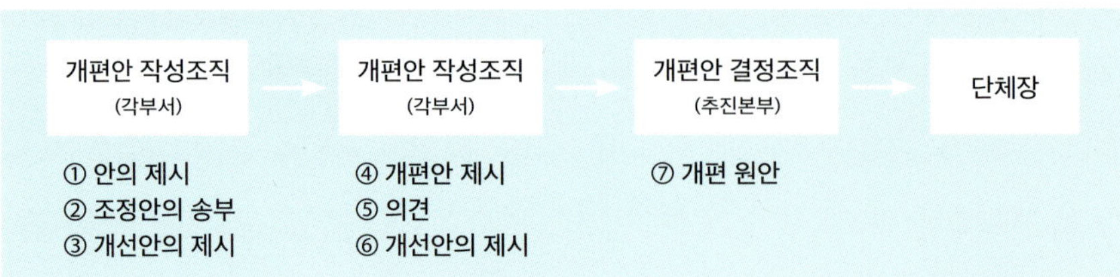

조직개편안의 작성과정

개편 방침의 해석과 운용의 문제를 둘러싸고 일어난다.

(5) 조직개편의 실시

조직개편안이 작성되면 의회에 대안제시와 의견청취, 관계기관과의 조정협의에 이어서 조식개편의 필요한 법적 조치(부서 설치에 관한 조례의 개정, 동 규칙의 개정)를 함과 동시에 인적자원의 배분을 실시한다.

조직개편을 둘러싼 저항

현실적으로 조직개편은 격렬한 저항과 이에 대한 집요한 설득의 연락과 반복의 과정이다. 조직개편을 둘러싼 저항은 타부문의 업무에서는 그 예를 찾아보기 어려울 정도로 연속적으로 발생한다.

장기간 조직개편의 작업과정에서 상사와 부하, 일반직과 기술직, 계장 상호간, 과장과 과장, 기획, 내무부서와 타부서 간의 있을 수 있는 모든 대립과 저항의 양상은 어느 때는 표면적으로 표출하고, 어느 때는 수면 하에서 전개되기도 한다. 그래서 많은 사람들이 좌절하기도 하고, 상처와 희생을 치르면서 조직개편은 추진된다. 조직개편에 있어서 누가 어떤 이유에 의해서, 어떤 방법으로, 어느 정도, 누구에 대해서 저항하며 그 결과는 어떻게 나타날 것인가? 조직개편에 대한 '저항'을 어떻게 보아야 할 것인가? 일반적으로 저항이라고 할 때는 무리한 반항으로 속단해 버리기 쉽지만 분석해 보면 잘못된 판단이라는 것을 알 수 있다. 이런 이유에서 조직개편에 대한 많은 저항은 성공적인 조직개편을 창출시키는 데 필요한 원동력으로 작용한다는 점을 인식하여야 한다. 조직개편의 성패는 어떤 조직개편안을 작성하였나

하는 단순한 결과적 평가뿐만 아니라 어떠한 절차와 과정에 의해 이루어졌느냐하는 절차와 과정을 종합적으로 판단해서 평가하여야 한다. 아무런 장애도 없이 순조롭게 조직개편이 이루어진다고 해서 결코 높게 평가되는 것은 아니다.

1. 누가 저항하는가?

조직개편의 과정에 있어서 저항의 주체가 누구일까? 조직개편은 다양한 주체의 참여에 의해 이루어진다. 그러나 저항하는 사람은 한정되어 있으며 그 저항의 주체는 다음과 같다.

ⓐ 단체장(지사, 시장, 군수) : 조직개편에 저항하는 주체는 직원에만 한정된 것만은 아니다. 단체장도 저항한다. 이것은 조직 그 자체가 단체장의 정책, 정치 그 자체의 내용과 형태가 표현되기 때문이다. 예를 들어, 지역경제 활성화를 공약으로 내세운 시장이 일률적으로 조직을 축소한다는 원칙 때문에 지역경제부서를 다른 부서에 통합하게 될 때 저항을 하는 사례를 볼 수 있다.

ⓑ 부단체장 : 이 계층의 저항은 별로 크지 않다. 왜냐하면 이러한 계층은 실질적인 조직개편 추진의 책임자이기 때문이다. 하지만 때로는 단체장의 정치적 입장 때문에 조직개편에 저항하는 경우도 있다. 이러한 경우 조직개편 방침에 반한 저항을 나타낸다 하더라도 '정치적 판단'이란 측면에서 양해되는 경우가 많으나 사무직의 경우는 저항을 하더라도 통상적으로 좌절감을 맛보게 된다.

ⓒ 조직 내의 부서의 장(기획관리실장, 자치행정국장 등) : 이것은 표면에 나서서는 저항을 하지 않지만 조직개편 방침에 대해 일탈하는 부서나 직원들에 대해서는 심하게 저항한다. 이 경우의 저항은 다른 자와의 저항과는 약

간 의미가 다르다. 다시 말해 저항에 대한 저항이라고 할 수 있다.

ⓓ 국, 과장(사업부문) : 자신과 관련된 소관조직에 관한 사항에 대해서 저항을 하지만 다른 부서의 사항에 대해서는 저항을 하지 않는다. 국(과)내에서 조정이 성공적으로 이루어진 경우에는 저항하지 않지만 조정이 실패한 경우에는 저항하는 경우가 많다.

ⓔ 계장 : 가장 강하게 저항하는 계층이다. 이것은 조직개편의 영향과 피해를 직접적으로 받는 계층이기 때문이다.

ⓕ 직원 : 저항의 이유가 있는 경우에는 독자적이거나 동료들을 모아 그룹을 형성하며 강력히 저항한다.

2. 누구에 대해서 저항하는가?

저항의 주체는 도대체 누구에 대해 저항하는가?

ⓐ 단체장(지사, 시장, 군수) : 정치적 성향, 기본태도, 기본방침 등 주로 정치적 사항에 대해서 격렬히 비난한다.

ⓑ 부단체장 : 정치, 사무영역에 관계없이 직접 책임자로 저항을 받는다.

ⓒ 조직 담당부서의 장(기획관리실장, 자치행정국장 등) : 조직개편의 내용, 변동직원 수 등의 측면에 관해 저항을 받는다.

ⓓ 국·과장 : 조직개편 방침의 소속부서의 이해와 관련될 때 저항을 받는다. 다시 말해 국·과장들은 조직 주관 부서와 부하와의 사이에서 갈등을 겪게 된다.

ⓔ 계장 : 상사인 국, 과장과 부하인 직원, 특히 부하인 직원들로부터 저항을 받는다.

ⓕ 직원 : 저항활동을 심하게 한 경우와 반대로 조직개편 방침에 찬성하는 경우에도 상사로부터 저항을 받을 수 있다.

3. 저항의 구도

조직개편에 대해 저항의 구도는 그림을 보면 확실해진다. 역시 조직전체를 대상으로 조직개편을 행하는 경우는 더 복잡해진다.

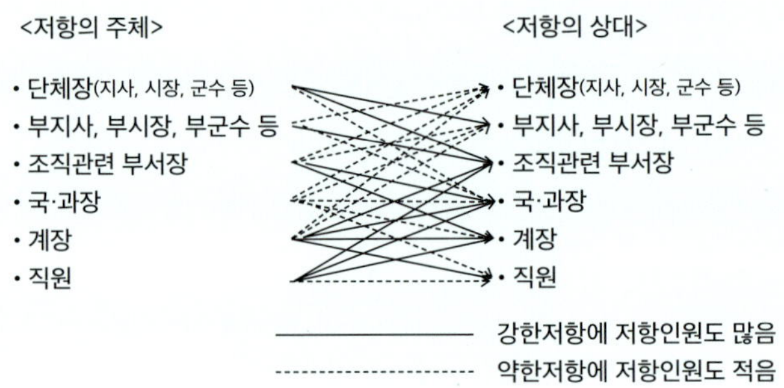

조직개편에 대한 저항의 구도

4. 저항의 이유

조직개편에 대한 저항의 이유는 무엇일까? 여기서 말하는 '저항의 이유'라는 것은 행해지는 조직개편을 어떤 형태로 저지, 반대하기 위한 행동으로서 그것을 정당화시키려는 주장이나 행동'을 말한다. 저항의 이유는 많지만 대략적으로 분류해 보면 다음과 같이 정리할 수 있다.

① 조직개편 방침에 관한 사항

조직개편은 조직개편 방침에서부터 시작된다. 조직개편에 대한 직원의 저항도 조직개편 방침에 대한 저항으로부터 시작된다. 조직개편 방침에 대한 저항은 어쩌면 다른 저항에 비해 가장 강하며 또 피할 수 없는 저항이기도 하다. 그것은 조직개편 방침이 직원의 합의를 거쳐 작성되지 않고 어느 의미에서는 일방적인 성격을 지니고 있기 때문이다. 조직개편 방침은 조직개편의 착수와 실현, 방향을 설정하는 등의 중요한 임무와 의의를 지니고 있다. 조직개편을 추진하는 작업팀은 우선 조직개편 방침에 대한 저항을 우선적으로 할 필요가 있으며, 이것은 '제1의 관문'이라고 할 수 있다. 한편에서는 기존의 조직개편을 저지시키거나 그렇지 않으면 자신이 주장하는 조직 개편안을 실현시키고자 하는 사람은, 우선 최초의 저항을 표출시켜야 하는 것이 일차적으로 중요한 저항행동이다.

조직개편 방침에 대한 저항의 주요 요소는 다음과 같다.

ⓐ 조직개편의 목적은 무엇인가? 목적 자체가 정당성이나 필요성을 가지고 있는가? ⓑ 조직개편의 시점은 언제인가? ⓒ 조직개편의 기준에 관한 문제는 무엇인가?(예를 들면 계의 통합, 과의 통합 기준 등) ⓓ 조직개편의 추진방법에는 문제가 없는가? ⓔ 조직개편 방침의 작성 방법 등에 관한 의문은 무엇인가? ⓕ 조직개편 추진에 감추어져 있는 동기는 무엇인가? 외부로부터의 압력은 없는가 등이다.

2) 조직개편안에 관한 사항

이 부분은 조직개편안에 관한 사항으로서 실제 매우 복합적인 요소를 지니고 있다. 중요한 내용은 다음과 같다.

ⓐ 분리, 통합의 이유는 무엇인가? ⓑ 정리, 축소의 이유와 그 정당성 ⓒ 명칭변경의 이유와 그 정당성 ⓓ 폐지되어야 할 과·계가 지금까지 수행한 역사적 의의를 어떻게 평가할까? ⓔ 정책의 전환 또는 축소를 동반하는 것일까? 이런 경우 그 이유는 무엇일까? ⓕ 사무처리 방법의 변경은 없는가? 변경이 있다면 그 문제점은 무엇인가? ⓖ 사무분장을 정하는 방법과 배분 등의 문제점은 무엇인가? ⓗ 타부서와의 관계는 어떠한지? ⓘ 사무의 집중화와 그 문제점은 어떠한지? ⓙ 사무실 배치를 이유로 하는 저항 ⓚ 다른

자치단체의 실패 등을 이유로 하는 저항 ① 법적 사유 등을 이유로 하는 저항 ⓜ 소속 부서내의 의견 불일치를 이유로 하는 저항 ⓝ 기타. 예를 들면, 개혁안의 압력에 반발하는 저항.

3) 직원의식, 인사와 관련된 사항

ⓐ 이동, 배치전환이 예상되는 경우의 저항 ⓑ 강등, 보직의 감소가 예측되는 경우의 저항 ⓒ 합리적 반대를 이유로 하는 저항 ⓓ 인원감축에 따른 저항 ⓔ 근무조건의 변경에 반대하는 저항 ⓕ 현재상태의 변화를 바라지 않는 것을 이유로 하는 저항 ⓖ 기타 인사이동 등의 인사전반을 이유로 하는 저항 등이다.

이와 같이 조직개편에 대한 직원들의 저항 이유는 여러 가지 측면에서 나타나는데 최근에는 조직의 정리, 통합, 폐지, 축소에 대한 저항의 증가가 현저히 나타나고 있다. 이것을 다른 측면에서 본다면 조직의 증대, 신설 등에 대해서 저항이 없는 것은 아니지만 그렇게 염려할 만한 저항은 아니다. 다양한 사례를 통해서 볼 때 지금까지 조직개편이 수없이 시행되었지만 조직의 증대나 신설 등에 대한 직원들의 저항은 거의 없었다는 사실이다. 오히려 조직의 확대는 승진기회와 업무강도를 줄이는 결과를 자아내기 때문에 직원들로서는 오히려 인기 있는 시책이었다. 따라서 직원들의 저항이 심하였다는 점은 대부분 조직의 정리, 통합, 거기에 병행된 인원감축 등의 이유에 의해서이다.

5. 저항의 방법

저항의 방법에 대해 살펴 보면 그 형태가 매우 다양하다. 중요한 내용은 다음과 같다.

ⓐ 구두로 하는 저항 : 자신의 담당부서를 넘어서서 조직관련 담당부서 등에 저항행동을 보이는 것 ⓑ 문서에 의한 저항 : 저항 이유, 개편안 등을 문서로 작성하여 청 내외에 호소하는 방법 ⓒ 보이콧 : 부서내의 회의 참가를 단독이나 그룹으로 보이콧 하는 방법 ⓓ 무관심한 태도 ⓔ 투서 ⓕ 시민단체 등의 정보제공과 협력요청 : 조직개편 방침 등 조직개편을 둘러싼 일련의 정보를 시민단체 등에 제공하여 조직 내의 저항을 대신해서 표출할 수 있도록 협력을 요청하는 것이다. 요청을 받은 시민단체 등은 단체장과 의회 등에 계속해서 진정과 청원 등을 한다. 대표적인 사례는 다음과 같다.

•농정과의 통합축소 : 농업단체 •소비자 보호와의 통합 : 소비자단체 •구민회관, 문화회관 관리조직의 통합 : 문화단체, 문화회관 운영위원회 등 •상공과의 계로 격하 : 상공회의소 •가정복지국과 보건사회국의 통합: 여성단체

이와 같은 경향은 전문직이라 불리는 부서와 이해관계단체 등을 관할하는 부서에서 반드시 나타난다. 이 때문에 개편을 둘러싼 정보관리와 직원의 윤리성 등이 문제로 제기된다.

6. 저항의 정도

저항의 정도는 다음과 같이 정리해 볼 수 있다.

ⓐ 강한 저항 : 약한 저항 ⓑ 강경한 저항(타협불가) : 유연한 저항 ⓒ 장기간 계속되는 저항(계속 반복되는 저항) : 단기간 저항(1회에 끝나는 저항) ⓓ 설득력이 있는 저항 : 설득력이 없는 저항 ⓔ 다수의 찬성자가 있는 저항 : 소수의견으로 끝나는 저항 ⓕ 실력행사를 병행하는 저항 : 실력행사를 하지 않는 저항 ⓖ 단독행동의 저항: 집단행동의 저항 ⓗ 배후관계가 있는 저항 : 배후관계가 없는 저항

조직개편의 반성과 과제

이상에서 살펴본 바와 같이 지방자치단체의 조직개편은 다양한 주체에 의한 각각의 주장과 저항 속에서 계속 추진되고 있다. 자치단체의 조직개편은 새로운 양상이 전개되기 시작하고 있는 한편 어려움 또한 계속 늘어나고 있다. 앞으로 자치단체의 조직개편은 지금까지의 조직개편의 반성을 근거로 한층 더 합리적이고 설득력있게 전개되어야만 한다. 이를 위해서는 무엇을 해야 하는가? 다음 사항을 제안하고자 한다.

1. 조직개편의 전제설정

우선 공통적으로 지적할 수 있는 것은 조직개편의 전제가 설정되어 있지 않다는 점과 준비부족을 들 수 있다. 이것은 과거의 조직개편이 순조롭게 전개되었다는 단순한 생각에서 출발하고 있다. 과거의 조직개편은 심한 저항도 없이 여러 차례 조직개편이 성공적으로 추진되었다. 그것은 지금까지의 조직개편이 조직의 확대 예를 들면, 과나 계의 신설 등을 주요내용으로 하고 있었다는 점이다. 이렇게 지금까지의 조직개편은 증대하는 행정수요에 부응할 수 있는 형태로 조직의 확대현상에 지나지 않았다. 조직개편의 핵심이 조직의 감축에 있지 않았지만 조직 환경은 급변하여 '조직의 감축'이라고 하는 것이 조직개편의 중심적인 요소가 되고 있다. 조직개편의 전략 또한 변화하여야 한다. 그러나 아직까지도 과거의 타성에 젖어 안이한 방법으로 조직개편에 착수하고 있다. 이와 같이 안이한 조직개편 전략은 저항에 부딪쳐서 실패할 가능성을 가지고 있다.

우선 무엇보다도 조직개편의 필요성과 목적을 실현시키기 위해서 필수적인 것은 치밀한 분석작업이다. 이러한 과정이 충분히 이루어지지 않고 단도직입적으로 조직개편에 착수하게 되면 심한 저항에 직면하게 된다. 결국 저항을 돌파하지 못해 조직개편은 실패하게 된다. 조직개편에는 종합계획의 수립기법이 참고가 될 것이다. 종합계획을 수립할 때는 상세한 현상분석, 장래예측 그리고 계획안 확정이라고 하는 매우 치밀한 작업이 행해진다. 조직개편에 있어서는 이와 같은 현상분석과 장래예측이 필요하지만 현재의 단계에는 충분히 이루어지지 않고 있다.

논리적으로 사무개선을 먼저 추진한 다음에 조직의 개편을 단행해야 하지만 현실적으로 이렇게 진행되지 않는다는 점에 문제가 있다. 그러나 장기간에 걸쳐 사무작업의 개선을 실현시킨 다음 조직개편에 착수하면 조직의 감축을 성공적으로 추진할 수 있다. 이와 같은 점을 고려한다면 조직개편의 전제로는 다음과 같은 작업이나 자료의 정비가 필요하다.

① 사무사업의 개선 ② 현행조직의 문제점 ③ 조직개편의 필요성에 대한 이론 부여 ④ 인원배치, 사무분장과 사무량 등의 문제점 ⑤ 제3자에 의한 조직분석 ⑥ 자치단체의 사례

2. 조직개편의 방침과 합리성과 민주성의 확보

앞으로의 조직개편은 첫 단계에서 작성되는 조직개편의 방침에 의해 성패가 좌우된다. 조직개편 방침은 조직개편의 출발이며 유도이고 필요성이며 결과이기도 하다. 직원들의 대부분의 저항이 이 단계에 집중되는 것을 보아도 조직개편의 방침이 얼마나 중요한 역할을 수행하는가를 알 수 있다. 그러므로 우선 조직개편 방침의 작성단계에서 민주성 확보에 힘을 기울여야 한다. 너무 급하게 그리고 무리하게 조직개편 방침을 밀어 붙여선 조직개편을 성공적으로 추진할 수 없다. 조직개편은 조직개편 방침에서 시작하여 조직개편 방침에서 끝나는 것이다. 이러한 의미에서 볼 때 가능한 많은 직원들이 참

여하에 조직개편 방침을 작성하여야 한다.

조직개편의 방침은 합리적이어야 한다. 이를 위해서는 조직개편의 목적, 동기, 방법, 내용 등 여러 가지 측면에서 합리적으로 설명하여 설득시켜야만 한다. 목적이 명확하지 않은 '애매모호한 전략'은 반드시 실패하게 된다. 조직개편을 할 때 과나 계의 수를 줄이기 위해 1과 1계 감축이라는 일률적인 목표를 설정할 이유는 없다. 1과 1계 감축이나 일률적으로 몇 %의 인원감축을 조직개편의 중요성 수법으로 활용되는 지방자치단체는 조직개편의 유아성을 면치 못한다고 할 수 있다. 사무의 프로세스는 개선하지 않고도 폐지해야 할 계도 있고 또, 늘여야 할 계가 있을 수도 있다. 이와 같이 합리성과 설득력이 없는 조직개편은 앞으로 성공하기 어려울 것이며 있어서도 안 될 것이다. 실제로 직원들의 조직적인 반발은 이와 같은 조직개편의 방침이 비합리적이라는 이유에서 발생하며, 사무프로세스를 하나하나 개선한 다음에 이와 같은 조직개편안을 작성한다면 직원들도 이에 크게 반발하지 않을 것이다.

3. 조직개편의 일상성

지방자치단체를 둘러싼 환경은 매우 급하게 변화하고 있다. 그럼에도 불구하고 대부분의 조직은 아직도 변화하지 않고 있다. 겨우 10년에 한 번 정도 대대적인 조직개편을 시도하면서 여러 가지 측면에서 저항을 받고 있다. 원래 조직은 '살아있는 생물체'이기 때문에 안정성과 편리성의 균형문제가 있기는 하지만 조직개편은 일상적으로 추진되어져야 한다.

지방자치단체의 조직개편의 곤란성은 ① 일상적으로 추진되지 않기 때문에 직원들은 조직개편에 대해 이상할 정도로 저항을 표시하며 ② 따라서 조직개편을 추진하는 직원들의 능력도 발전하지 않는 이유가 여기에 있다. 국이나 과 등의 전면적 개편은 물론이며, 계 단위의 개편정도는 일상적으로 언제나 추진할 수 있도록 제도적 뒷받침이 뒤따라야 할 것이다.

4. 조직개편안의 유연성 확보

대부분의 조직개편 실패와 좌절은 조직담당부서의 경직된 태도와 무리하게 밀어붙여 유연성 없는 자세에 있다고 할 수 있다. 조직개편안에 대해서도 최고를 고집하고 최선의 안에 양보하지 않는 사례를 많이 볼 수 있다. 앞으로 조직개편을 추진해 나가기 위해서는 제1차안, 제2차안이라고 하는 선택적 대체안의 준비와 제시가 성공의 중요한 열쇠이다.

5. 저항에 대한 기본적 자세

현실적으로 조직개편에 대한 직원을 비롯한 이해관계자의 저항을 피할 수 없으며 이는 점점 더 증가할 것이다. 지금까지 조직개편의 저항에 대해서 그 대응은 소극적이었으며, 대응수단 또한 회피하거나 무시해버리는 경우가 많았기 때문에 오히려 직원들의 반발 또한 상대적으로 컸다고 생각한다. 그럼에도 불구하고, 조직개편에 대한 직원참여라고 하는 것은 조직개편에 대한 직원들의 저항을 허용하는 제도적 장치를 설치해 두고 있는 것이라고 할 수 있다. 따라서 다양한 형태의 저항을 부정적인 요소로만 볼 것이 아니라, 어디까지나 적극적으로 수용하며 신중히 대응할 필요가 있다.

15 도시정부의 갈등관리와 협상

갈등이란 무엇인가?

일반적으로 갈등이란 둘 이상의 행동주체간에 심리적 대립감과 적대적인 행동을 내포하는 동태적 과정을 말한다. 이러한 갈등은 두 사람 이상이 같은 목적을 추구하거나 상호 배타적인 목적을 동시에 추구하려고 할 때, 또는 양립할 수 없는 역할을 하거나 상호양립할 수 없는 수단을 동원하려고 할 때 생성된다. 이렇게 볼 때 갈등은 인간생활의 여러 측면에서 배태된다고 볼 수 있다.

사회관계적인 측면에서 본다면 갈등이란 한 당사자가 그의 이익이 반대를 받고 있거나 다른 당사자에 의해 부정적으로 영향을 받는 상태를 인식하고 있는 과정으로서 당사자들 간에 이익추구의 차이가 인지되었거나 각자의 목표가 동시에 이루어질 수 없다는 믿음을 가지고 있는 상태로 정의될 수 있다.

갈등을 겪고 있는 사회가 다원적이고 개방적인가 혹은 폐쇄적이고 경직된 사회인가에 따라 갈등의 파장은 달라지게 된다. 전자는 경쟁자들간의 긴장이 원만한 갈등관리로 이어져 안정화기능을 수행해내는 반면에 후자의 경우 일단 갈등이 생성되면 빠른 속도로 증폭되거나 심화될 가능성이 높다. 더욱이 개인 간에 깊은 관여와 긴밀한 사회관계가 형성되어 있는 상황에서는 약간의 공개적 갈등이 생기게 되면 곧 파멸상태로 치닫게 되는 경우가 있다.

갈등과 유사한 개념으로 분쟁을 들 수 있지만 일반적으로 분쟁은 갈등이 현재화(顯在化)된 상태를 의미한다. 즉, 갈등은 분쟁의 사전단계로서 갈등과 분쟁에 대한 접근으로서의 갈등은 사전적인 해결의 대상으로 분쟁은 사후적인 해결의 대상으로 인식하는 것이 필요하다.

도시정부의 갈등과 유형

1. 갈등

공공부문에서의 갈등이 새로이 중요시 되고 있는 것은 우리가 겪고 있는 환경의 변화와 밀접한 관련이 있다. 공공부문에서 이렇게 갈등이 증폭되는 원인은 무엇인가?

첫째, 점점 다원화 되어가는 한국 도시사회에서 이익집단이 분화되고 자기 몫을 챙기려고 목소리를 높이는 것은 지극히 당연한 현상이며 일사불란(一絲不亂)한 사회에서 보다 조화로운 다사불란(多絲不亂)한 사회로 가기 위한 진통이다.

둘째, 자치화 내지 분권화현상으로 인해 공간적 외부효과에 대한 갈등이 발생하고 있다.

셋째, 성숙된 도시화로의 진전으로 인해 민간주도의 도시개발이 활발해지고 있다.

2. 유형

현재 공공부문에서의 갈등의 양상을 나누어 보면 일반적으로는 갈등의 주체 또는 갈등의 당사자의 특성에 따라 나누어 볼 수 있는 바 정부간 분쟁과 정부-주민 간 분쟁이다.

정부 간 분쟁		정부-주민 간 분쟁	
수직적 분쟁	수평적 분쟁	정부-주민간분쟁	정부-NGO간 분쟁
중앙정부-광역자치단체 중앙정부-기초자치단체 광역-기초자치단체	중앙정부 부서간 광역-광역자치단체 기초-기초자치단체	중앙정부-주민 광역자치단체-주민 기초자치단체-주민	중앙정부-환경(시민)단체 광역-환경(시민)단체 기초-환경(시민)단체

주체별 유형

또한 갈등내용에 따라서 지방행 · 재정분야와 지역개발분야의 갈등으로 나누어 볼 수 있다.

지방행 · 재정분야 분쟁		지역개발분야 분쟁		
지방행정분쟁	지방재정분쟁	하천관련분쟁	광역시설관련분쟁	지역개발사업분쟁
· 행정구역 · 인사 · 조직 · 기능배분 · 권한	· 재정 · 과세 · 관리 · 기타	· 댐건설 · 관리 · 용수이용 · 수질보전 · 상-하류 · 지역간분쟁 · 상수원보호구역	· 도로개설 · 광역상수도 · 쓰레기처리시설 · 하수 · 분뇨처리시설 · 사회복지시설 · 위험시설	· 지역개발사업 · 대규모개발사업

내용별 유형

갈등해결을 위한 접근방법

1. 기존의 접근방법

갈등에서 비롯된 분쟁을 해결하는 접근방법들은 여러 연구자들에 의해 제시되었다. 거의 공통적으로 주장하는 갈등과 분쟁의 해소 대안들을 보면 행정의 민주화와 주민참여의 활성화, 보상제도의 합리화, 조정절차의 법제화, 위험부담의 감소 등으로 요약된다. 이와 같이 다양한 갈등과 분쟁의 해결방안들을 재분류하여 본다면 우리나라의 현실적인 문제를 고려하여 정치적 접근방법, 경제적 접근방법, 법률적 접근방법들로 나누어 살펴볼 수 있다.

1) 정치적 접근

정부와 주민 간 갈등은 궁극적으로 정치적 문제로서 정부와 주민 간의 의사교환을 통해 갈등을 해결할 수 있다는 입장이다. 즉, 분쟁을 해결하기 위하여 주민참여, 당사자 간 협상 및 제3자에 의한 조정 등을 해결수단으로 제시하고 있다. 이러한 접근방법은 민주 공동체내에서 집단 및 지역공동체의 이익이 공정하게 논의될 수 있는 사회적 여건의 조성이 먼저 필요하다. 이를 바탕으로 정책과정에 실질적인 참여시스템의 확립을 통한 지방정부와 지역주민과의 협력적 관계의 형성이 관건이다. 또는 계획과정의 정치화, 협상을 통한 규칙제정 등을 의미하기도 한다. 그러나 이는 지역주민들이 무조건적으로 반대를 위한 반대를 하거나 갈등해결을 위한 정치적 과정보다는 갈등해결에 따른 보상의 크기에 더 매력을 가지고 있을 경우에는 설명하기 어려운 점이 있다. 이와 같은 점 때문에 지방정부와 대등한 지역공동체의 자율권을 인정해야 한다고 주장하면서도 정부와 주민 간의 협상에 대해 현실적인 측면에서는 회의론적인 입장을 취하면서 조정된 협상 또는 제3자 조정이 대안으로 제시되기도 한다. 그러나 이 경우에도 결국 조정이라는 수단에 의존하고 있기 때문에 갈등과 분쟁의 씨앗을 완전히 해소했다고는 보기 어렵다. 더구나 지역공동체가 지방정부와의 자율적인 협상과정을 반복함으로써 학습과정을 통해 보다 민주적인 집단으로의 발전가능성을 간과하고 있다는 것은 문제점으로 지적될 수 있다.

2) 경제적 접근

정부와 주민간 갈등이 양 당사자가 모두 합리적인 인간임을 전제로 하여 경제적 보상이나 최소의 투자를 통해 최대의 효과를 거둘 수 있는 합리적 계획이나 행정부의 자체적인 제도나 기술에 의해 갈등해결이 가능하다고 보는 입장이다. 이의 기본적인 입장은 주민들이 혐오시설에 대해 반대하는 근본적인 이유는 혐오시설의 입지로 인해 인근지역의 주민들은 시설로 인한 위험부담이나 개인적 비용을 지불하여야만 함에도 불구하고 그 이익은 외부의 지역에 귀속되는 불균형에 있다고 본다. 주민들은 입지로 인해 발생하는 비용이나 위험이 그들의 이익보다 높다면 입지에 반대하게 된다고 하는 입장이다.

경제적 접근방법의 가장 대표적인 수단으로는 보상체계의 수립을 들 수 있다. 즉, 분쟁을 해결하기 위해서는 비용과 편익을 쌍방이 적정 분담하는 적정보상체계를 확립 하거나 충분한 보상을 하는 것이 중요하다. 협상을 한다고 하더라도 그 협상내용은 주민에게 보상하는 반대급부가 주가 될 것이다. 최근 시행되고 있는 입지선정지역을 공모하여 입지를 선정하는 방식도 이의 접근방식으로 볼 수 있다. 이 접근방법에는 객관성과 합리성에 기초한 사회공학적 논리에 치우친 기술관료적 접근방법도 포함된다. 여기에는 혐오시설 입지 필요성의 제기, 혐오시설의 안전성과 위험감축 등과 같은 접근방식도 포함될 수 있다. 또한 혐오시설의 입지와 관련된 제반 문제점들의 발생가능성의 희소성을 기술적으로 설명하거나 또는 과학적으로 입증함으로써 안전성을 보장하여 시설을 입지시키고자 하는 기술적 접근방식도 이에 포함될 것이다.

경제적 접근방법은 지방정부와 주민간 갈등과 분쟁에 대해 보다 현실적으로 설명한다는 데서 의의를 가진다. 그러나 충분한 경제적 보상에 의해서도 해결되지 않는 환경갈등이나 분쟁에 대해서는 설명하지 못한다. 또한 정책과정에서 주민을 단지 경제적 보상만 하면 정책을 수용할 것이라는 피동적인 존재로만 인식하는 잘못을 지니고 있다. 입지갈등을 일으키는 공공시설들은 전국적인 혹은 국제적인 환경적 문제로까지 비화하는 것이 대부분이다. 그 보상이 과연 해당지역에만 실시되었다고 해서 문제가 해결되겠느냐는 것이다. 실제로도 오늘날의 바람직한 행정은 주민과 격리되어 전문성을 발휘함으로써 존경을 받는 것이 아니라 주민의 선호가 무엇인지를 파악하고 그를 정책결정과정에 포함하는 것이다. 따라서 경제적 접근방법이 유효하게 사용되기 위해서는 먼저 정치적인 논의를 거치거나 규제형태가 선행되어야 할 것이다.

3) 법률적 접근

정부와 주민간의 갈등은 결국 소송, 중재와 같은 법률적인 수단으로 해결할 수밖에 없다는 입장이다. 대표적인 방식의 하나로 선점적 접근방법을 들 수 있다. 새로운 혐오시설의 입지 추진과정에 있어서 법률이라는 수단을 통하여 중앙정부가 지방정부에 우위를 점하여 시설입지와 관련되어 있는 거의 모든 권한을 주도적으로 행사함으로써 시설을 입지시키는 방식을 말한다.

이 접근방법에는 정부에 의해 추진되는 공공시설이 사회적으로 꼭 필요한 공익시설이므로 주민들의 반대가 있더라도 그를 극복할 수 있는 법률체제의 정비가 선행되어야 하며 법적 구속력을 갖는 조정위원회가 중앙정부에 설치됨은 물론이고 광역자치단체 내에도 법적 구속력을 가지는 위원회를 구성하여 운영한다는 방안 등도 이에 속한다. 이는 경제적 접근방법과 마찬가지로 주민을 단지 행정부에 의해 결정된 정책에 대해서 피동적으로 반응하는 존재로 보고 있다. 종래의 일방적인 행정기관 주도의 계획수립과 집행방식인 결정-발표-옹호(DAD: Decide-Announce-Defend) 논리에서 크게 벗어나지 못한다. 또한 갈등이 일어나게 된 근본적 원인을 치유하지 못하고 언제라도 다시 재발할 수 있는 소지를 남기고 있다는 것이 문제점이다. 즉, 해당 시설 입지지역 주민들이 새로운 혐오 시설의 입지로 야기되는 공포와 불안을 정당하게 표출할 수 있는 공식적인 통로를 상당부분 법률로 차단하고 있기 때문에 주민반발의 여지를 여전히 제공하고 있다는 점이다.

2. 기존 접근방식의 한계와 협상적 접근

정부와 주민간의 갈등과 분쟁해결에 대한 접근방법을 세 가지로 분류하여 보았다. 이는 지역이기주의에 대한 체계적 이해와 갈등과 분쟁을 해결하기 위한 처방적 대안을 제시해왔다는 데서 큰 의의를 찾을 수 있다. 또한 실제로도 세 가지의 접근방법들이 혼용되어 쓰이고 있는 경우가 대부분이다. 그러나 다음과 같은 한계점을 지적할 수 있다.

첫째, 전술한 접근방법들은 갈등과 분쟁해결에 유효한 수단으로 제시하고 있느냐 하는 측면에서는 정치적 접근방법과 경제적 접근방법의 두 가지로 축약할 수 있다. 주민참여와 보상의 적정화라고 할 수 있다. 그런데 주민참여와 보상접근은 크게 다르지 않다. 오히려 양자는 적절히 결합되어야만 한다. 또한 주민참여가 활성화되어 정부와 주민간의 갈등해결이 진전된다면 보상의 적정화는 자연스럽게 같이 해결될 수 있다. 갈등과 분쟁해결의 관건은 주민참여의 활성화에 있다. 정치적 접근과 경제적 접근방법이 모두 수용될 수 있는 협상의 제도화가 더 필요하다.

둘째, 문제의 해결과정은 행정부에 있다고 보고 투입-과정-산출-환류의 과정에 얽매여 문제를 해결하려다 보니 행정부의 정책결정, 집행이라는 단계와 상관없이 동시다발적으로 발생하는 갈등문제에 효과적으로 대처하지 못하는 결과를 낳고 있다. 갈등과 분쟁의 발생이 국지적·일시적인 문제가 아니라 전국적·반복적·계속적으로 발생하고 있다는 데서 갈등과 분쟁을 예방하기 위한 구조적인 장치나 제도를 연구할 필요가 있다.

협상이 왜 중요한가?

1. 세상 돌아가는 기본 원리이다.

협상은 적어도 사회생활을 해야 하는 인간에게 있어서 절대 피할 수 없는 삶의 양식이다. 개인적인 문제에서부터 가정적인 문제, 사회생활의 문제, 나아가서 국가간의 문제에 이르기까지 모든 것이 협상의 대상이다. 우리가 흔히 생각하듯이 반듯한 테이블을 두고 양편에 사람들이 앉아 같이 이야기하는 것만이 협상이 아니다. 협상을 잘 이해하지 못하는 것은 협상을 매일같이 반복해야 하는 사람들에게 있어서는 삶의 질과 직결된 문제인 것이다. 그러나 우리는 이러한 협상의 중요성을 잘 알지 못하고, 안다고 하더라도 어떻게 협상을 해야하는지에 대해 거의 무지하다.

협상이 왜 중요하냐를 간단하게 말하면 세상의 기본원리이기 때문이다. 협상의 중요성을 잘 알고 있는 사람도 가끔 협상은 의사소통능력을 가진 인간만이 교환을 전제로 할 수 있는 것이기 때문에 더욱 중요하다고 한다. 틀린 말은 아니지만 이는 잘못된 생각이다. 의사소통능력이 없는 자연도 상생을 위해 협상행위를 한다. 약육강식이라는 정글의 법칙이 적용되어 냉정하게 돌아가는 것 같은 자연도 자신이 가진 이익을 상대방에게 주고 동시에 상대방에게서 자신이 필요한 이익을 얻는 공생(共生)행위를 통해 살아가는 것이다. 생물 양쪽의 종류에 모두 이익이 있는 관계를 우리는 공생이라고 부른다. 진딧물과 개미, 갈대와 방게, 송이버섯과 소나무 등 수많은 개체와 개체가 서로 공생 관계에 있는 셈이다. 특히 바다에 사는 말미잘은 집게, 새우, 샛별돔 등 여러 개체와 공생관계를 맺고 있다. 이는 바로 자연에도 협상의 원리가 적용되고 있다는 것이다. 그래서 협상은 세상 돌아가는 기본원리이다. 따라서 우리는 협상이라는 현상을 반드시 명확하게 이해하고 그를 상황에 맞게 활용할 수 있는 능력을 갖추도록 하는 것이 곧 현대사회에서 자신의 성공적인 삶을 만들어 가는 중요한 열쇠임을 잊어서는 안 된다.

2. 갈등을 해결하는 최적의 방법이다.

협상은 갈등이나 분쟁을 가장 현명하게 해결할 수 있는 유일한 방법이다. 끝없는 갈등과 분쟁 후에 이루어지는 문제해결은 당사자들로 하여금 종국에 가서는 서로에게 막대한 피해와 후유증을 남길 수 있다. 누가 당장은 힘겨루기에서 승리하였다고 하더라도 패배로 인한 앙금이 남아 있는 패자에 의해 언젠가 다시 갈등과 분쟁이 되살아날 소지가 있다. 이에 비하여 협상은 표면적인 갈등은 물론 잠재적인 갈등까지 해소하면서 서로에게 이익을 가져다 준다는 큰 장점을 지니고 있다.

협상의 장점은 개인적인 갈등에서 뿐만 아니라 집단과 집단, 국가와 국가간의 갈등에서도 원활한 해결책을 찾는데 중요한 수단이 된다. 실제 도시정부가 직면하고 있는 지역이기주의(NIMBY: Not In My Back Yard)라는 것도 협상에 의해 충분히 해결할 수 있으며 실제 그러한 사례도 많이 찾아볼 수 있다. 상대방과의 갈등관계에서 무조건 상대방을 이기는 것이 능사가 아니라 상대방의 요구를 들어주면서도 나의 요구를 성취할 수 있다면 이보다 더 현명한 방법이 어디 있겠는가?

3. 한국에서는 특히 중요하다.

우리나라 신문지상에 나오는 정부 혹은 민간기업의 협상관련 기사에는 늘 앞이나 뒤에 특정한 문구가 반복되어 달려있기 십상이다. '밤샘 협상', '마라톤 협상', '극적 타결'등이다. 그러면서 늘 사진 한 켠에는 '때문에 고통받고 있는 시민의 모습' 혹은 '머리에 붉은 띠를 맨 채 협상하는 ○○측', '서로 멱살을 잡는 모습' 등이 대문짝만하게 클로즈업 되어 있다. 이렇듯 우리나라에서는 누가 "협상을 한다."라는 말을 들으면 왠지 껄끄럽고, '힘들다 또는 밤샘을 해야겠군'이라는 연상을 먼저 한다. 심지어는 "역시 한 마디에 모든 걸 처리하던 시절이 좋았어."라는 말까지 한다. 이는 모두 협상을 왜곡되게 알고 있는 데서 비롯된다. 우리나라에서는 협상이라면 왠지 부정적인 모습이 먼저 떠오르고 또 왜 협상은 잘 되지 않는가?

우리나라에서 협상이 잘 안 되는 것은 여러 가지 원인이 있겠지만 우리의 독특한 문화에서 비롯되는 경우가 많다. 특히 권위주의에서 비롯되는 폐해는 심각한 편이다. 이는 뒤에서 다시 설명하겠지만 의사소통의 단절을 가져와 결국은 서로 상대방의 입장을 이해하는 것부터 어긋나게 하여 협상은 온데간데없고 멱살쥐고 목소리 큰 사람이 이긴다라는 논리가 더 설득력을 얻게 되는 것이다. 또한 우리는 오랫동안 이것 아니면 저것이라는 흑백논리에 묻혀 양자택일에 익숙하여 협상을 하는 행위는 곧 회색적인 무원칙의 흥정으로 매도하거나 변절자로 여겨왔던 것도 협상이 제대로 발전하지 못한 이유 중의 하나이다.

획일주의적 문화에 우리가 익숙해져 있던 것도 협상에 대한 몰이해를 가중시키는데 한 몫을 한다. 무엇을 하든지 항상 일사천리로 진행되어야 하고 거기에 이의를 달거나 토를 단다고 하는 것은 일만 더디게 하는 짜증나는 것으로 여기는 것이 다반사이다. 농토도 토지계획에 의해 반듯반듯하게 네모로 있어야 보기 좋으며 사는 집도 튀지 말고 똑같이 푸른 기와집으로 만들어 놓아야 직성이 풀리는 듯하다. 한마디로 다양성을 존중하지 않는 풍토는 우리를 협상에 무지한 사람들로 만들고 또 협상에 대해 전혀 모른다는 것이 전혀 부끄러운 일이 아니며 때로는 주변의 유혹에도 흔들리지 않는 원칙을 지키는 사람으로 미화되기도 한다.

협상이란 무엇인가?

인간의 일상생활 속에서 협상은 매우 빈번히 일어난다. 중국음식점에서 무엇을 주문할 것인가와 같은 사소한 일에서부터 주택을 보다 싸게 구입하기 위하여 협상을 하기도 한다. 인질협상, 국제통상무역협상, 여·야당간 정치협상, 남북협상, 원자력발전소의 입지를 둘러싸고 벌어지는 환경분쟁, 노동자와 사용자 간의 협상 등에 이르기까지 협상은 매우 다양하다. 때문에 협상이란 무엇인가에 관한 정의를 내리기가 쉬운 일은 아니다.

일반적으로 통용되는 개념을 보면 협상이란 서로 다른 욕구와 견해를 가진 두 사람 또는 그 이상의 당사자가 상호타결의사를 가지고 양방향 의사소통을 통하여 상호만족하는 합의에 이르는 과정이라 정의할 수 있다. 여기서 '협상은 과정이다'라는 말에서 알 수 있듯이 협상은 협상이라고 말할 수 있는 일정한 조건을 갖추기만 하면 어떠한 과정이나 경로를 통하든 간에 우리는 그것을 협상이라고 부르는 것이다. 또한 '과정'이라는 말이 의미하는 바와 같이 협상은 협상참여자 간의 고정적인 개념이 아니라, 언제나 상황과 목표에 따라 변화하거나 확장 가능한 개념이다.

1. 상이한 의견과 그에 대한 타결의사

협상이 진행되기 위해서는 먼저 양 당사자 간에 서로 다른 이견이 존재하고 동시에 서로의 상이한 점을 합의하거나 타결할 의사가 있어야 한다. 어느 한쪽이 협상을 진행하긴 하지만 타결할 의사가 전혀 없을 경우 우리는 그것을 협상이라고 보지 않는다. 가령, 협상참여자가 종교적 혹은 이념적으로 상대방과 완전히 차원을 달리하고 있거나 반대를 위한 반대에 집착하고 있어 내가 주장하는 바가 아니면 안된다고 하는 경우가 그러한 예이다.

아무리 극단적인 갈등상황이라고 하더라도 자세히 찾아보면 갈등은 협상에 의해 타결될 소지가 있게 마련이다. 가령, 협상의 테이블에 마주 앉아 있으면서도 "우리는 한 치도 물러설 수 없다.", "양보란 있을 수 없다."라고 계속 주장하는 경우가 있는데 이는 대부분 거짓말이다. 양보를 절대 할 수 없다고 생각하는 사람이 협상테이블에 나와 앉아 있을 수는 없기 때문이다. 복면을 한 인질범의 경우에도 마찬가지이다. 인질범은 "살기 싫다. 모두 다 죽자."라고 소리치며 극악무도한 행위를 할 것처럼 위협하며 원하는 바를 빨리 내놓으라고 한다. 이 역시 거짓말이다. 복면을 하고 있다는 것은 바로 살고 싶다는 증거이며 따라서 협상의 여지는 얼마든지 있다. 이러한 경우 협상전략상 상대방을 우선 협상테이블에 나와 앉도록 하는 것이 주요한 전략이 될 수 있을 것이다.

2. 양방향의 의사소통

협상테이블에 나오게 되면 그 다음의 조건은 양 당사자 간에 양방향의 의사소통이 이루어져야 한다. 쉽게 말해 의견 혹은 이익의 주고받기가 이루어져야 한다는 것을 말하는데 양방향의 의사소통이 이루어지지 않는다면 어느 한 쪽만의 이야기가 상대방에게 강요되어 협상이 될 수 없다. 그런데 실제로는 협상의 종류를 불문하고 상대방이 아주 많은 협상의 힘을 가지고 있어 당사자 간에 협상의 힘에 현격한 차이가 존재할 경우 양방향의 의사소통은 매우 어렵게 된다. 가령, 기업의 사장이 현장의 종업원과 대화하는 시간을 많이 가지기 위해 비교적 자유스러운 간담회를 가진다고 하지만 그러한 경우 대부분 자유스러운 토론이 아니라 사장이 갖고 있는 힘 때문에 간담회는 자칫 훈계나 지시로 끝날 소지가 많다.

상대방이 아무리 힘이 세다고 하더라도 약점이 존재할 수 있으며 내가 아무리 힘이 없다고 하여도 찾아 보면 상대를 이길 수 있는 힘은 있게 마련이다. 또한 협상은 어디까지나 전략적인 게임이기 때문에 협상전략에 따라 상대방의 힘을 역이용하는 방법도 얼마든지 있다. 따라서 협상의 결과가 누구에게 더 이익이 될지는 장담할 수 없다. 이러한 경우 협상전략상 상대방과 나의 힘을 동등하게 만들거나 상대방과 내가 갖고 있는 힘이 무엇인지 전략적으로 알아내고 부족하다면 힘을 증대시킬 수 있는 방안이 무엇인지 알아야 할 것이다.

3. 상호 만족하는 합의

양방향 의사소통에 의해 어떤 합의가 도출되면 협상은 마무리된다. 이때의 합의는 상호 만족할 수 있는 것이어야 한다. 상호 만족한다는 것은 협상참여자 각자의 요구사항이 협상을 통해서 각각 받아들여지는 것을 말한다. 그러나 경우에 따라서는 어느 한쪽만 이익을 얻거나 양자 모두 손해를 보더라도 상호 만족은 존재할 수 있다. 가령 기업 A사와 B사가 서로 손해보는 계약이지만 계약을 체결하였을 경우, 이번 계약을 계기로 장기적인 거래 관계를 확보하고 상호간 신뢰를 얻을 수 있다. 이 협상은 양기업에게 상호 만족하는 것이 될 수도 있다. 따라서 협상을 통해서 얻을 수 있는 만족의 형태와 수준도 다양하게 나타남을 알 수 있다. 또 예를 들어 물건을 시장에서 사는데 물건 주인이 제시하는 가격과 내가 제시하는 가격이 서로 맞지 않을 경우 양 당사자가 제시한 가격의 중간 가격대에서 물건을 사고 파는 행위가 이루어졌을 경우에도 양 당사자가 만족하는 가격이라면 그것 역시 협상이라고 할 수 있다.

협상에 대한 몇 가지 오해

1. 협상은 좋은 것이거나 혹은 나쁜 것이다?

일반적으로 협상에 대해서는 좋은 인식을 가지고 있는 것이 사실이다. 끝없는 갈등이나 분쟁을 대화로 문제를 해결하여 양자가 이득을 얻을 수 있다는 점은 협상의 가장 큰 매력 중의 하나임에 틀림없다. 때문에 일반적으로 협상은 인간이 사회생활을 하는 이상 마땅히 지향해야 할 긍정적인 개념으로 인식하고 있기도 하다. 그러나 동시에 협상은 협상의 궁극적인 목적이 상대방으로부터 나의 이익을 확보하는 데 있다. 상대방으로부터 나의 이익을 확보하기 위해서라면 때로는 속임수를 쓰거나 거짓정보를 흘리는 것과 같이 수단과 방법을 가리지 않는 측면도 있어 인간 세상의 도덕과 규범에 어긋난다는 비난의 소지도 있다.

협상은 어떤 긍정적이거나 부정적인 개념이기보다는 가치중립적인 수단이라는 것을 명심할 필요가 있다. 즉, 내가 협상을 하는 궁극적인 목적이 내가 얻고자 하는 이익을 획득하는 데 있다면 상대방도 역시 마찬가지로 상대방 자신의 이익을 얻는 데 협상의 궁극적인 목적이 있기 때문이다. 또한 내가 협상에서 상대방을 친절히 배려하거나 아니면 반대로 속임수를 쓰는 것은 어디까지나 나의 책임영역이며 상대방도 역시 자신이 협상에 어떠한 전략과 전술을 가지고 임할지도 그의 영역이다. 가령, 협상과정에서 협박 혹은 속임수를 쓴다는 것은 단기적으로 볼 때는 이익을 얻을 수는 있어도 장기적으로는 양자간의 우호적인 관계를 저해할 소지가 있고 또한 상당한 위험도 따르게 된다.

협상은 윤리적 혹은 규범적으로 좋은 개념이기 때문에 협상을 하여야 한다거나 혹은 협상은 온갖 사술이 난무하기 때문에 일체 사용하지 말아야 한다는 것이 아니라 그것이 내가 얻고자 하는 이익을 획득하는데 가장 적절한 수단에 지나지 않는 가치 중립적인 개념이다. 그것에 대한 도덕적·규범적 평가는 별개의 문제일 것이다.

2. 협상은 제로섬(Zero-Sum) 게임이다?

협상에 대해 제일 많이 오해되는 부분이다. 제로섬 게임이란 쉽게 말해 하나의 고정된 파이를 두고 두 사람 혹은 여러 사람이 다투는 형세를 말한다. 가령, 기업경영의 철학이 경쟁업체가 돈을 벌면 나는 망하는 것이고 소비자에게 유리한 제품을 만들면 생산자인 나는 불리하다는 식으로 생각하는 것이다. 즉, 내가 먹지 않으면 남에게 먹히고 만다는 것이다. 협상이 제로섬 게임이라고 인식하는 이상 협상은 그야말로 총칼 없는 전쟁이 되어버린다. 어떻게 하면 내가 더 많은 이득을 볼 것인가에만 모든 정신을 쏟게되고 협상의 과정은 서로 헐뜯고 폭로하는 이전투구의 과정이 되는 것이다. 또 이전투구식의 싸움에 대하여 일부 인사들은 점잖게 "모든 문제는 정치논리로 풀어야 한다."라고 충고하기도 한다. 그런데 제로섬 게임에 익숙하다 보니 일부인사들은 또 여기서의 정치논리라고 함은 권모술수나 당사자끼리의 은밀한 뒷거래, 이면계약으로 풀어야 한다는 의미로까지 해석하는 지경에 있다. 그러다 보니 소위 '빽' 있고 '돈' 있으면 안 풀릴 게 없다는 소리도 나오게 된다. 그러나 협상은 제로섬 게임이 아닌 윈-윈(Win-Win) 게임이다.

3. 협상은 우월한 지위에 있는 사람이 유리하고 낮은 사람이 불리하다?

또 하나의 협상에 대한 큰 오해는 상대적으로 우월한 지위에 있는 사람이 이길 것이라는 생각이다. 틀린 말은 아니다. 실제 대부분의 협상에서는 우월한 지위에 있는 사람이 이긴다고 보는 것이 맞다. 그러나 협상은 꼭 우월한 지위에 있는 사람이 이긴다는 것은 아니다. 그렇기 때문에 협상을 하는 것이다. 만일 우월한 지위에 있는 사람이 늘 이기기만 한다면 협상을 처음부터 할 필요가 없다. 이는 다윗과 골리앗의 싸움에서 극명하게 드러난다. 누가 봐도 힘없어 보이는 다윗이 힘센 골리앗을 이긴 이유는 간단하다. 즉, 상대가 크면 나는 작다. 상대는 노출되어 있지만 나는 노출되어 있지 않다. 상대는 느리지만 나는 기민하다는 것이다. 그러므로 협상은 꼭 우월한 지위에 있는 사람이 이기는 것은 절대 아니다라는 것을 명심하여야 한다.

4. 협상성공은 순간적인 기지가 절대적이다?

실제 많은 사람들이 협상을 모르면서도 협상을 매일 하고 있기도 하거니와 협상에 대해 사람들은 비교적 간단하게 누구나 해낼 수 있는 것으로 생각하는 경우가 많다. 협상이란 것이 일정한 법칙이나 규칙같은 것도 없어 협상참여자가 처한 상황에 따라 협상의 과정과 결과들은 얼마든지 달라질 수 있기 때문이다. 그래서 협상 따위는 배울만한 성질의 것이 아니며 당시 상황에 맞게 적절하게 처리하면 된다고 생각하거나 '하늘이 도와주어 어찌어찌 잘 될거야'라는 막연한 생각을 하는 경우가 많다. 또한 옷을 살 것인가 말 것인가, 공부할 건가 아니면 놀러 갈 것인가, 가격을 달라는 대로 줄 것인가 할인해 달라고 할 것인가 등 일상적인 생활에서 하게 되는 협상은 별다른 준비나 노력 없이도 쉽게 이루어지는 측면도 있다. 따라서 협상은 언뜻 보기에 사전 준비과정이 없이도 이루어질 수 있으며 협상 당일의 상황이 어떻게 되느냐 혹은 참여자의 순간적인 기지가 있느냐의 여부에 따라 협상의 내용이 결정된다고 볼 수도 있다. 더욱이 사회적으로 유명한 인사들이 자신의 후일담을 이야기하면서 배짱으로 밀고간 협상이 성공적이었다는 것을 이야기하는 경우는 이러한 믿음을 근거있는 것으로 만들고 있기도 하다.

여기서 중요한 것은 실제 협상에서는 전혀 그렇지 못하다는 사실이다. 협상의 성공은 첫째, 철저한 준비가 있어야만 가능하다. 철저한 준비가 없는 협상은 십중팔구 실패로 연결될 수밖에 없다. 둘째, 협상의 성공을 가져오려면 무엇보다 많은 경험이 필요하다. 앞서 언급한 바와 같이 협상은 누구나 할 수 있는 것으로 생각해서는 곤란하다. 협상의 성공적인 결과를 도출해내기 위해서는 준비도 중요하지만 협상에 임하는 참여자가 협상경험이 많은 사람일수록 성공할 확률이 높다. 그만큼 협상은 전문성이 필요하다는 것이다.

5. 협상에 들어가면 양보는 필수다?

협상을 조금씩 알게 되면 어렴풋이나마 협상은 주고받기(Give and Take)임을 알게 된다. 때문에 협상을 성공적으로 이끌어 가고 싶은 마음에 내가 양보하면 상대방도 양보하여야 하고 상대방이 양보하면 나도 양보하는 것이 협상의 정도라고 생각하게 된다. 그러나 이것은 잘못된 생각이다. 물론 원만한 협상결과를 얻기 위해서는 협상참여자 간에 자신이 가진 자원이나 이익을 상대방에게 주고 상대방으로부터 받는 것이 원칙이라고 할 수 있으나 반드시 그런 것은 아니기 때문이다. 내가 상대방에게서 아흔 아홉 개를 얻고 나는 상대방에게 하나만을 주더라도 나와 상대방이 협상의 결과에 만족하면 되는 것이다. 이럴 경우 대부분은 상대방이 나와의 관계를 장기적으로 설정하였을 경우이다. 즉, 단기적인 관계설정 하에서는 철저한 주고받기가 필요하지만 상대방이 나와의 관계를 적어도 장기적으로 설정하여 상호 우호적인 관계를 형성하는 것이 먼저 필요하다고 보았을 경우 당장 얻는 것이 없다고 하더라도 그 협상에 대해 만족할 수 있다는 것이다. 심지어는 나는 상대방에게 하나도 내놓지 않는 상태에서 협상에 의한 합의가 이루어질 수 있다면 내가 구태여 양보할 필요는 없으며 오히려 가장 바람직한 협상결과라고도 할 수 있다. 왜냐하면 내가 상대방에게서 일방적으로 상대방이 가진 자원을 모두 얻어내더라도 상대방이 만족하는 경우도 있기 때문이다. 이것이 바로 협상의 묘미인 것이다.

6. 협상은 언제나 1 대 1의 게임이다?

이 역시 협상을 잘못 이해하고 있는 생각이다. 물론 협상의 기본 원칙은 갈등당사자 간의 문제를 치유하기 위하여 전개되는 것이므로 대부분은 경영자와 노동자간의 임금협상, 국가와 국가간의 외교협상, 부부간의 이혼협상, 정부와 주민간의 혐오시설입지협상 등과 같이 1:1의 협상이 된다. 하지만 다음과 같은 이유에서 협상은 단순히 1:1의 성격만을 가지고 있는 것은 아니다.

첫째, 1:1의 협상은 양자간 협상이라고 불려진다. 그러나 요즘과 같은 세계화시대 혹은 네트워크사회에서의 1:1 협상은 표면적으로는 1:1인지 모르겠지만 속을 들여다보면 대부분이 다자간 협상의 성격을 지니고 있는 경우가 대부분이다.

두 번째로, 아무리 협상참여자 간에 강력히 타결할 의사를 가지고 협상의 원칙에 따라 협상한다고 하여도 여러 가지 원인으로 협상이 뜻대로 진전되지 않는 경우가 허다하다는 것을 들 수 있다. 협상에 참여하고 한 쪽이 반대를 위한 반대를 하거나 또는 문제를 해결할 만한 대안을 발견할 수 없는 경우 등과 같이 협상이 해결의 가닥을 잡지 못하고 교착상태에 빠지게 될 수 있다. 이러한 경우 협상의 진전이 가능하도록 보완적인 조치가 필요하게 된다. 이른바 제3자 개입을 말하는데 조정과 중재가 그것이다.

조정(調整, Mediation)이란 갈등 혹은 분쟁을 해결하려는 당사자들이 제3자인 조정자의 도움으로 자신들이 가지고 있는 차이점을 모색하고 합의에 이르는 과정을 말한다. 이때 조정자는 해결책을 양 당사자에게 강요할 권한은 없다. 즉, 조정자는 어디까지나 협상에 참여한 당사자들로 하여금 자신들이 가지고 있는 차이점을 인식하게 하고 협상을 원만하게 진행될 수 있도록 당사자들을 지원하게 된다. 조정된 분쟁은 당사자 자신들이 실행가능한 해결책에 도달하였다고 볼 때 비로소 종료되게 된다.

중재(仲裁, Arbitration)란 협상참여자들이 제3자인 중재인에게 그 해결을 맡기고 중재인의 결정에 복종할 것을 약정하고 그에 따라 행해지는 협상과정을 말한다. 여기서 조정과 중재를 구별할 수 있어야 하는데 즉, 조정자는 단지 분쟁당사자들이 가진 차이점을 스스로 인식하도록 하고 그들의 협상과정을 지원하며 경우에 따라서는 제안을 하는 것과는 달리 중재는 분쟁당사자들이 합의에 도달할 수 없을 때 최종적인 제안의 조정으로서의 구속력을 가지고 있는 중재자가 그 결정을 분쟁당사자들에게 강제할 수 있는 경우이다.

협상의 14계명

1. 목표에 도달하기 위한 밑그림을 먼저 그린다.

협상 참여자들이 상호 만족할 수 있는 합의에 도달하기 위해 철저한 사전준비와 효과적인 전략을 구비하여야 한다. 협상에서 도달하고자 하는 목표가 정해졌다면 그 목표를 달성하기 위한 추진계획을 사전에 수립하는 것이 무엇보다 먼저 필요하다. 계획을 실행하는데 있어서 긍정적 요인과 부정적 요인은 무엇인지 모든 경우의 수를 나열하고 각각마다 어떻게 대처할 것인지의 협상 시나리오를 마련하여야 한다. 협상의 원칙에서도 언급되었지만 나와 상대방의 이해관계, 상호 만족할 수 있는 선택적 대안, 객관적 기준 등도 마련되어야 한다. 상대방과 협상에 임하기 전에 모의연습이나 훈련도 기대하는 협상의 결과를 얻어내는 데 큰 도움이 된다.

많은 사람들은 협상을 행함에 있어 예행연습이나 훈련이 필요하다고 하면 대부분 "그게 배워서 될 일이야?"라고 한 번 깎아 내리게 된다. 그러나 분명히 말하지만 협상은 준비한 만큼 실제 협상에서 리드할 수 있다라는 것을 명심하여야만 한다. 웅변대회에서 상위성적으로 입상하려면 끝없이 거울을 보면서 준비하는 것이 필수적이듯이 말이다.

협상을 어떻게 준비할 것인가에 큰 도움이 되는 것으로 SWOT분석을 들 수 있다. SWOT분석이란 나의 Strength(강점), Weakness(약점) 그리고 Threats(위협)을 찾아내어 당면한 문제를 분석하는 것을 말하는데 이는 문제를 극복하기 위한 전략수립의 필수적인 요소로 취급된다. SWOT분석에 의해 SWOT가 명확하게 되면 다음과 같은 전략들을 도출할 수 있을 것이다. 즉, 강점을 가지고 기회를 활용하는 SO전략(촉진전략), 강점을 가지고 위협을 최소화하는 ST전략(대응전략), 약점을 보완하면서 기회를 살리는 WO전략(모색전략), 약점을 보완하면서 위협을 최소화하는 WT전략(회피전략) 등이다. 그리고 이 중에서 자신에 가장 중점적으로 추진할 전략 혹은 적절한 전략을 선택하면 된다.

2. 최고대안을 준비한다.

협상에 임하기 전 협상에 대한 철저한 준비는 아무리 강조해도 지나침이 없다. 대부분의 협상은 협상의 과정 중에 그 성패가 결정되기보다는 준비한 내용에서 이미 승부가 난다고 해도 과언이 아니기 때문이다. 사실 앞서 나온 이해관계의 확인, 선택적 대안의 개발, 객관적 기준의 마련, 무엇을 양보하고 지킬 것인가의 기브 앤 테이크도 모두 준비과정에 속하는 것들이라고 할 수 있다. 이 외에도 상대방에 대한 결정적인 정보, 정확한 수치통계자료에서부터 협상테이블에 나갈 때의 복장, 머리모양에 이르기까지 협상에 대한 철저한 준비가 없이는 성공적인 협상을 기대할 수 없다. 그 중에서도 준비과정의 마지막은 최고대안(BATNA: Best Alternative to a Negotiated Agreement)의 마련이라고 할 수 있다.

최고대안은 협상과는 관련이 없는 말일 수 있다. 상대방의 동의없이나 자신의 이익을 만족시켜줄 수 있는 최고의 대안이기 때문이다. 즉, 최고대안이란 협상없이도 자신의 이익을 충족시켜줄 수 있는 최상의 대안을 말한다. 어릴 때 친구들과 같이 놀다가도 친구가 마음에 들지 않는 행동을 할 때 "무서운 우리 형아에게 일러버린다."라고 할 경우 이때 형아는 바로 나 자신의 최고대안이되는 것이다.

최고대안은 어떻게 보면 실제 협상과는 관련성이 없는 것 같지만 훌륭한 최고대안을 가지고 있을수록 협상력이 커진다는 데에 그 의의가 있다. 여기서 한 가지 주의하여야 할 것은 BATNA가 항상 협상을 통한 결과보다 더 나은 결과를 보장하지는 않는다는 사실이다. 아직 현실화되지 않은 최고대안만을 믿고 지나치게 자신의 요구사항에 집착하게 될 경우 실제 협상에 실패하게 된다면 많은 대안 중에서 역시 하나의 대안만을 선택해야 한다는 것이다. 그 대안이 생각대로 이루어진다는 것도 실제로는 어려운 일임에는 틀림없기 때문이다. 이와 같이 협상에 임할 경우 협상을 성공적으로 이끌기 위해서는 반드시 나의 최고대안은 무엇이며 최고대안을 강화시킬 방안은 무엇인지 끊임없이 연구·개발하여야 한다.

3. 결정권한이 있는 사람과 협상한다.

협상을 하게 되면 협상당사자들은 생각하는 이상으로 협상에 많은 비용과 시간이 소비된다는 것을 알게 된다. 그 원인 중의 하나는 대부분 협상의 결정권한이 없는 사람과 협상을 하기 때문인 경우도 많다. 가능한 협상의 처음부터 협상과정 동안 도출된 결론에 협상테이블에서 직접 동의할 수 있는 책임자와 협상하는 것이 유리하다. 또한 협상의 당사자 측면에서도 협상대표가 협상모체로부터 의사결정에 관한 전권을 위임받을 경우 대표단이 곧 자신감있게 다각도의 협상전략을 세울 수 있기 때문에 기대하는 협상의 결과를 얻기가 한결 용이하게 된다. 의사결정권자가 없거나 참여하지 않는 협상대표단은 뚜렷한 전략을 세우지 못하고 협상에 임하여 협상의 주도권을 잡기에는 역부족인 경우가 많아진다. 또한 협상대표단이 협상의 마무리에 들어갔음에도 불구하고 협상결과의 중간보고를 받은 협상모체가 협상과정에서 전혀 논의되지 않았던 이슈를 제기하여 협상을 처음으로 다시 되돌려 놓는 사례도 많다. 그렇다고 하여 반드시 결정권한이 있는 사람과 협상하는 것이 바람직하다고만 볼 수 없다. 실제 협상과정에서는 협상대표단이 상대방에게 협상모체가 별도로 있다는 것을 알림으로써 협상의 성급한 결정을 방지할 수 있고 또한 시간의 완급을 조절할 수 있다는 측면도 무시할 수는 없기 때문이다. 따라서 협상과정을 보다 내실화하기 위해서는 본격적인 협상 이전에 협상의 상대방이 어디까지 권한과 책임을 가지고 있는지 확인하는 것이 필요하다. 이 경우 협상하려고 하는 중요한 이슈의 결정에 협상 상대방의 권한과 책임이 전혀 없다고 판단되는 때에는 상대방에게 이슈에 책임질 수 있는 사람을 협상에 참여하도록 공식적으로 요구하거나 협상모체로 하여금 그에 관련된 사항만은 협상대표단에 요청하는 것도 필요하다.

4. 입장이 아닌 이해관계에 바탕을 둔다.

협상에 대해 사람들이 가장 많이 오해를 하는 것 중의 하나로 협상은 자신의 입장을 상대방으로 하여금 이해시키는 과정이며, 상대방도 자신의 입장을 따를 때 최선의 협상결과가 나올 것이라고 믿는 것을 들 수 있다. 이런 협상이 경우에 따라서는 반드시 잘못된 것이라고는 보기 어렵다. 그러나 현명한 합의란 각자가 요구하는 바가 각자에게 가능한 한 충족되고, 상충하는 이해를 공평하게 조정하여 결과적으로는 관련된 모두의 이익으로 승화시키는 것이라고 보았을 때 지나치게 자신이 처한 입장을 강조하는 것은 애초의 목적과는 전혀 다른 결과를 가져오기 일쑤이다.

협상에 임함에 있어 우리가 반드시 기억하여야 할 것은 상대방이 어떤 입장을 나타내었을 때 상대방이 갖고 있는 진정한 이해관계가 무엇인지를 파악하는 것이 무엇보다 중요하다는 사실이다. 상대방이 진정으로 바라고 있는 이익이 무엇인지 그 이해관계만 찾아낸다면 서로가 주장하는 입장은 얼마든지 바뀔 수 있는 것이다. 그렇다면 이해관계를 어떻게 찾아낼 것인가를 생각해보자. 사실 협상을 진행함에 있어 상대방이 어떤 입장을 표시한다는 것은 상대방은 자신의 이해관계를 종합정리하여 표시한 것이기 때문에 분명하게 드러나지만 상대방이 실제로 생각하고 있는 이해관계가 무엇인지를 찾아내는 것은 매우 힘든 일이다. 위 사례와 같이 상대방이 표시한 입장의 밑바닥에 깔려있는 이해관계를 알아내기 위해서는 끊임없이 "왜?", "무엇 때문에", "왜 안되는가"라고 물어보는 것이다. 여전히 상대방이 말하기를 계속 꺼린다면 또 다른 이유가 있을 것이다. 가령, 함부로 마음속에 있는 말을 하였다가는 자신의 말이 와전되거나 이용당하지 않을까 하는 두려움이 있을 수도 있다. 그럴 경우에는 상대방으로부터 신뢰감을 쌓는 일이 더 우선적일 것이다.

상대방으로부터 근원적인 이해관계를 들을 수 있기 위해서는 무엇보다 중요한 것은 상대방과의 신뢰구축이다. 만일 신뢰가 형성되지 못했다면 처음부터 협상이 이루어질 것이라고 기대하기는 어려우며 오히려 대립적인 관계만 지속될 것이기 때문이다. 근원적인 이해관계를 알아내는 일이 얼마나 중요한가 하는 것은 다음의 사례에서도 잘 드러난다.

5. 사람과 문제를 분리한다.

협상은 의사소통 수단을 가진 사람만이 하는 행위이다. 사람은 그가 가진 출생배경과 가정 및 교육환경 등에 의해 각자의 감정과 생각 혹은 가치관 등이 모두 서로 다르다. 게다가 사람은 매우 합리적인 측면을 가지고 있기도 하나 동시에 쉽게 성을 내고 의기소침해지기도 하며 두려워하고 적의감을 품고 좌절하기도 하는 무너지기 쉬운 허약한 자아를 가지고 있는 경우가 대부분이다. 그러다 보니 협상과정에서 나는 단순한 사실을 이야기하였을 뿐인데 상대방은 사실을 사실로 받아들이지 못하고 상대방이 처한 환경과 감정, 배경 등에 따라서 전혀 다른 사실로 인식하거나 문제는 보지 못하고 오히려 문제와 사람을 동일시하는 오류를 범하게 되는 경우가 허다하다. 따라서 협상에 있어서 사람과 문제를 분리시키는 일이 얼마나 중요한지 알 수 있을 것이다. 그렇다면 성공적인 협상을 만들기 위해 협상과정에서 인간관계를 분리하는 방법은 무엇인가를 생각해보자.

• 첫째, 역지사지(易地思之)를 통해 인식의 차이를 극복하고 상대방의 입장을 세심히 배려하려는 자세가 필요하다.

• 둘째, 감정을 조절할 수 있어야 한다. 특히 치열한 말싸움이 오가는 협상에서 감정은 대화 그 자체보다 더 중요할 수 있다. 협상에서 한 쪽의 감정은 쉽게 다른 한 쪽의 감정에 영향을 주게 마련이다. 이러한 감정의 대립과 폭발은 협상을 교착상태로 몰아넣거나 협상의 결렬을 가져오기도 한다.

• 셋째, 효과적인 의사소통이 필요하다. 협상은 말 그대로 공동결정에 이르기 위해 서로의 의견을 조율하는 것으로 무엇보다 중요한 것이 효과적인 의사소통이다. 효과적인 의사소통의 핵심은 간결하게 말해서 상대방의 이야기를 잘 듣고 자신의 의견을 상대방이 이해하기 쉽게 이야기하는 것이다.

• 넷째, 핵심적인 문제에 대한 실질적인 대안을 제시하려는 노력이 필요하다. 식당에서 식사가 형편없으면 식사만 문제삼으면 된다. 그렇지 않고 식당이 왜 이리 불결하냐, 종업원의 대응태도가 그게 무어냐 등의 문제를 따지거나 시끄럽게 굴어서는 오히려 식당 주인에게 형편없는 손님으로 낙인

찍혀 아무리 말해도 허공에 대고 이야기하는 것과 같게 된다.

6. 상호이익이 되는 선택적 대안을 개발한다.

협상에 있어서 최선의 선택은 협상과정에 참여한 모두가 이기는 것을 의미한다. 이것을 보고 우리는 윈-윈(Win-Win) 협상이라고 한다. 윈-윈 협상이 되기 위해서는 먼저 불평불만만 하지말고 불평과 불만을 해소할 수 있는 대안을 생각하는 것이 우선이며 그 다음으로는 협상참여자 간에 상호이익이 될 수 있는 창조적인 선택적 대안을 개발하는 일이 필요하다.

7. 객관적인 기준을 사용한다.

상대방과 협상을 진행하다 보면 앞서 이야기한 것과 같은 조건들을 모두 수용하고 실천한다고 하더라도 나와 상대방과의 이해관계는 상충되기 마련이어서 갈등의 골은 더욱 깊어지게 된다. 아무리 윈-윈이라고 해도 객관적인 기준이 없이는 성공적인 협상의 진행을 기대할 수 없게 된다. 일본의 사무라이들이 미국의 페리 제독 앞에 무릎을 꿇고 나라를 개방했던 1853년 당시, 미국인들이 칼싸움으로 일본인들을 이기려고 했다면 이기지도 못하고 무수한 생명만 잃었을지도 모른다. 미국인들은 칼싸움 한번 하지 않고 사무라이들을 총으로 무릎 꿇게 했다. 또 미국 군인들은 베트남전쟁에서 월맹군인들에게 땅굴을 파고 게릴라식으로 전쟁할 것이 아니라 투명하게 하자고 했다. 만약 월맹 군인들이 미국식으로 투명한 전쟁을 했더라면 한 달을 버티지 못했을 지도 모른다.

만약 나와 상대방의 협상을 이기고 지는(Win-Lose) 전쟁으로 생각한다면 상대가 아무리 강한 힘을 가지고 있다 하여도 나만의 필승전략을 가지고 이길 수 있는 방법을 찾는다면 이는 훌륭한 전략이 될 것이다. 협상이 서로 이기는(Win-Win) 것이라고 생각한다면 반드시 객관적인 기준의 사용이 필요하다. 또한 협상의 상대방이 나와 비슷한 힘을 가지고 있는 경우라고 하더라도 객관적인 기준이 없이 서로의 입장만 주장하다보면 합의점을 찾기는 역시 어려워지게 된다. 이렇게 교통사고가 쌍방과실로 발생하였을 경우 교통법규를 기준으로 문제를 해결하는 것과 마찬가지로 객관적인 기준을 협상의 진행에 사용한다면 더욱 현명한 합의에 이를 수 있을 것이다.

8. 주고 받는다.

협상과정이 진행되면 협상은 협상참여자 간에 자신이 가지고 있는 자원을 두고 주고받기(Give and Take)가 이루어져야 한다. 혹은 나와 상대방의 이해관계를 위하여 자신이 한발 양보하여 물러서거나 양보를 요구할 수도 있어야 한다. 만약 협상과정에서 주고받기가 이루어지지 못한다면 양자가 모두 승리할 수 있는 협상의 조건은 멀어지게 된다. 따라서 협상이 시작되면 내가 반드시 지켜야 할 것은 무엇이며 상대방에게 무엇을 양보할 수 있는지 혹은 줄 수 있는지 그리고 무엇을 받아내야 하는지에 대해서 미리 준비해야 한다. 세상에 공짜는 없는 것이다.

협상이 성공적으로 이루어지기 위해서는 '기브 앤 테이크'가 반드시 필요하다. 이와 같이 바람직한 '기브 앤 테이크'를 위한 사전적인 준비로 SWOT분석을 활용할 수 있다. 그러나 모든 협상이 기브 앤 테이크가 이루어진다고 해서 항상 바람직한 협상결과를 창출해낼 수 있는 것은 아니다.

9. 상대방을 궁지로 몰지 말고 체면과 명분을 세워준다.

"지렁이도 밟으면 꿈틀한다.", "쥐도 막다른 골목에서는 고양이를 문다."라는 말이 있듯이 내가 가진 힘의 우위를 믿고 협상의 파트너를 막다른 궁지로 몰 경우 협상은 곧 극단적인 대립과 반목으로 비화하게 되어 협상을 통한 합의는 기대할 수가 없게 된다. 더욱이 궁지에 몰리게 되면 이성을 잃을 가능성도 그만큼 높아져 상호간에 파멸까지 부르게 될 수 있다. 내가 협상에 임하는 것은 체면과 명분이 아니라 내가 얻고자하는 것을 얻으면 되기 때문에 상대방의 체면과 명분을 세워주는 것은 오히려 협상의 과정에 도움이 되는 것이다. 그러나 우리는 협상을 제대로 해보지도 않고 나의 의견과 다르다고 하여 자주 상대방에게 최후통첩이라며 자신의 주장만을 던져놓고 협상장을 빠져나가는 모습을 자주 보게 된다.

인간이란 상대방에게 내가 패한 모습을 보이기 싫어하게 마련이다. 또한 인간의 행동은 그것이 옳고 바르고의 문제를 떠나 누구든지 그 자신의 행동에는 체면과 명분이 있게 마련이다. 때문에 협상과정에서 협상파트너의 이러한 점들을 적절히 고려하여야만 한다. 때문에 협상을 진행하면서 어느 일방이 자신에게 불리한 협상결과가 예상되거나 상대방이 나를 존중하지 않는다고 느낄 경우 그 일방은 합리적으로 협상과정에 임하기보다는 반대를 위한 반대를 하는 경우도 적지 않게 나타난다. 따라서 협상과정에서 이러한 점을 고려하지 않고 협상과정의 사실에만 집착하게 될 경우 예상치 못한 어려움에 봉착하게 된다.

10. 상대방의 이야기를 적극적으로 경청한다.

보통 인생에 성공하는 사람들에게서 나타나는 중요한 특징 중의 하나는 남의 말을 잘 들어주는 것이다. 협상의 성공을 위해서도 마찬가지이다. 협상이 진행되기 위해서는 우선 상대방의 존재를 인정하는 일이 먼저이고 그 다음에는 상대방의 이야기를 일단 경청해야 하는 일이 우선이다. 이야기를 듣고 난 다음에 동의하거나 혹은 반대를 하거나 하는 것은 차후의 일이다. 상대방의 말을 열심히 경청하는 태도는 상대방으로 하여금 스스로 자신이 존중받고 있다는 생각이 들도록 하여 참여자간 신뢰감을 쌓는 기초가 될 수 있을 뿐만 아니라 협상전략상에도 상대방의 관련된 정보와 진의를 파악하는 데도 유용한 수단이 될 수 있기 때문에 매우 중요하다. 특히 경청할 때 상대방의 이야기를 메모지에 열심히 받아 적는다든지, 이야기 도중 고개를 끄덕이거나 가벼운 감탄사를 표현하는 것은 그러한 효과를 배로 높일 수 있다.

상대방의 이야기 중에 모호한 부분이 있거나 이해하지 못한 부분은 재차 설명을 해달라는 요구도 마찬가지이다. 서로의 주장이 오고가는 실제 협상장에서는 이를 실천하기란 쉽지 않은 일이다. 대부분의 경우 사람들은 상대방의 의견을 끝까지 듣기보다는 서둘러 자신의 의견을 말하는 것을 더 좋아하기 때문이다. 특히 성질이 급하거나 과시욕이 강한 사람은 남의 이야기가 채 끝나기도 전에 상대방의 이야기에 나는 어떻게 이야기할까를 생각하는 데 열중하여 이야기를 잘 들으려고 하지도 않을 뿐더러 상대방이 말하는 도중에 "그건 아니지."하며 자기 생각을 말하거나 질문을 하여 원활한 대화의 진행을 막는 경우가 허다하다. 그것보다는 상대방의 이야기에 적절하게 맞장구를 치면서 좀더 활발히 말할 수 있도록 유도하는 것이 더 중요하다.

11. 맞불을 놓지 않는다.

'눈에는 눈, 이에는 이'라는 말이 있다. 이는 제로섬 게임의 전형적인 법칙으로 상호 만족을 목표로 하는 협상에 적용되어서는 곤란하다. 그러나 우리는 협상을 하면서도 언제나 '눈에는 눈, 이에는 이'라는 생각을 잘 떨치지 못하고 상대방의 생각을 보기 좋게 꺾을 수 있는 맞불을 준비하고 구체적으로 실행할 기회만 엿보고 있는 듯하다. 기업현장에서는 노조가 임금인상 시위를 하면 으레 사용자는 직장폐쇄를 하는 게 당연한 수순처럼 보이고, 가정에서는 남편이 바람피면 여자도 똑같이 바람피워야 한다는 논리가 설득력을 얻고 있다는 것은, 우리 사회가 너무 이것 아니면 저것이라는 제로섬 게임의 논리에 파묻혀 있다는 것을 말해주고 있다.

협상장에서 상대방의 제안에 대하여 맞불을 놓는 만큼 위험한 것도 없다. 실제로 협상 일방이 실질적인 협상보다는 자기의 이익에 관한 주장만 반복하거나 그것이 잘 먹혀들지 않을 경우 강도 높은 공격 혹은 비난성 발언을 할 수가 있다. 그러다 보면 다른 일방도 흥분해 상대방의 주장을 반박하며 싸움으로 발전하는 사례는 많다. 일방의 감정분출은 또 다른 감정의 폭발로 이어져 결국 협상장은 격렬한 싸움의 장소로 변하기 십상이다. 이렇게 되었을 경우 협상에서 더 이상 아무런 기대를 할 수 없어 상호파국을 맞게 되는 결과를 가져올 것이다. 동시에 상대방은 저항하기 시작하면서 자신의 입장에 더욱 매달리게 된다. 맞불을 놓았다면 그 만큼 합의는 도출하기가 더 어렵게 된다.

12. 최고의 덕목은 인내이다.

협상참여자에게 무엇보다 필요한 것은 끝없는 인내이다. 뜬금없는 소리라고 할지 모르겠지만 만화영화 캔디의 주제가를 한번 생각해 보자.

> 괴로워도 슬퍼도 나는 안 울어 / 참고 참고 또 참지 울긴 왜 울어 / 웃으면서 달려보자 푸른 들을 푸른 하늘 바라보며 노래하자 / 내 이름은 내 이름은 내 이름은 캔디 나 혼자 있으면 어쩐지 쓸쓸해지지만 / 이럴 땐 얘기를 나누자 거울 속의 나하고 / 웃어라 캔디야 들장미 소녀야 / 울면 바보다 들장미 소녀야

만화영화이기 때문에 주인공인 캔디가 행복해지는 것은 당연지사일 수도 있다. 그러나 캔디가 행복하게 되는 것은 주제가에서 잘 드러나듯이 '참고 참고 또 참지 울긴 왜 울어'에서 비롯된다. 어느 정도 참느냐 하면 울음을 참고 웃으면서 달려보기도 하고 심지어 노래까지 부른다. 또 나 혼자 있으면 쓸쓸해지는데 그럴 때는 거울 속의 나하고 이야기하면서 쓸쓸함을 극복할 정도이다.

협상에서는 이와 같은 인내력이 협상가의 필수적인 자질이다. 좀 유리하다 싶어 성급하게 상대방의 제안을 덥석 수락하거나 제안한 것에 대해 금방 효과가 드러나지 않는다고 하여 이성을 잃어버리거나 한다면 협상은 실패를 가져오게 된다.

13. 기록을 활용한다.

일반적으로 활자화된 문서는 단순한 말보다는 그 영향력이 매우 크다. 입에서 나오는 말을 단순히 타이핑했는 것임에도 불구하고 사람들은 그 글자들이 바뀔 수 있다고 생각하기보다는 글을 읽는 순간 기정사실로 인정하게 된다.

기록을 협상과정에서 잘 활용하여야 한다는 것은 협상의 진행이 매우 어려울 때도 마찬가지이다. 특히 협상파트너와의 의견차이가 클 경우 각자의 입장을 명확히 하기 위해 명문화된 기록으로 남기면 단순히 말만 하는 것보다 생각과 의견을 말하는 데 보다 신중해져서, 실무적인 협상이 원활하게 진행될 수 있다.

14. 유연성을 확보한다.

협상의 과정은 협상참여자들이 서로 자신의 이익을 확보하려고 하기 때문에 분위기가 경질될 경우가 많다. 이러한 때 협상의 원만한 결과를 도출하기 위해서는 무엇보다 협상의 과정 처음부터 끝까지 부드러움과 유연성을 기할 필요가 있다.

16 도시정부의 위기관리

통합적 위기관리시스템 구축

현대사회는 위기의 시대이다. 이 말은 시간적인 여건과 환경이 그러하다는 것이다. 더구나 시간적인 차원뿐만 아니라 공간적인 차원에서 우리가 살고 있는 삶의 현장을 투입하여 보면 불확실성이 선명해진다. 물론 인간 생활에 있어서 위험은 항상 존재해 왔다. 특히 요즘 들어 위기관리라는 측면이 강조되고 있는 것은 과거에는 대부분의 위기가 개인적인 차원의 것이었으나, 사회가 하나의 생활권이 된 상황에서는 한 지점에서의 위기가 국가차원의 위기로까지 확산될 소지를 많이 가지고 있기 때문이다.

현재와 같은 고도기술사회는 평상시에 사용하던 기술의 일시적인 혼란으로 인해 도시가 패닉상태로 될 수 있으며, 고도기술사회의 산물 예컨대 석유, 가스 등의 화학물질과 전기와 물질의 사용증대로 인한 역기능은 엄청난 대형화재와 안전사고를 야기시킨다. 새로운 산업제품의 등장과 이용의 증대는 부주의와 미숙련 상황을 야기시킴으로써 대규모의 인재를 발생하게 하며 이제 도시위기를 천재라고 생각하여 무관심으로 내버려두기에는 재산적, 인명적 피해가 너무 크다.

우리나라의 경우 도시위기관리가 갖는 함의가 더욱 커지고 있다. 지방자치제의 실시로 주민들의 지방정부에 대한 욕구투입은 더욱 활발하게 이루어질 것이며, 지역경제활성화를 위한 기업 유치경쟁과 확장을 통하여 대형사고의 가능성은 더욱 높아지고 있기 때문이다.

최근 우리나라에서는 다발적으로 발생하고 있는 대규모 재난으로 인해 인명피해 및 재산피해가 막대한 실정이다. 이로 인해 사회구조와 정부기능에 대한 불신과 의혹마저 불러 일으키게 되었다. 우리나라의 위기관리체계는 지금까지 주로 자연재해를 중심으로 이루어져 왔으나 최근에 발생한 메르스, 코로나19와 같은 전세계적 범위의 감염병으로 인위적 재난에 대한 대응책 마련이 위기관리의 주요사안이 되고 있다. 이러한 과정에서 관련법제가 개정, 제정되고 전담행정조직과 기구가 세분화되는 등 위기관리 행정분야가 대폭 변화되고 있다. 위기관리시스템은 전반적인 재검토를 필요로 하고 있다. 그 이유는 다음과 같다.

첫째, 최근에 발생한 대형위기의 양상에 비추어 볼 때 통합적인 위기관리시스템의 구축이 필요하다. 위기의 유형이 다양하고 피해의 영향이 다방면에 미치고 또한 피해가 대규모라는 점이다. 더욱 중요한 것은 위기의 영향과 전개 양상이 복합적이어서 자연재해와 인위재난으로의 구분이 곤란하여 수습에 다각적인 대응을 필요로 한다는 점이다.

둘째, 지방자치제의 실시로 인한 행정환경의 변화에 따라 지역적 특성이 고려된 위기관리시스템이 구축되어야 한다는 점이다. 그동안 우리나라의 위기관리행정은 지역적 여건을 충분히 고려하지 못한 채 중앙정부의 구호와 복구지원형태로 이루어져 왔다. 따라서 재난발생을 완화 또는 억제하려는 장·단기적 대응책이 실효를 거두지 못하였으며 효율적인 사고수습도 이루어지지 못하였다.

이와 같은 문제의식을 가지고 지금까지의 개별적인 재난관리체제에서 통합적인 위기관리로의 전환을 통해 위기 발생시에 조직적이고 종합적인 시스템적 대응이 가능한 적극적인 위기관리시스템 구축의 필요성을 전개해 본다.

도시위기의 특성과 위기관리

1. 의의

현대사회에 있어서 위기관리라는 용어는 제2차 세계대전 이후 미국이 세계안전보장의 책임국가로 등장하면서 정치군사상의 이유로 시작되었다. 하지만 현재의 경우 체제, 갈등 등의 사회적 위기와 자연재해, 환경오염, 식량과 에너지위기 등 예기치 못한 돌발적 위기상황 즉, 미래의 불확실한 환경으로부터 야기되어지는 것을 위기라 하며 이를 저감하거나 대응계획을 수립하는 것을 위기관리라고 한다. 시스템의 입장에서 보면 위기는 일정한 시간과 공간상에서 시스템에 위험과 손실을 주어 시스템의 목표달성을 어렵게 만드는 상태를 의미한다. 지금까지 연구된 바로는 위기가 발생함으로써 ⓐ 정상성을 벗어난 특수상황, ⓑ 시스템으로부터의 긴급한 대응책의 요구, ⓒ 긍·부정의 효과 발생, ⓓ 불확실성의 증대, ⓔ 조직원들 사이의 관계를 변화시킴에 의한 스트레스의 상승,

ⓕ 통제기능의 변화, ⓖ 권력관계의 변화 등이 나타난다고 본다.

이러한 결과를 야기시키는 위기상황의 특질은 위기발생의 불확실성과 발생 후 강도로 표현되는데 이중 불확실성은 사고발생의 빈도와 관련이 높으며, 빈도와 불확실성은 반비례의 관계에 놓이게 된다. 따라서 위기는 재난의 빈도로 분류 가능한데 이를 중심으로 살펴 보면, 첫째, 빈도가 높은 위기로 그 주기성을 어느 정도 파악할 수 있는 위기상황, 두 번째, 빈도수는 적으나 강도가 큰 것, 셋째, 지금까지 한번도 경험하지 못했던 것들로 지금의 에이즈, 원자력 누출사고 등은 과거에는 상상하기 어려운 사건들이었다.

한편, 이러한 위기상황과 더불어 이를 해결하고자 하는 노력은 이를 일반적인 해결과정으로 표현한 페탁(William J. Petak)의 위기관리 단계론을 들 수 있다. 즉, 위기극복을 위한 단계는 완화, 준비, 대응, 회복단계를 의미한다. 위기의 진전은 크게 과정론적인 입장을 취하는 것과 위기를 사건으로 인식하는 단정적인 입장이 있다. 전자의 경우는 정치, 사회갈등모델의 경우로 위기는 단계별 진전과정을 통하여 발생한다고 본다. 후자의 경우는 재해와 같은 자연현상 혹은 인재와 같은 상황이 만들어내는 패닉상태가 해당되며 이 때의 위기는 곧 폭발을 의미한다. 따라서 해결방식의 접근방법도 전자의 경우는 타협과 협상이, 후자는 예측능력 및 대비계획을 통한 불확실성의 저감 등이 있다. 이러한 해결방식의 차이는 시간적인 고려의 유무, 확실한 해결의 가시화 유무의 차이를 드러내게 할 뿐만 아니라 '위기'라는 말을 정의하는데 혼란을 가중시키는 요인이 된다.

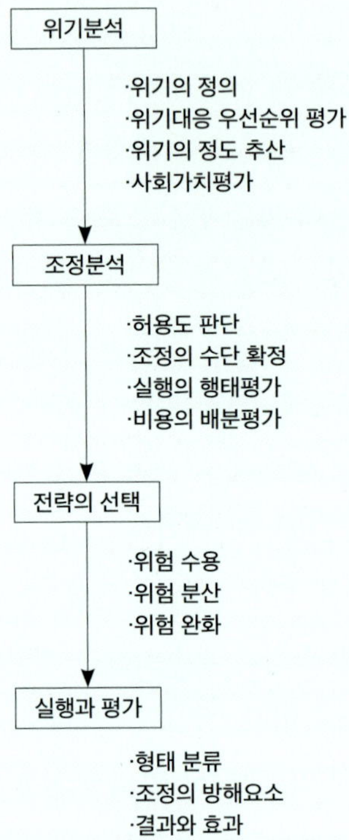

위기관리를 위한 플로우 차트

이 글에서의 위기는 윗글의 후자에 속하며, 도시정부의 책임하에 관리 가능한 것을 의미하기로 한다. 이러한 정의 방식은 같은 종류의 위기더라도 책임소재의 차이에 따라 해결방식이 달라지기 때문이며, 대응방법도 차이를 두어야 하기 때문이다. 위기라는 단어가 갖는 포괄성은 위기의 불확실성만큼이나 다양하기 때문에 위기의 해결방식은 미시적일 필요가 있다. 이러한 의미에 해당하는 지방자치단체 차원의 위기관리를 위한 플로우차트는 <그림>과 같다.

2. 위기의 정의와 유형

1) 개념과 특징

위기(Crisis)의 개념은 사전적 의미로는 "결정적으로 중요한 변화가 절박하게 요구되는 불안정한 사건의 상태, 특히 현존하는 문화나 가치의 변형이 요구되는 사회적 상황"이라 할 수 있다. 위기의 개념은 보는 관점이나 분야에 따라서 상당히 자의적인 정의도 가능하다. 일반적으로 위기는 태풍, 지진 등 자연에 의해 야기된 위기, 방사능사고 등 인간에 의해 야기된 위기 그리고 상황에 의해 야기된 위기(Contingency Crisis)를 포함하며 위기의 개념은 재난(Disaster), 재앙(Catastrophe), 재해(Hazard), 긴급상황(Emerency)을 포괄하는 개념이라고 할 수 있다.

위기의 특징으로는 ⓐ시스템의 변화를 유도 ⓑ시스템의 환경에 대해 긍정적 혹은 부정적 영향을 미침 ⓒ시스템의 정상적인 능력으로 해결하기 어려운 상황으로서 관련된 모든 사람들의 노력과 협조가 필요 ⓓ시스템으로부터의 긴급한 대응을 필요 ⓔ시간과 기술의 제약 하에서 제한된 자원을 효율적으로 사용하기 위해서 정확하고 시기 적절한 정보를 사용할 인적자원이 필요 ⓕ위기상황에서 대안의 선택시간은 대단히 짧음 ⓖ위기는 상대성을 가짐 ⓗ고도의 불확실성과 복잡성의 조건하에서 신속한 결정을 내릴 것을 요구하는 점 등을 들 수 있다.

2) 유형

위기의 유형으로는 위기는 합의형의 위기와 마찰형의 위기로 구분될 수 있다. 합의형 위기에는 ⓐ태풍, 홍수, 화산폭발, 지진, 해일, 감염병 등 유해한 자연현상과 관련된 인적·사회적 측면 ⓑ폭발, 화재, 화학사고, 핵발전소 사고, 전기 및 에너지사고, 생물학적 해독, 대규모 교통사고, 건축물붕괴 등 기술적 사고를 유발할 위험이 포함된다. 마찰형 위기와 비교되는 합의형 위기의 중요한 특징 중의 하나는 사고가 발생하게 되면 그 위기를 가능한 빨리 종결시켜야 한다는 합의가 폭넓게 이루어진다는 점이다. 그러한 목적을 달성하기 위한 수단에는 의견이 일치하지 않을 수 있다.

마찰형 위기는 합의형 위기와 크게 대비된다. 마찰형 위기는 전쟁, 폭동, 시민소요, 테러, 인질극, 집단태업, 대량학살 등이 포함된다. 이러한 상황에서 하나 또는 그 이상의 정당이나 단체가 의도적으로 피해와 파괴에 대한 책임을 특정인에게 넘기려는 경향이 있다. 합의형 위기의 경우에는 정당간에 의견의 불일치는 있을 수 있어도 그 위기를 연장시키려고 하는 고의적인 의도는 없다. 일반적으로 마찰형 위기는 시간적·공간적 측면에서 더욱 확산하는 경향이 있는 반면, 합의형 위기는 비교적 시·공간상에 지역화하는 경향이 있다.

이러한 위기를 에너지라는 힘의 근원을 중심으로 유형화 해보면 크게 2가지로 나뉜다. 첫째, 에너지 변환형으로 최초의 에너지 형태가 원인이 되어 위기가 발생하는 것이 아니라 변환된 에너지가 위기를 일으키는 근본적인 원인이 되는 위기를 의미한다. 이러한 위기의 일반적인 원인구조는 ⓐ사람의 불완전한 행동에 기인하거나 ⓑ시설물의 불완전한 상태에서 기인하거나 ⓒ삶과 사물의 불안전한 상태가 결합한 경우이다.

둘째, 자체 에너지 파괴형으로 특정대상이 정상적으로 유지하기 위하여 갖고 있는 에너지의 보유정도를 벗어난 에너지상태로 말미암아 일어나는 위기의 형태를 의미한다. 이 때의 에너지의 개념에는 심리적이고, 안정수칙과 같은 규범적인 것들이 포함된다. 따라서 모든 대상은 물질적·정신적·구조적인 측면에서 조화와 안정을 유지하는 기본적인 표준에너지를 보유하고 있다고 가정하고, 이러한 표준에너지에서 벗어난 모든 상태로 말미암아 위기가 발생한 경우를 자체에너지 파괴형이라고 한다.

오늘날 새롭게 문제가 되는 위기는 그 원인이 상호의존적인 형으로 특정원인의 제거가 그 문제의 해결이 될 수 없는 외부효과형인 경우가 대부분이다. 예를들면 기술형 위기라고 하는 것도 시스템을 구성하고 있는 인자들의 교란 혹은 탈퇴로 인한 전체 시스템과 연계된 요소들의 작동 불능사태인 것이다. 바로 이러한 기술적인 인위공간의 확대 혹은 집적으로 표현되는 현대도시의 기능적인 시스템의 연계망은 현대도시의 위기를 도시형적인 재난으로 불리울 수 있도록 하는 특징을 표현하게 만든다. 이러한 시스템간의 연계성은 위기의 피해범위가 정태적 지역내적인 특성에서 동태적 지역간의 확산으로 특징화 시킨다. 한편 이런 위기의 발생은 최초에 다른 시스템으로 인식되었던 각각의 시스템을 위기 발생 후 또는 다른 위기에 의해 연계되는 위기 후 연계시스템을 형성한다. 따라서 위기 후의 연계시스템이 사회적으로 검증되기 위해서는 위기가 일단 발생한 후에야 정확히 알 수 있는 어려움이 있다.

현대의 예측기술은 사실 그 위기발생의 시기에 대해서는 예측할 수 없으나 그 조건과 위기 후 연계가능성에 대해서는 공간적인 데이터시스템 정보 등을 활용하여 가능하리라고 생각된다. 이러한 연계를 가능하게 하는 것이 외부효과인 만큼 시스템활용을 이에 걸맞게 구성함으로써 외부효과의 발생을 극소화할 수 있다. 또 외부효과를 긍정적인 효과로 만드는 노력을 강구한다면 이러한 연계 효과를 사전에 방지할 수 있다.

현대의 기술집적 산물인 교통, 통신 등에 의한 도시형위기는 속성상 크게 2가지로 분류 가능하며, 이들의 분류특성에 따라 구분하면 첫째는 자기완결적인 위기라기보다는 시스템적인 위기라는 것이다. 둘째는 전술한 바와 같이 위기 발생 후 다른 시스템에 영향을 끼치는 파급효과를 발생시킨다는 점과 위기의 발생경로도 근본적으로 다른 시스템의 부(負)의 외부효과로 발생되었다는 것이다. 이러한 특성에 근거하여 하나의 아이디어를 도출해 낼 수 있는 것이 위기의 도시성이라는 측면이다. 즉, 도시위기라고 했을 경우 그것은 도시라는 고밀도 집적시스템이 만들어 내는 위기이다. 도시라는 특성은 근본적으로 외부효과를 증대시키고 이러한 긍정적인 외부효과의 발현은 도시를 더욱 풍요롭게 만든다. 반대로 부정적인 외부효과의 극치는 바로 도시위기라는 형태로 발현되는 것이다. 따라서 이러한 위기는 발생 후 본래의 자기시스템 보다 규모가 더 큰 위기후 시스템을 형성하게 된다.

3. 위기의 특성

위기관리시스템의 대상이 되는 도시형 위기는 다른 조직이나 시스템의 대상과는 다른 독특한 특성을 지니고 있다. 도시형 위기는 발생한 이후에도 그 특성상 파급력, 규모, 분포와 정도들을 명확하게 예측하는 데는 한계가 있다. 도시형 재난 즉, 인위적 재난은 인적·물적, 사회적·자연적 요소 등 여러 가지 요소들이 예기치 않는 상호작용을 하는 가운데서 발생하는 측면이 강하다. 우리 사회가 위기를 완벽하게 이해하고 통제하는 데는 본질적으로 한계가 있는 특성을 지니고 있다.

1) 누적성(Cumulativity)

위기는 갑작스럽고 돌발적으로 발생한다기보다는 위기발생 이전부터 오랫동안 누적되어온 배양요인들이 특정한 시점에서 발생조건과 상호관련되어 가시적으로 표출된 결과라고 할 수 있다. 비가시적으로 누적되고 있는 위기발생의 배양요인들이 위기관리시스템의 구조적 결함, 조직과 개인의 인식능력의 미비, 그릇된 문화적 관행 등의 요인과 결합하는 것이 가시적 위기를 발생시키는 중요한 요인이다.

인위적 재난이 지니는 특성 중 누적성을 통제하기 위한 위기관리시스템은 어떤 형태의 조직으로 구성되고 어떤 기능을 수행하여야 할까? 위기발생의 원인요인들은 여러 분야와 부문에 걸쳐서 제각기 누적되고 배양된다. 따라서 각각의 부문과 관련된 개별조직이 소관요인들을 관찰하고 파악한다 하더라도 각각의 개별요인들을 종합적, 통합적으로 관찰하고 판단하지 못한다면 상호관련성이라는 위기특성상 위기발생을 사전에 억제하는 데는 한계가 있다. 따라서 위기관련시스템은 구조적 결함을 극복하기 위하여 통합조직을 통해 통합적 기능을 수행할 수 있도록 구축되어야 할 것이다. 통합적 위기관리시스템은 위기발생 요인을 체계적으로 관리할 수 있어 위기발생의 원인요인들의 누적을 사전에 억제할 수 있는 장점을 지니고 있다.

2) 상호작용성(Interactivity)

위기는 위기발생 원인요인들간의 상호작용성에 의해 발생한다. 위기는 대체적으로 단순요인에 의하여 발생하지는 않는다. 위기발생이 어떤 특정의 결정적 원인요인에 기인한다 하더라도 그 원인요인은 또 다른 원인요인들과 결합하여 상호 상승작용을 일으켜서 치명적인 위기로 발전하게 된다. 2003년 2월 18일 대구지하철 방화참사를 사례로 살펴 보자. 정신질환자가 휘발유를 가지고 지하철 객차에 불을 질렀다. 그것만으로는 막대한 인명피해가 발생한 재난으로 이어질 수는 없다. 만약에 초기대응단계에서 승객들이 소화기를 사용하였다든지, 중앙로역에서 초동진화가 이루어졌다면, 단순한 화재사고로 그칠 수 있었을 것이다. 한편으로 초동대응이 이루어지지 않아서 1079호 객차가 전소하였다 하더라도 지하철 사령실에서 1079호 객차 화재의 심각성을 인지하고 반대편에서 진입해 오는 1080호 객차의 진입을 막았더라면

2차 재난은 발생하지 않아 10명 내외의 사상자 발생으로 그칠 수 있는 사고였다. 그러나 가연성 물질로 가득 찬 객차내부, 화재경보시스템과 대피시스템의 문제점, 자동소화장치의 문제점, 지하철 공사의 무지한 위기관리능력, 열악한 신고체계, 원시적 소방시스템, 지하철공사·소방·경찰·병원·시청 등과 같은 위기관리기구들의 분산된 관리시스템 등 여러 가지 요인들이 다양하게 상호작용하면서 참혹한 재난으로 진행되었다. 한편 재난발생 후의 복구과정에서도 미숙한 현장관리와 독선적인 사고대책 본부 등의 계속된 상호작용으로 인해 대구시가 총체적 패닉상태로 전개됨에 따라 또 다른 형태의 사회적·경제적·정치적 위기를 야기시켰다.

총체적인 피해의 강도와 범위는 결국 이러한 원인요인들 간의 상호작용에 의해 정해지게 된다. 현대사회의 위기는 어느 한 형태의 위기가 다른 형태의 위기를 야기시키고, 또 그 반대방향으로 원래의 위기강도가 강화되는 등 상호작용의 밀도가 증대된다. 이와 같은 상호작용성을 특성으로 지니는 위기는 어떻게 통제할 수 있을까? 복잡한 상호작용 속에서 진행되는 위기를 고정되고 표준적인 규칙과 수단을 가진 경직된 조직과 시스템을 가지고 대응하는 데는 한계가 있다. 위기의 상호작용성에 대응하기 위해서는 유기적 위기관리조직과 시스템이 다양한 조직과 시스템들 간의 협력적 네트워크의 구축을 통해 통합성을 확보할 때 상호작용성이라는 위기의 특성을 더욱 적절하고 효과적으로 제어할 수 있다.

3) 불확실성(Uncertainty)

위기의 발생은 선형적 · 기계적인 과정만을 따르는 것이 아니라 비선형적·유기적 혹은 진화적인 과정을 따른다고 할 수 있다. 따라서 비가시적으로 누적되어 있는 위기발생의 원인요인들은 언제, 어디서, 어떻게, 어느 정도의 위기로 발생할지에 대해서는 불확실하다. 위기는 발생 그 자체가 인간의 예측범위 밖에 존재하는 경우가 대부분이다. 위기발생의 가능성을 예측하여 철저한 예방조치를 취한다 하여도 발생 그 자체를 완전히 제어할 수는 없다. 단지 위기발생 원인요인들의 누적성과 상호작용성을 민감하게 예측하고 개연성있는 위기발생에 대한 대비를 철저히 할 때 그 피해를 최소화 시킬 수 있다.

위기의 규모에도 불확실성이 작용한다. 즉, 위기가 발생하고 난 이후의 경우에는 기존의 기술적·사회적 장치와 연계되어 진행과정의 예측도 매우 어려우며 불확실하다. 하나의 위기가 발생하면 그것은 연쇄적으로 새로운 위기로 이어질 가능성이 매우 크다.

위기가 가지고 있는 불확실성이라는 특성은 어떻게 제어할 수 있을까? 불확실성에 대응하는 위기관리시스템은 두가지 특징을 지녀야 한다. 첫째, 위기관리시스템은 구조적으로 외적 중첩성을 지녀야 한다. 위기관리시스템은 위기발생에 보수적으로 대응하여야 한다. 신중하고 중첩적인 전략과 행동지침으로 불확실성에 대응하는 태도를 가져야 한다. 둘째, 위기관리시스템은 내적으로는 유기성을 지녀야 한다. 무엇보다 시스템 구성요소들간의 분권성의 정도를 높이고 관료제의 병리현상을 극복하여야 한다.

4) 복합성(Complexity)

위기는 발생요인에서부터 발생한 이후의 전개과정, 대응과 복구과정에 이르기까지 매우 복합적인 구조를 가지고 있다. 이러한 위기의 복합성은 위기진행과 관련된 요인들이 다른 국면의 원인요인에 직접·간접적으로 영향을 미쳐 전 국민이 상호 배타적·독립적이지 않고 크고 작은 순환적이고 인과관계적인 상호관계 속에서 발생하는 특성을 지닌다. 위기는 강도·규모 그리고 최초 사건과 관련된 다른 위기발생 등의 측면에서 기존의 경험에서 파악하지 못하고 있었던 복합적인 인과관계에 의존한다. 즉, 과거의 위기발생 경험에서 이해할 수 있는 그런 전통적인 위기가 아니라 새로운 형태 혹은 새로운 지리적 위치에서 예기치 못한 일련의 위기가 이어질 수 있다는 것을 의미한다.

위기가 지니는 이와 같은 복합성을 제어하기 위한 위기관리시스템은 어떻게 구축되어야 하는가? 우선 위기관리시스템의 협력성을 제고시켜야 한다. 극도로 복합적인 구조의 위기발생에 효과적으로 대응하기 위해서는 단일조직으로 대응하기 보다는 상호 관련된 조직간의 협력과 상호조정을 통해 연계된 통합적·협력적 시스템을 갖추어야 한다. 이를 위해서는 무엇보다도 시스템 내부의 관련 기관들간의 정보의 공유와 교환 그리고 전파가 협력적으로 신속하게 이루어져야 한다. 다음으로는 위기관리시스템의 학습성을 높여야 한다. 따라서 위기관리시스템은 경직되고 폐쇄적인 시스템이 아니라 현장과 경험이 축적된 가운데서 계속적인 시스템의 발전이 이루어져야 한다. 즉, 학습을 통해서 새롭게 전개되는 환경에 적응하고 환경을 제어하는 능력을 갖추도록 시스템의 구조를 변혁시켜야 한다.

4. 위기관리

1) 개념

지금까지 위기관리는 주로 국제관계론의 분야에서 국가적 위기시 국가지도자의 정책결정방향에 대하여 사용되어왔다. 즉, 양국간 또는 다수 국가간의 국가이익이 상충되는 곳에서 발생하는 갈등과 분쟁상태로 인한 전쟁으로의 확대를 방지하고 이를 수습하기 위하여 위기의 통제와 확대방지에 노력하는 시스템으로 정의되어 왔다. 근래에 들어와서는 위기관리라는 용어는 국제관계분야뿐만 아니라 국내분야의 문제에도 적용되는 포괄적 개념으로 쓰이고 있다.

위기관리를 표현하는 용어로서 재난관리, 재해관리, 비상관리, 위험관리 등으로 혼용되고 있으나, 각각의 관리대상의 성격과 정도는 다르지만 급격한 변화에서 오는 도전, 난관 극복의 목적, 비상상황 하의 정보가 불충분한 제약 속에서 최선의 대안을 선택하기 위한 노력이라는 공통점을 지니고 있다.

위기관리는 사전, 사후의 위기관리활동 및 위기에 대처하기 위해 계획하고 대응하는 모든 측면을 포함하는 총체적 용어이다. 광의의 위기관리란 위기대책의 전기간을 대상으로 위기의 예방, 예지, 경보, 긴급사태 대처, 응급복구, 개선, 예방이라는 각 단계를 포함하고 있고 협의의 위기관리는 위기발생후 관련기관을 유기적으로 조직하고 효율적으로 운영하여 피해를 최소화하는 문제에 관한 조직의 노하우를 의미한다고 할 수 있다.

이 글에서는 위기관리를 재난관리, 재해관리, 비상관리, 위험관리 등을 포함하는 개념으로서 위기로 인한 피해를 극소화하기 위하여 위기의 완화(Mitigation), 준비계획(Planning), 응급대응(Response), 복구(Recovery)에 관한 정책의 개발과 집행과정을 총칭하는 것을 뜻한다. 따라서 위기관리는 상호 단절적인 과정이 아니라 상호순환적 성격을 가지고 있다. 완화, 준비계획, 응급대응, 복구 등의 과정은 각각 별개로 이루어지는 것이 아니고 시간적 활동순서이다. 따라서 이러한 위기관리 전과정이 하나의 관리시스템 속에서 각각의 고유기능을 지니고 있는 하위 시스템으로 작용하고 네 과정이 통합관리될 때만이 효과적인 위기관리가 이루어 질 수 있다. 또한 네 과정의 통합만이 아니라 위기관리의 총체성으로 인해 여기에 참여하는 각종기관, 각 수준의 정부 조정과 통제 등 필요한 활동시스템을 갖추는 노력 또한 위기관리에 필수적인 요소이다.

2) 위기관리의 주기

위기관리의 99%는 사전관리, 다시 말해 위기가 발생하기 전에 어느 정도 예방책을 모색하고 있느냐이다. 경영주 개인이 군림하는 개인기업의 경우에는 위기가 발생하여도 최고경영자의 현장지휘에 의해 조직적 대응이 가능할 수도 있다. 그러나 법률과 조례에 의해 규정되고 구속되고 있는 지방자치단체 차원에서는 사전에 위기관리를 목적으로한 조례를 제정하는 등의 위기관리 시스템을 구축하지 않고서는 효율적인 대처는 어려울 것이다.

위기관리는 수단이 아니고 가치관이며 안전철학이라고 할 수 있다. 또한 위기는 일과성이 아니고 언제나 되풀이된다. 위기는 일정한 주기를 가지고 발생하기 때문에 위기관리도 주기에 맞추어질 필요가 있다. 따라서 위기는 반드시 찾아온다는 위기실존설을 가지는 것이 중요하며 시대를 초월한 위기의식을 유지하기 위해서는 '위기의 전승'이 필요하며 단세포적인 이익을 생각하지 않는 위기관리시스템의 구축이 필요하다.

3) 정보공개와 주민의 협력

지방자치단체의 위기관리에는 주민들의 폭넓은 지지가 중요하다. 이를 위해서는 위기와 위험 등에 관한 정보를 대상조직과 주민에게 전달하고 적절한 대응을 촉구하는 위기전달(Crisis Communication)이 중요한 과제이다. 원자력 발전의 문제를 예로 살펴보자. 원자력 발전의 경우 일정한 주기가 있는 것이 사실이고, 더구나 사고가 발생한 경우에는 주민들의 적절한 피난대책이 필요하다. 따라서 사고발생의 경우를 대비하여 위기전달과 피난시뮬레이션을 구축해 두지 않으면 위기는 새로운 위기를 발생시키게 된다.

지방자치단체의 위기관리에는 주민의 협력이 불가분의 관계에 있다. 오늘날의 주민들은 자기방어(Self-Defence)의 의식이 매우 취약하다. 위기상황에서는 교통과 통신의 매체가 두절되기 때문에 행정은 고립되게 된다. 따라서 주민들의 독자적인 자기방어 행동과 주민에 의한 행정기능의 대체·보완은 필수적 요소이다. 위기발생시에 주민은 어떻게 행동하고 주민과 행정기관이 어떻게 연대하여 위기발생으로 인해 단절된 행정기능을 대체·보완하는가를 사전에 결정·합의하여 이를 매뉴얼화하고 교육하여야만 한다. 위기상황에서 행정활동은 주민과 협력 혹은 주민과의 접목을 필요로 한다.

위기발생에 대비하여 식음료수와 의약품 그리고 각종장비 등의 위기관리 자원의 비축 또한 자치단체가 모두 확보하는 데는 한계가 있다. 그리고 위기상황시에 교통의 두절 등에 대비해서라도 위기관리 자원의 행정기관 집중형의 비축은 바람직하지 못하며 일정수준까지는 주민의 부담과 책무를 의무화시켜 주민분산형 비축방식을 채택할 필요가 있다.

4) 위기관리 이론

(1) 재난배양이론

재난배양이론(Diaster Incubation Theory)은 터너(Barry Turner)가 1978년에 출판한 그의 저서 「Man Made Disaster」에서 위기발생을 사회시스템의 사회적, 문화적 측면에서 규명하고자 시도한 이론이다. 터너는 위기발생의 원인인자들이 사회시스템이 형성되어 발전되어감에 따라 사회시스템 속에서 배양되어 내재되어 간다고 주장한다. 즉, 원인인자들이 위기발생의 초기단계부터 배양되어 사회시스템 속에 점점 잠재적이고 비가시적으로 누적되어 가다가 일정 시점에서 외부환경적 조건과 결합될 때 가시적인 위기로 발생한다.

이와 같은 터너의 주장은 위기 그 자체보다 위기를 야기시키는 사회시스템의 환경에 사전적으로 관심을 기울이면 위기를 배양할 수 있다는 것을 의미한다. 그러나 터너의 이와같은 주장이 위기관리에 있어서 대비나 대응단계에서 위험을 측정하고 대응하는 것 자체를 소홀히 한다는 것은 아니다. 문제는 위기평가단계에서 흔히 무시되었던 사회문화적 조건들을 제대로 인식하고 위기와 관련된 조직문화의 맹점, 부적절한 정보, 의사소통의 문제점, 오차수정의 실패, 안전규제도입의 실패 등을 분석하고 평가하여야 한다는 것이다.

(2) 정상사건이론

정상사건이론(Normal Accident Theory)은 1984년에 출판된 「Normal Accident: Living with High Risk Systems」란 페로우(C. Perrow)의 저서에서 주장된 이론이다. 페로우는 현대사회가 기술적·조직적 시스템으로 인해 복합적이고 꽉 짜여진 특성을 지니고 있으며, 이러한 복합적이고 꽉 짜여진 기술적 시스템은 필연적 사고(Accidents)를 발생시킬 수밖에 없다고 주장한다. 이것이 바로 정상사건이론의 핵심주장이다. 원자력 발전소 등과 같은 것이 페로우의 정상사건이론을 잘 설명해 줄 수 있는 사례이다. 이와 같이 복잡하고 꽉 짜여진 시스템은 시스템 내부에 예상하지 못한 조그만 사건이라도 발생하게 되면 곧 가속화의 과정을 거쳐서 거대한 위기로 확대되는 경향이 있다. 페로우는 이렇게 발생하는 사고를 '정상사고(Normal Accidents)'라고 불렀다.

(3) 고도신뢰이론

고도신뢰이론(High Reliability Theory)은 사고는 예방할 수 있다는 전제하에서 출발한다. 복잡하고 꽉 짜여진 시스템은 사고발생 가능성을 줄일 수 있는 전략을 수립하고 추진할 수 있기 때문에 사고는 예방할 수 있고 시스템의 안전에 관한 신뢰성도 높일 수 있다는 것이 고도신뢰이론의 핵심이다.

도시정부의 위기관리 영역

1. 지역경제위기

고도경제성장기에서는 예상하지 못했던 점이지만 지방자치단체가 신중하게 대책을 강구해야 하는 것이 경제위기이다. 미국의 오렌지카운티와 같이 이미 세계 각지에서 지방자치단체의 재정파탄으로 인한 문제가 제기되고 있다. 우리나라의 경우도 금융위기로 인한 중앙재정의 핍박화와 함께 지방교부세의 급격한 감소, 지방세수입의 격감, 특정프로젝트의 지원중단, 지역경제의 공동화 현상으로 인한 지방자치단체의 재정위기는 이미 시작되었다고 할 수 있다. 이러한 지방자치단체의 재정위기에 대한 대응을 잘못하면 이는 바로 지역경제위기로 연결된다.

2. 범죄

지방자치단체는 범죄기술의 고도화와 사회변화에 대응한 치안유지 체제를 확립하여야 한다. 범죄의 흉악화·고도화·일반화가 확산됨에 따라 지금과 같은 마을경찰 수준으로는 치안유지가 어렵게 될 것이다. 지금까지는 도시치안의 대상으로 고려하지 않았던 몇 년전에 일본에서 발생한 옴 진리교에 의한 지하철 독가스 살포사건과 같은 도시생명선(Urban Life Line)을 위협하는 새로운 형태의 위기발생에 대비하여야 한다. 이러한 위기대응을 소홀히 할 경우 시민사회가 무법화 되거나 반대로 경찰국가 상태로 전락할 위험성 또한 부정할 수 없다.

3. 재난

앞으로 재난은 인위적 재난, 자연재난 뿐만아니라 또한 종래와는 다른 양태로 발생하게 된다. 금년에 경험한 바와 같은 국지적으로 집중적인 호우로 인한 홍수에 대비한 대책은 종래의 기상조건을 전제로한 대책으로는 충분하지 않다. 예기치못한 자연재해로 인해 원자력 관계시설이 파괴되거나 기능불능상태에 빠질 가능성도 있다. 이러한 위기는 그 영향 범위가 국가적 권역으로 확산될 우려도 있다.

4. 교통사고

교통사고로 인한 사망자는 계속 증가하고 있다. 도로교통법의 개정과 자동차보험의 엄격한 적용에도 관계없이 감소되지 않고 있다. 교통사고야말로 우리나라 위기관리대책의 결함을 나타내고 있는 전형적인 사례라고 할 수 있다. 교통사고는 원래 사고를 일으킨 자동차와 도로, 사고당시의 상황, 그리고 운전자의 복수요소가 서로 복합적으로 얽혀 발생하는 문제이다. 그러나 그 책임에 있어서는 운전자만의 책임이고 도로를 관리하는 정부도 자동차를 생산하는 기업도 책임을 추궁당하지 않는다. 자동차 제작상의 결함을 포함한 어떤 사고원인도 철저하게 분석되지 않고, 그 결과도 공표되지 않는다. 단지 사고 피해자에 대한 구제조치라는 명목으로 사고의 원인을 운전자에게만 돌리게 되어 결과적으로는 교통사고 예방대책은 소홀하게 된다.

5. 북한으로부터의 주민유입

현시점에서는 베트남 난민과 같은 외국으로부터의 난민유입 문제는 거의 무시할 수 있는 수준에 있다. 그러나 북한의 경제적 상황, 남북관계의 진전에 따라 북한에서 어떠한 상황이 돌발적으로 발생할 것인지에 대해서는 아무도 예측할 수 없다. 대규모의 북한주민 유입사태와 함께 모든 지방자치단체가 대응해야하는 사태가 발생할 가능성도 부정할 수 없다. 재원대책은 물론 유입주민을 수용할 수 있는 시설건설을 비롯한 하드웨어와 이들이 우리사회에 적응할 수 있는 교육시스템 등의 대응도 갖추어야 할 시기가 되었다.

6. 보건의료 방역시스템의 결함

해외여행자가 급증하고 대량의 식품이 항공화물로 유입되고 있는 현실이다. 외국으로부터의 특수한 병원균이나 생물체의 유입 또한 건강의 위기관리로서 역학적 대응이 새롭게 요구되는 분야라고 할 수 있다. 특수한 병원균만이 아니라 생활양식의 변화에 의해 심각한 병이 만연하는 경우도 있다. 고령화, 도시화 등에 의해 개와 고양이 등의 애완동물이 주인과 함께 생활하는 경향이 확산됨에 따라 애완동물로부터의 기생충이나 세균감염 또한 보건의료행정서비스의 새로운 수비범위라고 할 수 있다. 따라서 지방자치단체의 현행 방역·보건의료시스템은 과거기준을 가지고는 대응할 수 없을 정도로 위기의 위협에 노출되어 있다. 그리고 상황에 따라서는 단순히 보건의료분야의 문제만으로 그치는 것이 아니고 사회·경제분야에도 큰 영향을 미친다. 예를 들면, 몇 년전에 발생한 영국 소의 광우병 소동은 영국경제는 물론 양축농가가 많은 우리나라 지방자치단체의 경제에도 큰 영향을 준 바있다.

7. 원자력 안전사고

1997년 일본 도카이무라(東海村)원자력발전소에서 재처리공장의 화재가 발생하였다. 원자력발전소 자체의 위험관리가 너무나 엉성하였고, 위험성을 외부에 비밀로 하였기 때문에 지방자치단체로는 전혀 대응할 수 없어서 피해가 더욱 컸다는 사실이 사후 조사를 통해 밝혀졌다.

우리나라에서도 최근에는 원자력병원의 방사성 동위원소 도난사고가 발생한 적도 있다. 에너지의 원자력발전 의존도 또한 매우 높다. 그러나 지금까지는 원자력 관련시설은 위기관리의 대상으로 선정하지도 못할 만큼 정보가 폐쇄적이었으며 논의 또한 금기시되어 왔다.

구역 내나 주위에 원자력 관련시설이 입지해 있는 지방자치단체는 중앙정부나 시설관련주체의 안전관리에만 의존하지 말고 ① 실체조사 ② 긴급시 위기대응계획수립 ③ 주민에 대한 위기전달 등을 내용으로 하는 위기관리시스템을 독자적으로 구축하여야 할 것이다.

8. 신뢰붕괴

지방자치단체가 직면하고 있는 최대의 위기는 주민들로부터의 신뢰가 붕괴되고 있다는 점이다. 최근에 야기된 시내버스 요금인상과 관련된 비리와 같은 일련의 스캔들 때문에 자치단체 행정에 대한 주민의 신뢰가 이만큼 떨어진 시기는 없었다. 자치단체가 주민의 신뢰를 획득하지 못하면 공공서비스 제공에 필요한 자원의 획득은 물론 도시계획을 비롯한 일련의 규제행정은 그 추진에 있어서 많은 한계를 지니게 될 것이다. 자치단체에 대한 불신감을 가진 주민들의 저항에 의해 지금과 같은 관주도행정의 효율은 극단적으로 떨어질 가능성 또한 크다. 따라서 지방자치단체는 지금까지와 같은 중앙정부 중심의 발상과 행동을 수정하고 지역과 주민에 행동의 기초를 두고 주민과의 신뢰회복에 적극 노력하지 않으면 통상의 행정자체는 위기에 빠질 가능성이 있다.

도시정부의 위기관리 방향

1. 안전철학을 가진 도시경영

지방자치단체가 직면하고 있는 위기를 생각하면 지금까지 경험해온 자연재해나 메르스, 코로나19와 같은 감염병, 가스폭발사고, 시설물붕괴, 정보통신망의 단절, 비행기와 기차사고 등의 위기 외에도 원자력 발전시설의 사고나 사회시스템의 붕괴의 같은 위기의 위협 또한 상존하고 있음은 부인할 수 없다. 이같은 위기현상에 눈을 감고 사실을 은폐하고 문제시하지 않고 그냥 덮어두는 것이 가능했던 시대는 지나갔다. 지방자치단체는 이제 이와 같은 문제를 공개적으로 토의하고 그 내용을 주민들에게 공개할 필요가 있다.

또한 지방자치단체는 지금까지는 예상조차 하지 못했던 미지의 위기가 앞으로 발생할 가능성을 인식하는 한편, 고도경제성장 위기에 형성된 사회시스템이나 산업시설의 노후화 등에 의한 자기붕괴에 대응할 수 있는 시스템을 갖추어야 한다. 이를 위해서는 무엇보다도 자치단체는 보편적인 동시에 지역의 특수성에 입각한 독자적인 안전철학을 가질 필요가 있다. 그리고 「시민안전선언」이나 「안전도시선언」과 같은 형태로 이를 표명하고 구체적인 시책을 수립하여야 한다. 동시에 지금까지 시행해온 형식적인 안전대책이나 유명무실한 시민조직 등에 대한 근본적인 재평가가 이루어져야 할 것이다.

2. 위기관리 담당조직과 책임자

위기관리에는 담당조직과 일원적인 책임을 지는 책임자가 필요하다. 위기관리조직은 거대조직일 필요도 없으며 누구의 눈으로 보아도 책임소재가 분명한 조직이어야 한다. 그리고 최고정책 결정자인 단체장과 직결된 조직이어야 하고 단독적인 의사결정을 가능하게 하는 독립조직이어야 한다.

3. 시민안전센터

앞으로 직면하게 될 도시위기를 대응하기 위한 위기관리는 무엇보다도 주민과의 연대협력이 불가결한 요소이다. 따라서 지방자치단체와 주민과의 기능적 교환이 중요하며 위기관련 정보공개와 주민들이 위기관리계획에 참여하는 시스템 구축이 필요하다. 이를 위해 주민들에게 일상적으로 위기관련 정보를 공개하고 학습하게 하여 주민 스스로가 위기관리에 참여할 수 있는 창구로서 시민안전센터를 설치할 필요성이 있다.

4. 자치단체간의 협력시스템구축

앞으로 예상되는 위기에는 자치단체 단독으로 대응하기 어려운 일이 많을 것이다. 따라서 사전에 자치단체 간의 협력체계 구축이 필요하다. 자치단체 간의 협력체결에는 무엇보다도 근(近)·동(同)·이(異)의 원칙이 필요하다. 대규모 위기가 발생했을 경우 우선 가까운 자치단체가 달려올 수 있도록 인접자치단체와의 상호협력을 위한 협정을 맺는다. 다음으로는 사회·경제 및 자연적 특성이 유사한 자치단체와 밀접한 협력체계를 구축하는 일이다. 또, 전혀 다른 조건을 지닌 자치단체와 상호협력체계를 맺을 필요가 있다. 왜냐하면 같은 지리적 조건, 예를 들어, 항구도시는 해일 등에 의해 동시에 같은 피해를 입을 가능성이 크기 때문이다. 항구도시는 전혀 다른 지리적 조건에 있는 자치단체, 예를 들면, 산간지의 자치단체와 교류를 가질 필요가 있다.

5. 전용가능한 시설과 공간의 확보

위기관리는 사전적 대응이 중요하다고 해도 현실적으로 위기가 발생하기 전까지는 그 가치가 이해되기 어렵다. 평시에는 위기관리 대응체제가 낭비의 전형으로 비판받을 경우도 있다. 따라서 중요한 것은 각종 시설물의 설치를 위기발생을 전제로 건설하였다가 위기발생 시에는 필요한 시설과 공간으로 전용하여 활용하여야 할 것이다. 위기발생시기에는 통신, 긴급의료시설, 피난민수용시설 등을 위한 막대한 시설과 공간을 필요로 한다. 따라서 앞으로 건설될 행정시설은 항상 긴급시 대응과 위기관리를 염두에 두고 신속하게 전용할 수 있는 설계를 해두어야 할 것이다. 국내에 있는 미군기지의 건설이나 다국적 기업의 지사시설 등은 대부분 위기발생 시를 대비해 설계, 건설되어 있다고 한다.

6. 자기방어시스템

위기관리 중의 기본이 자기방어시스템이다. 피해를 직접 입을 가능성이 있는 개인이나 조직은 스스로 자신을 지켜야 한다. 해외에 진출한 기업의 해외주재사원이 납치된 경우를 살펴 보자. 대외적으로는 모든 관계자가 납치된 사원의 생활에 모든 노력을 기울이고 있는 것처럼 보이지만 실상은 그렇지 않다. 현지경찰은 게릴라 소탕의 기회라고 생각하여 한국인 회사원의 생사보다는 범인체포에 더 관심이 있을 수도 있다. 따라서 자치단체는 위기에 대응하여 주민들이 스스로의 자기방어체제를 갖출 수 있도록 지원하여야 한다.

자치단체의 자기방어시스템은 재해나 위험의 크기나 범주에 따라서 어떤 차원에서 대응하느냐가 달라진다. 원자력 사고 등은 자치단체의 차원만으로는 대응하기에는 한계가 있다. 따라서 자치단체만으로 대응이 불가능한 광역적 혹은 대규모의 위기에 대해서는 주민자치단체간의 연대, 광역자치단체간 그리고 중앙정부와의 협력체계의 구축이 필수적이다.

도시의 생명선

우리가 앞으로 직면하게 될 사회는 기술고도화의 진전 등으로 인해 생활의 편리를 극대화시키는 반면에 부(負)의 효과로 인한 도시위기 발생의 확률 또한 매우 높은 사회가 될 것이다. 도시위기는 도시의 본질에 입각한 것으로서 주거공간의 기능이 상실되고 도시구조의 고밀도로 인한 피해의 확산이라는 동적인 개념의 위기를 의미한다. 과거의 경우 사건사고들이 인화성 경고와 계몽의 수준에서 관리되어도 도시생활에 치명적인 결과를 초래하지는 않았다. 그러나 오늘날의 환경오염, 통신망 두절, 가스폭발, 원자력사고 및 범죄, 단전 단수 등의 새로운 도시형 위기들은 도시생활의 영위에 필수적인 도시생명선(Urban Life-Line)의 박탈을 초래한다. 따라서 한 번의 사고가 도시의 기능을 마비시키고 도시의 생명을 빼앗아 가는 치명적인 결과를 야기시킨다.

도시형 위기들은 위기발생의 원인을 불문하고 도시를 구축하는 기술과 어느정도 불가분의 관계를 가짐으로써 인재의 성격을 지니고 있다. 따라서 이러한 위기의 유형은 첨단기술의 실패라기 보다는 대개의 경우 기술의 미숙과 방관이라는 열악한 관리시스템에 기인한 것이라고 할 수 있다. 이것은 새로운 상황의 진전에 대한 기술적인 대응력의 결여와 인간적 측면에서는 새로운 기술을 받아들일 만한 태도가 성숙되어 있지 못하였기 때문이다. 따라서 도시형 위기관리는 기술과 사회, 기술과 인간과의 관계에 대한 이해에서부터 출발하여야 한다.

17 도시정부 경영진단시스템의 개발과 도입

왜, 필요한가?

자치단체장들은 선거에서 수많은 공약을 제시하고 대표성을 부여 받는다. 제시된 공약들 중에서는 그야말로 공약에 그치거나 단체장의 권한과 책무의 범위에서 크게 벗어나는 공약도 적지 않다. 대부분의 단체장들은 공약을 통하여 행정에 기업가적 경영기법을 도입하여 행정의 생산성과 효율성을 높이고 행정서비스의 질을 높이겠다고 주장하고 있다. 구체적으로 이를 어떻게 실천할 것인가에 대한 대안은 찾아보기가 어렵다. 주민들은 단체장에게 많은 권한과 책임과 함께 지역경영을 위탁시키고 있으나 우려와 걱정 또한 적지 않다. 강시장-약의회형의 자치구조에서는 의회가 단체장이 지역경영을 그르칠 경우에 대한 어떠한 통제장치도 갖추고 있지 못하다. 따라서 지방자치단체의 경영전반을 대상으로 계량적·비계량적 조사방법을 통해 단체장의 종합적인 경영활동을 진단하여 단체장이 주민에게 약속하고 스스로 설정한 자치단체 경영목표를 달성하기 위해 어떠한 노력을 경주하고 실제로 어느 정도 달성하였는지를 판단할 수 있는 제도적 장치를 필요로 하고 있다.

양과 질 모두가 증대된 주민들의 행정수요에 대응하기 위해서는 도시정부는 많은 재원을 필요로 한다. 그러나 주민들은 '부담은 적게, 서비스 질은 높게'를 요구한다. 한정된 재원을 가지고 양질의 서비스를 공급하기 위해서는 공급 주체인 도시정부가 기업경영수법의 도입을 중심으로 한 시정개혁을 선택할 수밖에 없다. 도시정부가 급격한 환경변화에 대응하고 행정서비스에 대한 주민만족을 극대화시키기 위한 시정개혁을 효과적으로 추진하기 위해 일차적으로 시행해야 하는 것이 도시정부의 허와 실을 진단해보는 과정이다. 이러한 과정을 통하여 도시정부의 경영활동이 얼마나 생산적이고 효과적으로 이루어지고 있는지, 주민들의 수요에 얼마나 잘 대응하고 형평적인지를 진단할 수 있으며 결과적으로는 주민복지를 향상시킬 수 있다.

도시경영진단이란?

1. 도시경영

지방자치제의 실시와 함께 도시경영, 지역경영, 지방경영, 자치단체경영, 또는 경영행정 등의 용어사용과 함께 도시경영론에 대한 논의가 급속도로 확산되고 있다. 그 배경은 한정된 재원구조와 무한정으로 발생하는 공공수요와의 갈등구조가 더욱 심화될 것이라는 전망 때문이다. 도시 문제의 해결을 위해서는 전통적인 행정의 부정적이고 역기능적 속성을 극복하기 위한 새로운 접근방법의 모색이 불가피해졌다. 도시정부의 바람직한 모습을 전체적으로 재검토하기 위해서 기존의 지방행정, 지방재정, 지역개발 등을 포괄하고 종합하는 새로운 학문적 영역의 설정이 필요하게 되었다. 이러한 맥락에서 도시경영론의 논의가 급속하게 이루어지고 그 구성이 점차 구체화되면서 이제는 별거부감 없이 용어 사용이 이루어지고 있다. 여기서 지적할 수 있는 것은 도시경영이란 도시정부 전체의 존재방식을 재정적 측면에서 파악하려고 하는 지방재정도 아니며 관리적 측면의 지방행정도 아닌 새로운 종합적 접근방법이라는 점이다. 도시행정을 지역주민을 위한 공공서비스활동이라고 한다면 도시정부는 하나의 경영체이고, 지역주민은 행정작용의 단순한 수혜자가 아니라 공공서비스 제공의 고객이자 소비자라고 할 수 있다.

도시경영의 목표는 자치단체를 하나의 경영체로 생각하고 최소의 주민부담으로 최대의 주민복지를 달성하도록 도시정부를 경영하는 것이라고 할 수 있다. 이와 같은 논의를 배경으로 할 때 도시경영의 개념은 "도시정부가 자치재정권, 자치조직권, 자치입법권, 자치계획권에 입각하여 기업경영의 사고와 기법을 도시행정에 도입하고 효율적인 행·재정 관리와 공공서비스 공급주체를 갖추어 최소의 비용으로 최대의 서비스 효과를 달성하고자 하는 도시정부의 제 활동이다."라고 정의할 수 있다.

도시경영의 개념은 경영의 대상영역을 구분할 때 더욱 명확해진다. 도시경영시스템의 경계를 기준으로 할 때 대상영역은 내부경영과 외부경영이라고 할 수 있는 지역경영으로 구분할 수 있다. 내부경영은 경영주체로서 종래의 도시정부의 경영활동을 말하는 것으로 경영관리의 효율화를 목표로 한다. 외부경영은 도시정부의 행정구역을 중심으로 한 지역경영을 의미하는 것으로 지역발전사업의 활성화를 위해 지방공공서비스의 적절한 공급체계를 구축하는 것을 목표로 한다. 외부경영은 지역주민과 주민이 거주하는 지역을 대상과 고객으로 하고 있다.

2. 경영진단

경영진단이란 무엇이냐? 우선 진단(Diagnosis)의 개념은 사전적 정의에서 살펴보면 의사가 환자를 진찰하여 질병의 상태를 판단하는 것이라고 정의하고 있다. 한편으로는 물건에 결함이 있는가? 없는가?를 조사해 판단하는 문제규명이라고 규정하고 있다. 즉, 진단이란 용어는 '진찰'과 '판단'으로 구성되어 있다.

진단이라는 용어를 사전적 정의를 기초로 할 때 자치단체의 경영진단의 개념은 다음과 같이 정의할 수 있다. 도시정부의 경영진단이란 도시정부의 종합적인 경영상태 및 문제점을 분석·평가, 환류시킴으로써 경영환경의 변화에 대응하고 바람직한 도시경영시스템을 모색하도록 하는 도시정부의 경영능력에 대한 체계적인 평가활동이라고 정의할 수 있다.

3. 유사개념

도시경영 그 자체가 종합적이고 복합적이기 때문에 도시정부의 경영진단과 관련된 유사개념들이 많이 사용되고 있다. 도시정부 경영진단과 유사개념으로 쓰여지고 있는 조직진단, 실적평가 등의 개념에 대해서 살펴 보고자 한다.

1) 조직진단

조직진단과 경영진단은 목적에 따라서 혼용되어 쓰여지긴 하나 양자 간에는 그 개념 및 연구범위에 분명한 차이가 있다.

조직진단은 그 범위를 조직의 구조, 구성원에 대한 상벌과정, 조직문화, 조직의 환경적 변수 등 다양한 요인을 진단대상으로 포함하지만 궁극적으로는 조직발전을 위한 조직구성원의 형태변화에 초점을 맞추고 있다. 따라서 도시정부 경영진단은 조직진단의 범위보다 더 포괄적인 도시경영의 전반적인 문제 즉, 단체장의 리더십까지 포함하는 정부 관리와 지역경영 전반을 파악하여 도시정부의 발전을 지향하는 종합적이고 체계적인 평가라는 점에서 조직진단과 구분된다. 특히 도시정부 경영진단은 의회와의 관계 등 정치적, 국제적 관계까지를 고려하고 지역경쟁력과 주민만족도 등까지 포함한다는 점에서 조직진단과 명확히 구별된다.

2) 실적평가

실적평가(Performance Evaluation)란 장·단기적 목표를 달성해 가는 과정에 대한 정기적인 평가와 프로그램의 실적을 향상시키기 위해 의사결정자에게 그 결과를 보고하는 것이다. 또 실적평가는 예산과 자원의 활용을 통해 성취되는 프로그램의 질과 결과에 중점을 두고 실제 무엇이 달성 되었는가를 평가하는 것이라고 정의할 수 있다. 경영진단과 실적평가의 차이는 실적평가가 실적목표에 대비한 실적목표 달성도를 확인하려고 하는데 비해 경영진단은 실적목표 달성도를 포함한 도시정부 경영시스템 전반에 대한 종합적인 평가활동이라는 점이다. 즉, 경영진단이란 실적평가보다 폭넓고 종합적인 개념으로 정의할 수 있다. 경영진단이나 실적평가 모두가 도시정부의 경영활동의 성과를 평가함과 동시에 도시경영의 문제점이나 개선책을 제시하여 그 결과를 지역주민과 의회 그리고 단체장에게 제공함으로써 도시정부의 책임성을 제고하는 데 중요한 역할을 수행한다는 점에서 동일한 기능을 지니고 있다.

경영진단의 유형 및 기능

1. 진단유형

1) 진단주체에 의한 분류

(1) 내부진단

내부진단은 자기진단 또는 자체진단으로 불린다. 이는 외부전문가의 도움 없이 자체단체 스스로가 스스로를 진단하는 것을 말한다. 내부진단을 하기 위해서는 진단자가 관련정보의 수집 및 분석능력을 가지고 있고 자체분석과 이에 대한 비판을 수용할 수 있는 자세가 갖추어져 있을 때 가능하다.

(2) 외부진단

① 관계자 외부진단

중앙정부가 광역자치단체나 기초자치단체를, 광역자치단체가 기초자치단체를 대상으로 진단하는 것을 말한다. 관계자 외부진단의 주요 장점은 진단대상단체에 대한 이해도가 높고 정보 및 자료구득이 용이하다는 점이다. 반면에 진단 주체와 대상 단체 간의 이해관계에 따라 진단방향과 수준의 객관성을 상실할 우려가 있다.

② 제3자 외부진단

제3자 외부진단은 외부의 전문가 집단에 의한 진단을 말한다. 이 방법은 자치단체와 이해관계가 없는 외부전문가에 의한 진단이라는 점에서 보다 객관적이고 새로운 시각에서의 진단이 가능한 장점을 지니고 있다. 그러나 진단자가 진단대상에 대한 이해가 부족할 경우에는 진단결과에 대한 유용성에 한계가 있다. 그러나 경영진단의 주요 목적중의 하나가 객관성의 확보라는 점에서 전문가에 의한 외부진단 방법을 많이 도입하고 있다.

2) 진단내용에 의한 분류

경영진단의 내용이 자치단체 경영활동의 모든 부분을 포괄하느냐 아니면 일부만을 포함하느냐에 따라 종합진단, 부문진단, 프로젝트 진단으로 구별할 수 있다. 종합진단은 지방자치단체 경영활동의 모든 부문을 망라하여 종합적으로 실시하는 진단을 말하고 부문진단은 경영활동의 일부문, 예를 들면 인사, 재정만을 대상으로 하는 진단을 의미한다. 프로젝트 진단은 지방자치단체가 실시하는 특정 프로젝트의 타당성을 평가하는 진단을 말한다.

2. 기능

도시정부 경영진단의 기능은 기본적으로 도시정부 경영활동의 능력을 평가하는 데 있다. 이와 같은 도시정부 경영진단의 결과는 예산편성 및 자원배분, 공무원의 동기부여, 서비스 질의 개선, 자치단체와 지역주민간의 정보교류 등을 촉진시켜 자치단체 경영활동의 신뢰성을 증진시키는 기능을 발휘하기도 한다. 따라서 도시정부 경영활동과 관련하여 직접적인 이해관계를 가지는 집단에 따라 그 기능은 다를 수 있다. 도시정부의 경영주체인 도시정부 경영의 조정, 감독기능을 지니고 있는 중앙정부, 도시정부로부터 직접적인 서비스 수혜자인 지역주민, 도시정부의 예산편성 및 자원배분에 관한 권한과 집행부의 경영활동에 대한 견제와 감독기능을 지닌 지방의회 등의 측면에서 살펴 볼 수 있다.

1) 지방자치단체

(1) 책임경영시스템의 구축

도시정부 경영은 민간기업 경영과는 달리 경영활동 및 결과에 대한 정확한 측정이 곤란하고 책임소재가 불분명하다. 도시정부도 지방자치시대에는 민간기업의 경우처럼 서비스의 질, 경쟁력 및 신뢰성과 관련하여 주민에 대하여 경영책임을 질 수 있어야 한다. 이를 위하여 도시정부는 경영진단을 통하여 지역주민에 대한 서비스의 질이 얼마나 효과적, 능률적, 형평적 인지 스스로 점검하고 도시정부의 책임을 명확히 하여 그 결과를 주민들이 이해하고 평가할 수 있도록 공개하여야 한다.

도시정부 경영진단은 도시정부가 과연 주민들의 행정수요에 대응하여 적절한 서비스를 제공하고 있는지, 투입된 재원과 인력에 비하여 어느 정도 성과를 달성하는지의 평가를 가능하게 하여 도시정부의 책임경영체제의 구축을 유도하는 기능을 수행한다.

(2) 경영의 대응성 제고

도시정부가 양과 질의 면에서 급격하게 변화하고 있는 지역주민의 행정수요에 대응하기 위해서는 한정된 자원의 효율적 배분이 매우 중요하다. 도시정부는 경영전략을 명확하게 설정하고 한편으로는 도시경영 환경의 변화에 능동적으로 대응할 수 있는 체제를 갖추어야 한다. 이를 위해서는 무엇보다도 주민들의 행정수요와 재원배분에 관한 양질의 정보와 지식을 필요로 한다. 도시정부는 경영진단을 통하여 지역주민의 공공수요에 대응하여 도시정부가 적시에 적절하게 필요한 서비스를 제공하고 있는지와 이에 대한 주민만족도를 체계적이고 종합적으로 판단할 수 있는 정보를 제공받음으로써 도시정부 경영의 대응성을 제고할 수 있다.

(3) 경쟁력 제고

도시정부 경영진단은 도시정부의 상대적 경영능력을 평가할 수 있는 객관적인 자료를 제공하여 준다. 도시정부 경영진단을 지방화, 개방화되어가는 급변하는 사회·경제적 환경 변화 속에서 한정된 인적, 물적 자원의 범위 내에서의 지역주민의 복지를 극대화시키기 위해 도시정부 간의 경쟁관계를 유발시켜 단체장의 책임경영능력 및 도시정부의 경쟁력을 강화시켜 주는 계기를 제공하여 준다.

2) 중앙정부

(1) 상호 협력관계의 정립

지방자치제도의 실시에 따라 중앙정부와 도시정부간의 관계정립이 새로운 현안과제로 제기되고 있다. 종래의 수직적, 통제적 관계에서 수평적, 보완적 관계로서 발전적 정립이 요청되고 있다. 하지만 모든 도시정부는 지방자치에 필요한 인적, 재정적 한계에 직면하고 있어 중앙정부에 의존하여야만 하는 실정에 있다. 따라서 중앙정부와 도시정부가 상호 협력적이고 보완적인 체제를 정립하기 위해서는 중앙정부는 도시정부의 경영활동에 대한 종합적이고 체계적인 정보의 활동이 전제가 되어야 한다. 도시정부 경영진단을 도시정부에 대한 중앙정부의 행·재정적 차원에 관한 각종 정보를 제공해줌과 동시에 우수 경영사례와 문제점에 대한 관련정보의 집적과 공유를 통해 지방자치 발전을 도모하여 바람직한 정부 간 관계를 구축하는 기능을 지닌다.

(2) 행·재정적 지원과의 연계체제 구축

도시정부 경영진단은 경영성과의 상대적 평가를 가능하게 하여 선의의 경쟁을 유도하고 우수 경영정부에 대한 보상과 지원근거 및 기준을 제공하여 준다. 한편으로는 경영활동에 대한 종합적인 진단을 통하여 얻어지는 구체적인 정보를 근거로 하여 합리적이고 효율적인 중앙정부의 행·재정지원도 가능하게 하여 준다.

3) 지방의회와 지역주민 : 재원배분과 주민통제의 근거제공

지금까지 제공하는 서비스에 대한 직접적인 수혜자가 아니면 경영활동에 대한 정보를 일반 주민들에게는 제공되지도 않았고 주민들도 정보를 획득하려는 노력도 크게 기울이지 않았다. 지방의회 또한 인적, 재정적 재원배분에 관한 결정과 집행부의 견제에 필요한 종합적이고 객관적인 정보는 가지지 못한 채 일방적으로 제공하는 단편적인 정보에 의존하여 왔다. 경영진단은 지방의회에 자원배분과 관련된 결정과 집행부 견제에 단체장의 지역경영활동에 대한 이해와 평가가 가능하게 하여 주며 무엇보다도 다음 선거에서 정치적 평가를 할 수 있는 판단근거를 제공하여 주는 기능을 수행한다.

전제와 한계

이미 살펴본 바와 같이 경영진단은 다양하고 매우 중요한 기능을 지니고 있으나 경영진단 그 자체가 가지는 복잡성 때문에 결과의 객관성과 유용성 문제가 항상 제기되고 있다. 경영진단이 성공적으로 시행되기 위한 전제와 경영진단 자체가 지니는 한계에 대해서 살펴보기로 하자.

1. 전제

1) 명확한 진단목적

경영진단을 왜 하려고 하는가에 대한 진단목적이 명확하여야 한다. 경영진단 결과는 다양한 목적에 따라 사용되지만 모든 경영진단이 다양한 목적을 위해서 사용되는 것은 아니다. 경영진단은 구체적 목적에 따라 이루어져야만 경영진단 결과에 대한 왜곡된 판단과 의사결정 과정을 피할 수 있다.

2) 명확한 정보의 사용자

경영진단이 누구를 위한 것인가를 분명히 하여야 한다. 즉, 누가 경영진단결과에 관한 정보를 사용하는가하는 문제가 명확하여야 한다. 단체장이 필요로 하는 정보를 획득하기 위한 경영진단과 시민이 필요로 하는 정보를 획득하기 위한 경영진단은 양과 질에 있어서 서로 다른 구조를 지닌다. 따라서 자치단체의 경영진단은 진단결과에 관한 정보를 사용할 1차적 사용자와 잠재적 사용자들의 존재가 고려된 진단체계가 구축되어야 한다.

3) 구체적인 진단기준

복잡한 경영 활동 중에서 무엇을 기준으로 진단하느냐가 구체적으로 한정되어야 한다. 경영진단의 기준이 능률성과 효율성을 중요시할 것인가, 그렇지 않으면 서비스의 양과 질에 대한 주민 만족도를 더 높은 가치로 할 것인가가 명확히 밝혀져야 한다.

4) 객관적인 진단방법

경영진단을 어떻게 하려고 하는가? 경영진단에 필요한 자료수집, 평가방법에 대한 객관성이 확보되고 그 사실은 이해관계자들에게 공개되어야 한다.

2. 한계

1) 평가지표 개발의 어려움

경영활동에 대한 정확한 정보를 제공할 수 있는, 신뢰성있고 적절한 평가지표의 개발에 한계가 있다. 공공부문의 경영활동에는 그 실패를 계량적으로 나타낼 수 없는 부문도 많이 존재하고 있으며, 계량적으로 나타낼 수 있다 하더라도 상당한 시간이 경과하여야만 가능한 부문도 많이 있다. 경영활동의 진단을 위한 적절한 지표의 개발은 본질적으로 한계를 가지고 있다.

2) 진단결과의 타당성 문제

이 문제는 경영진단의 결과가 과연 도시정부의 경영활동과 직접적인 인과관계에서 기인된 것인지 아니면 다른 요인에 의해 나타난 결과인지가 불분명한 경우가 많다는 점이다. 경영진단 결과가 도시정부의 경영노력과 능력에 의해 평가받은 것인지 그렇지 않으면 도시정부의 자연적, 지리적 입지여건의 특성에 따른 영향에 의한 것인지를 명확하게 규명하는데 한계가 있다.

3) 객관적 진단범위와 기준설정의 곤란

도시정부의 경영활동을 객관적으로 평가할 수 있는 절대적인 진단기준의 설정이 곤란하다는 점이다. 특히 질적활동과 관련된 진단의 경우에는 더욱 그러하다. 도시정부의 경영진단은 상대적 기준에 의존할 수밖에 없다. 진단범위의 설정도 문제이다. 진단범위를 광범위하게 설정한 경우에는 종합적으로 진단하기란 매우 복잡하고 어려운 문제이다. 경영진단이 지니는 이러한 한계에 의해서 동일한 경영활동을 진단대상으로 하더라도 상이한 결과가 도출되어 때로는 이해관계 집단 간의 갈등이 조장되기도 한다.

4) 단체장과 소속공무원들의 저항

선진국은 도시정부 경영진단을 법제화하여 시행하고 있다. 단체장의 경우에는 경영진단의 상대적 결과가 주민들에게 끼칠 영향을 고려하여 자료제출을 거부하거나 결과에 대한 거부반응을 보이기도 한다. 공무원들은 담당업무에 대한 경영진단의 부정적 결과가 야기할지도 모르는 인사상의 불이익 등을 우려하여 자료를 과장하거나 정보를 왜곡할 염려도 있다. 도시정부 경영진단은 경영진단 주체, 진단방법, 지표 등에 있어서 객관성과 합리성의 확보와 경영진단의 긍정적 효과와 필요성에 대해 이해집단 모두가 동의할 수 있는 공감대 형성이 선행되어야 한다.

경영진단 시스템의 개발과 도입

1. 개념적 틀

도시정부의 경영진단은 경영활동을 매개체로 한 인과적 관계에 있는 변수들의 제 값어치를 판단하는 것이다. 공공수요를 원인변수로 하여 매개변수와 결과변수의 관계를 대상으로 이루어지는 것이다. 도시정부의 경영진단을 위한 모형은 이들 변수 간 관계 속에서 대상과 기준, 또한 이 기준에 기초한 구체적 측정지표와의 유형화된 흐름을 체계화시킴으로 그 개발이 가능할 것이다.

원인변수는 도시정부의 경영활동에 영향을 미치는 일체의 외부적 제요소 즉, 환경변수로 이는 매우 다양하고 광범위하기 때문에 이를 모두 고려하여 변수로 잡는 것은 불가능한 일이다. 가장 대표되는 주민수요인 공공수요를 이 글에서는 원인변수로 설정하고 접근하려고 한다. 또한 매개변수는 경영활동을 뜻하는 것으로 도시정부의 내부경영과 외부경영 즉, 조직, 리더십, 인사, 정보, 재정, 도시개발, 지역경제, 주민복지시책과 계획 등과 관련된 것이다. 이를 통하여 공공서비스의 산출을 할 수 있다. 마지막으로 결과변수는 경영활동의 산출물인 공공서비스와 관련된 변수로, 사회적 성과를 나타낸다. 주민만족도와 지역경쟁력으로 측정될 수 있는 사회적 성과는 행정수요에 대한 공공서비스의 대응관계에서 경영활동의 업적인 것이다. 이는 사회의 다양한 측면에서 기여할 수 있는 영향효과로서 파악되는 간접적인 영향까지 포함하여 그 중 어느 것을 경영진단의 대상으로 하느냐는 경영진단의 유형에 따라 달라지게 된다.

도시정부의 경영진단은 그림과 같이 주민의 다양한 욕구가 정치·행정체계를 통하여 공공수요로 여과되며, 이 공공수요에 대한 도시정부의 경영활동을 통하여 공공수요에 대한 수요통제가 이루어져서 최종적으로 공공서비스가 제공된다. 공공서비스 제공에 따른 사회적 성과는 주민이 부여할 수 있는 가치판단 혹은 거기에 표명되는 가치의식에 의해 주민효용이 형성된다. 동시에 이 주민효용은 주민 각자의 만족목표와 대비되어 거기에 미충족분이 있게 되면 그 부분은 다시 주민의 욕구로 정치·행정시스템에 재투입되어 다시 동일한 경영진단의 과정을 거치게 되며, 이를 통하여 보다 향상된 도시정부의 경영을 가져오게 된다. 이러한 일련의 과정 속에서 경영진단 대상별로 각각의 기준과 이에 따른 지표를 설정하여 도시정부의 경영활동을 평가하게 되는 것이다.

종래의 경영진단은 경영활동에 대한 공공서비스의 산출에 초점이 맞추어졌기 때문에 공공수요에 대한 고려는 거의 없었다고 하여도 과언이 아니다. 그러나 올바른 경영진단이 이루어지기 위해서는 변화하는 행정수요에 대한 평가와 정확한 행정수요 파악, 공공서비스의 제공에 따른 사회적 성과를 정확하게 진단할 수 있는 개념적 틀의 구축이 무엇보다도 중요하다.

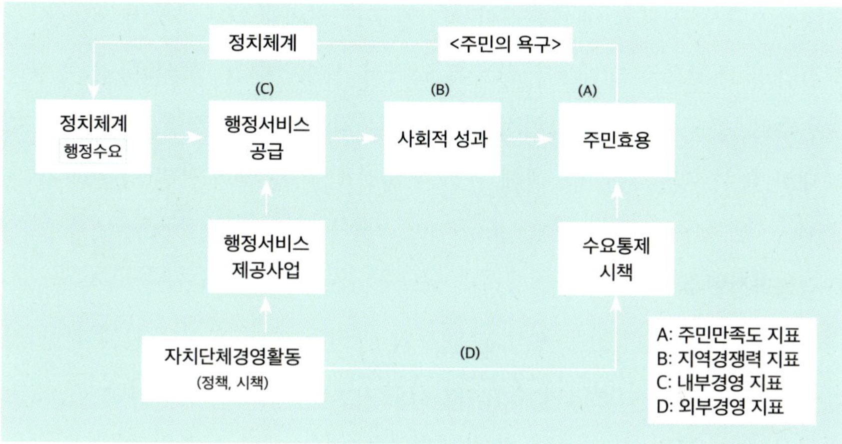

경영진단의 개념적 틀

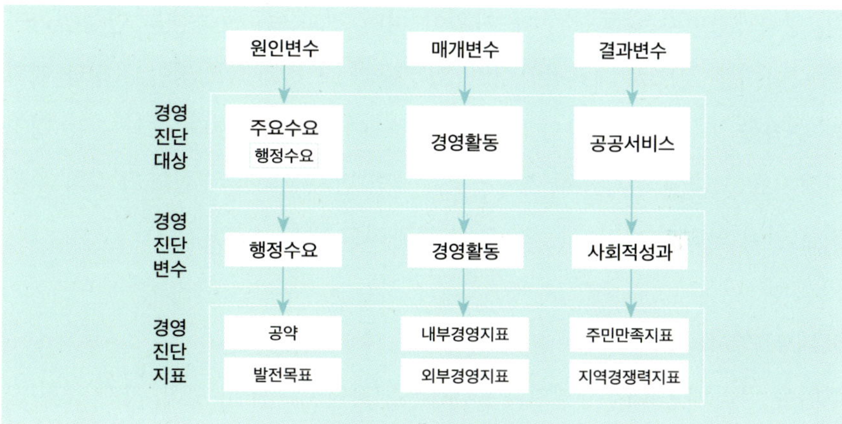

경영진단을 위한 변수간 관계설정

2. 지표체계

도시정부의 경영진단에 대한 개념적 틀에서 살펴본 바와 같이 원인변수인 공공수요를 중심으로 매개변수인 경영활동과 결과변수인 사회적 성과를 경영진단의 대상으로 한다. 이 경우에 있어서 매개변수인 경영활동을 경영과정변수로, 공공서비스를 사회적 성과변수로 각각 나누어 경영진단의 지표를 체계화 할 수 있을 것이다. 이에 관한 구체적 내용을 살펴 보면 다음과 같다.

1) 경영과정변수

경영과정변수는 경영활동을 위한 업무와 관련된 제 자원의 투입에 관한 것으로 이들의 관계가 얼마나 효율적인가를 나타내는 변수인 것이다. 즉, 경영활동을 위한 투입 대 산출의 비를 나타내는 것으로 그 산출의 성과, 영향은 포함되지 않는다. 경영과정변수는 내부경영지표와 외부경영지표로 구분한다. 경영과정변수는 투입된 제 자원이 어떤 결과 즉, 산출량을 만들었는가를 나타내는 것으로 대표적인 것이 업무량과 그 결과적 실적인 시책과 계획의 수립을 뜻한다. 경영사업의 진행과정도 여기에 포함된다. 이와 같은 경영과정지표는 내생적 지표로 경영활동주체인 단체장의 리더십과 조직의 내부적 요인에 의하여 나타나는 정·부적 효과라고 말할 수 있다.

(1) 내부경영지표

투입을 나타내는 내부경영지표는 예산액, 직원 수, 시설, 설비, 자재 등의 자원량을 나타내며 이는 물리적 단위와 비용단위 등 어느 쪽으로도 표시되지만 그 선택은 지표의 구체적인 용도에 따라 달라질 수 있다.

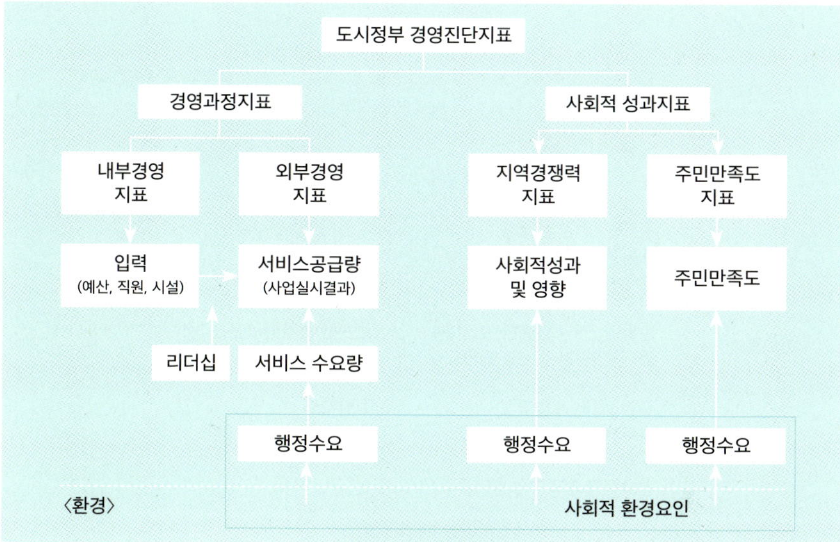

경영진단의 지표체계

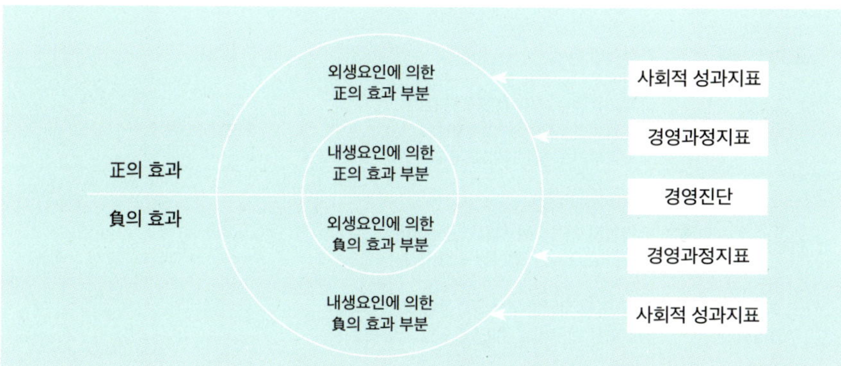

요인별 효과부분과 경영진단의 지표

(2) 외부경영지표

외부경영지표는 지역경영과 관련된 것으로 도시개발, 복지서비스, 지역경제 진흥 시책과 계획 등을 나타내면 비계량적인 질적인 지표로 표시된다.

진단요소	개별 지표
조직관리	· 임시조직의 운영건수 · 부서 간 갈등 발생수 · 사무절차의 표준화건수 · 조직의 계층수 · 조직내 비공식조직수
리더십	· 공약사항 이행율 · 혁신적 업무사례 추진건수 · 협상타결 건수(자치단체간,주민간) · 상급기관관련 사업추진(유치) 건수
인사관리	· 공무원 1인당 인건비 · 공무원 1인당 인구수 · 행정관서 1개소당 공무원 수 · 전문직 공무원비율 · 공무원 1인당 교육훈련건수 · 고충처리건수
정보관리	· 공무원 1인당 컴퓨터 보급대수 · 정보관련 공무원비율 · 공무원 1인당 정보활용 빈도수
재정운용	· 주민 1인당 세출액 · 재정력지수 · 자주재원 비율 · 주민 1인당 지방세부담액 · 주민 1인당 투자비 · 일반재원비율 · 경상적경비의 자체 충당지수 · 주민1인당 채무액

내부경영진단요소와 지표

진단요소	개별 지표
주민의 요구와 지지	· 주민참여 프로그램수 · 주민제안 건수
대외적 관계	· 국제교류건수, 자매결연도시 건수 · 광역처리건수(도시정부간 협력건수) · 도시정부간 갈등건수(상급, 동급간)
물리적· 입지적 여건	· 주변 주요도시(대도시)간 거리 · 자연녹지 면적비율,지역의 중심지수 · 공항간 소요시간, 항만간 소요시간
지역 경제력	· 주민1인당 지역총생산, 2차산업 고용자비율 · 경제활동 인구비율, 주민 천명당 기업체수

외부경영진단요소와 지표

2) 사회적 성과변수

경영활동의 성과를 평가하는 척도를 제공하는 변수로서 다양하고 폭넓은 공공서비스의 성과를 파악하기 위해서는 다양한 종류의 계층을 필요로 한다.

그러나 이전의 것과 다른 점은 공공서비스에 대한 수요를 배경으로 하고 있다는 점이다. 즉, 제공된 공공서비스가 그 주민수요에 어느 정도 적합하며 충족적이었는가를 나타내어 주는 주민만족도 지표와 지역경쟁력 지표로서 경영활동주체의 외부적 요인과 관련하여 경영활동의 정·부의 효과를 나타낸다. 여기에는 내부적 요인인 주민만족과 외부적 요인에 대한 고려의 정도 즉, 경영활동의 성과 파급구조에 따라 2가지로 나눌 수 있다. 주민만족도 지표와 지역경쟁력 지표이다. 이에 관한 구체적 내용을 살펴 보면 다음과 같다.

(1) 주민만족도 지표

매우 포괄적이며 개별적인 공공수요에 대한 장기적, 심리적 차원의 평가지표를 주민만족도 지표라 할 수 있다. 주민만족도를 측정할 때에는 주민의 가치판단, 가치의식의 형성에 영향을 미치는 다양한 사회적 환경이 작용하기 때문에 이에 대한 충분한 배려가 필요하다. 주민만족도는 계량화 하기가 어렵기 때문에 질적 평가로 이루어지며 다른 성과지표의 내용을 보완하는 역할을 할 수 있어, 궁극적인 경영활동의 값어치에 대한 판단을 위한 지표가 된다.

(2) 지역경쟁력 지표

경영활동의 결과 즉, 산출이 지역경쟁력으로 어떠한 영향을 나타내었는가를 측정하는 지표가 지역경쟁력 지표이다. 이는 수요의 계층에서 볼 때 공공수요와 관련된 지표로 주민들에게 공동적인 수요로 인정된 수요에 대한 성과지표인 것이다. 이는 중기적 차원에서 이루어지는 평가지표로 계량화하기가 어렵다. 왜냐하면 경영활동의 결과가 서로 복합적으로 영향을 미치고, 또한 이들의 통제적 실험이 어렵기 때문에 어떤 경영활동의 결과로 나타난

진단요소	개별지표	
민원업무	· 공무원의 성실과 친절도 · 건당 민원처리 시간	· 주민1인당 민원업무상 방문 횟수 · 민원해결건수(숙원사업해결건수)
주민의 협조	· 주민자원봉사수 · 행사당 주민참여율	· 행정업무에 대한 인지도 · 행정에 대한 신뢰도
주민복지	· 주택보급율, 도로율, 상수도보급율 · 하수도보급율, 주민 1,000명당 의사수 · 주민 1,000명당 문화시설수 · 주민 1,000명당 공공체육시설수	· 주민 1,000명당 사회복지시설수 · 주민 1,000명당 범죄발생건수 · 주민 1명당 공원면적, 주민 1명당 소득

주민만족도 지표의 진단요소와 지표

진단요소	개별지표		
사회간접자본	· 고속 교통수단 수	· 공업용지 면적비율	· 정보통신망 구축정도
금융	· 주민 천명당 금융기관수		
과학기술	· 주민 만명당 학술연구기관수	· 연구개발인력수	· 산학협력 연구건수
인적자원	· 기업당 지역주민 고용율	· 주민수대 대학생비율	
정책	· 유치기업수	· 기업활동 규제완화 건수	· 중소기업육성자금조성 및 지원성과
국제화	· 다국적 기업수	· 국제회의 등 이벤트 유치수	

지역경쟁력 진단과 지표

성과인지를 진단하기가 어렵기 때문이다. 예를 들어, 어느 지역의 도로정비 사업이라는 경영활동을 하여 교통사고 발생률이 감소되었다라고 말하는 것은 잘못될 수도 있다. 왜냐하면 교통사고 발생률이 감소된 그 성과는 도로 정비사업 이외의 다른 요인에 의하여 영향을 받을 수도 있기 때문이다.

3. 진단지표의 선정과 평점화

1) 지표의 선정

(1) 내부경영지표

도시정부의 관리적 차원으로 조직, 리더십, 인사관리, 정보관리, 재정운용 등과 관련된 것이며, 조직관리 5개, 리더십 4개, 인사관리 6개, 정보관리 3개, 재정운용 8개의 지표로 각각 구성된다.

(2) 외부경영 지표

지역 경영적 차원으로 주민의 요구와 지지, 대외적 관계, 물리적·입지적 여건, 지역경제력 등의 평가요소로 분류할 수 있으며, 주민의 요구와 지지 2개, 대외적 관계 4개, 물리적·입지적 여건 4개, 지역경제력 4개의 지표로 각각 구성된다.

(3) 주민만족도 지표

주민만족도 지표에는 민원업무, 주민의 협조, 주민복지 등의 진단요소를 설정할 수 있을 것이며, 이는 행정활동으로 각 진단요소에 대하여 주민들이 어떻게 인지하고 있느냐를 진단하는 것으로 계량적 측정이 가능한 지표의 개발이 어려운 실정이다. 민원업무 4개, 주민 협조 4개, 주민복지 11개의 지표로 각각 구성된다.

(4) 지역경쟁력 지표

지역경쟁력 지표는 사회간접자본, 금융, 과학기술, 인적자원, 정책, 국제화 등의 진단요소로 분류할 수 있을 것 같다. 사회간접자본 3개, 금융 1개, 과학기술 3개, 인적자원 2개, 정책 3개, 국제화 2개의 진단지표로 구성한다.

2) 평점화

경영진단을 통한 비교의 모형이 되기 위하여 경영진단 지표의 평점화가 요구된다. 왜냐하면 지표의 자료들은 자료 활용상의 편의를 고려하지 않아 도시정부의 규모를 그대로 반영하고 있어 도시정부간 비교진단에 불합리할 뿐만 아니라 설령 개별지표의 통계치를 가공 기준에 따라 변환한다 하더라도 그 단위표시가 인구 수, 시설 수, 면적, 금액 등으로 다양하기 때문에 표준화작업이 요구된다. 이 표준화작업을 일반적으로 많이 사용하고 있는 표준화값(Z-Score)을 활용하여 계산할 수 있으며, 확률 분포상의 기준점에서 어느 정도의 확률범위에 있는가를 표를 통해 등급을 결정한 후 표와 같은 등급별 평점계산식에 따라 산출한다.

종합화에 앞서 각 변수의 요소별 가중치를 어떻게 부여할 것인가가 문제된다. 여기에는 일반적으로 요소 그 자체에 대한 가치판단과 연구자의 의도적 방법이다. 이 모두 주관적 가치개입을 배제하기 어려운 문제점을 지니고 있다. 우리나라의 기존 연구사례도 이러한 문제점을 고려하여 최대한 객관화하기 위한 전문가들을 대상으로 한 Delphi 방법, 관련인을 대상한 여론조사 방법 등을 사용하였다. 그러나 어떤 요소에 가중치를 부여한다는 것은 주관적 판단에 수치를 부여하는 결과가 되기 때문에 매우 어려움이 많다. 원인변수와 결과변수에 관련된 요소들 간의 비중은 동일하게 보는 것이 합리적일 것이다. 만약 결과변수에 비중을 보다 많이 둘 경우 원인적 요소에 관련된 행정경영활동이 잘못 되어도 결과변수의 요소들에 있어서 좋은 결과를 가져 올 수 있다는 극단적인 설명이 가능하다. 따라서 가중치 부여는 고려치 않기로 한다.

도시정부의 경영진단을 종합점수화하기 위하여 각 지표들의 표준화된 평점을 단순 합산하도록 한다. 지방자치단체의 경영진단종합점수[=Σ(내부경영

<table>
<tr><th>변수</th><th></th><th>진단요소</th><th colspan="2">개별지표</th></tr>
<tr><td rowspan="9">매개변수</td><td rowspan="5">내부 경영 지표</td><td>조직관리</td><td>· 임시조직의 운영건수
· 조직의 계층수
· 조직내 비공식조직 수</td><td>· 부서 간 갈등 발생수·
· 사무절차의 표준화 건수</td></tr>
<tr><td>리더십</td><td>· 공약사항 이행율
· 협상타결 건수(도시정부 간, 주민 간)</td><td>· 혁신적 업무사례 건수
· 상급기관 관련사업 추진 건수</td></tr>
<tr><td>인사관리</td><td>· 공무원1인당 인건비
· 행정관서 1개소당 공무원수
· 공무원1인당 교육훈련건수</td><td>· 공무원1인당 인구수
· 전문직공무원 비율
· 고충처리 건수</td></tr>
<tr><td>정보관리</td><td>· 공무원1인당 컴퓨터 보급대수
· 공무원1인당 정보활용 빈도수</td><td>· 정보관련 공무원 비율</td></tr>
<tr><td>재정운용</td><td>· 주민1인당 세출액
· 자주재원비율
· 주민1인당 투자비
· 경상적경비의 자체충단지수</td><td>· 재정력지수
· 주민1인당 지방세 부담액
· 일반재원 비율
· 주민1인당 채무액</td></tr>
<tr><td rowspan="4">외부 경영 지표</td><td>주민의 요구와 지지</td><td>· 주민참여 프로그램수</td><td>· 주민제안 건수</td></tr>
<tr><td>대외적 관계</td><td>· 국제교류 건수
· 자매결연도시 수</td><td>· 광역처리 건수(도시정부간 협력건수)
· 도시정부간 갈등 건수(상급,동급간)</td></tr>
<tr><td>물리적, 입지적 여건</td><td>· 자연녹지 면적 비율
· 공항간 소요시간</td><td>· 주변 주요지역간 거리
· 항만간 소요시간</td></tr>
<tr><td>지역 경제력</td><td>· 주민 1명당 지역총생산
· 경제활동인구비율</td><td>· 2차산업 고용자 비율
· 주민 1,000명당기업체 수</td></tr>
<tr><td rowspan="10">결과변수</td><td rowspan="3">주민 만족도 지표</td><td>민원업무</td><td>· 공무원의 성실성과 친절도
· 주민 1명당 민원업무상 방문 횟수</td><td>· 건당 민원처리 시간
· 민원해결 건수(숙원사업 해결 건수)</td></tr>
<tr><td>주민의 협조</td><td>· 주민자원봉사자 수
· 행정업무에 대한 인지도</td><td>· 행사당 주민참여율
· 행정에 대한 신뢰도</td></tr>
<tr><td>주민복지</td><td>· 주택보급율
· 주민 1,000명당 문화시설 수
· 주민 1,000명당 사회복지시설 수
· 주민 1명당 공원면적
· 도로율 · 상수도 보급률</td><td>· 주민 1,000명당 의사수
· 주민 1,000명당 공공체육시설 수
· 주민 1,000명당 범죄발생건 수
· 주민 1명당 소득
· 하수도 보급율</td></tr>
<tr><td rowspan="7">지역 경쟁력 지표</td><td>사회간접 자본</td><td colspan="2">· 고속교통수단수 · 정보통신망 구축정도 · 공업용지 면적 비율</td></tr>
<tr><td>금 융</td><td colspan="2">· 주민 1,000명당 금융기관 수</td></tr>
<tr><td>과학기술</td><td>· 연구개발 인력 수
· 주민 10,000명당 학술연구기관 수</td><td>· 산학협력 연구 건수</td></tr>
<tr><td>인적자원</td><td>· 기업당 지역주민 고용율</td><td>· 주민수대 대학생 비율</td></tr>
<tr><td>정 책</td><td>· 유치기업 수
· 중소기업 육성자금 조성 및 지원성과</td><td>· 기업활동규제완화 건수</td></tr>
<tr><td>국제화</td><td>· 다국적 기업 수</td><td>· 국제회의 등 이벤트 유치 수</td></tr>
</table>

도시정부의 경영진단요소와 지표체계

구분	P5	P10	P30	P70	P90	P95
Z-score	-1.645	-1.282	-0.526	0.526	1.282	1.645

등급구간별 확률분포

Max(Z) 및 Min(Z)는 개별변수의 표준화값 최대 및 최소치임

조건	평점산출식
1.645≤Z≤Max(Z)	95+5× {(Z-1.645)/(Max(Z)-1.645)}
1.282≤Z<1.645	90+5× {(Z-1.282)/(1.645-1.282)}
0.526≤Z<1.282	70+20× {(Z-0.526)/(1.282-0.526)}
-0.526≤Z<0.526	30+40× {(Z+0.526)/(0.526+0.526)}
-1.282≤Z<-0.526	10+20× {(Z+1.282)/(-0.526+1.282)}
-1.645≤Z<-1.282	5+5× {(Z+1.645)/(-1.282+1.645)}
Min(Z)≤Z<-1.645	0+5× {(Z+Min(Z))/(-1.645+Min(Z))}

지표의 등급구간별 평점산출식

진단요소의 각 지표의 평점)+∑(외부경영진단요소의 각 지표의 평점)+∑(주민만족도진단요소의 각 지표의 평점)+∑(지역경쟁력요소의 각 지표의 평점)]로 결론 내릴 수 있을 것이다.

4. 도입

도시정부의 경영진단은 현실적 필요성이 매우 증대되고 있다. 이를 위한 평가시스템의 개발은 다양하게 제시되어 혼선을 초래할 우려가 높다. 물론 이는 기술한 바와 같이 경영활동과 관련한 다양한, 복잡한 변수와 그 관계를 체계적으로 모형화시킨다는 자체가 힘든 일이다. 보편타당한 진단모형을 계속적으로 개발하려는 노력이 요구되고 있다. 이 시도는 도시정부의 경영진단을 행정활동의 경영적 차원에서 그 값어치를 평가하는 것이라고 보고, 경영활동이라는 매개변수를 중심으로 원인변수와 결과변수와의 관련 속에서 모형개발을 시도하였다. 즉, 매개변수에는 내부경영지표, 외부경영 지표, 결과변수로는 주민만족도 지표와 지역경쟁력 지표로 나누어 각각의 지표를

개발하였다. 그러나 이 같은 경영진단모형도 다음과 같은 한계를 지니고 있다. 이는 향후 연구과제로 남게 될 것이다.

첫째는 변수의 선정에 있어서 모형에 포함되지 않은 변수들은 일정하다는 전제를 하는데 현실적으로 그러하지 않아 문제가 되고 있다. 변수 간에 상호 연계된 상태가 현실적인데 모형에 포함시킨 것과 포함되지 않을 것을 분리하여 과연 현실성과 일치하느냐 하는 데 문제가 있다.

둘째는 지표는 변수를 가장 잘 대표하고 계량화가 가능해야 하는데 그렇지 못한 경우가 있다. 특히 결과변수의 주민만족에 관한 지표들은 더욱 그러하다.

18 주식회사라 불리는 일본 고베시의 도시경영

왜, 고베시인가?

우리나라에서는 '도시경영이라면 일본 이즈모시(出雲市)의 이와쿠니 데슨도(岩國哲人) 시장'이라 할 만큼 이와쿠니 시장의 '행정은 최대의 서비스산업'이라고 일컬어지는 도시경영 수법이 널리 알려져 있다. 그만큼 이와쿠니 시장은 매우 독특하게 도시를 경영하여 왔다. 사실 일본의 지방자치단체 중에서 도시경영에 관해 가장 깊은 경험을 축적하고 이를 체계화한 도시는 바로 고베시(神戶市)이고, 이를 가능하게 한 사람은 1969년부터 1989년까지 20년간 고베시를 경영해 온 미야자키 다쯔오(宮崎辰雄) 시장이다. 미야자키 시장이 이끌던 고베시는 일본에서 '주식회사'로 불리워지고 있으며, 그의 경영감각은 일본의 최대 재벌그룹 중의 하나인 마쯔시다 그룹의 창업자인 마쯔시다 고노스케도 칭송할 만큼 높게 평가되고 있다. 고베시는 일본도시계획학회에

서 실시한 설문조사에서 일본인들이 살고싶어 하는 첫 번째 도시로 평가받고 있다.

'주식회사 고베시' 혹은 '고베식 도시경영'이라고 해서 기업이 이윤의 극대화를 목표로 하는 것과 같이 고베시가 재정상의 흑자만을 목적으로 하는 것은 아니다. '주식회사'라는 용어는 최소의 비용으로 시민복지를 극대화하기 위해 지방자치단체를 기업적 경영감각을 가지고 관리한다는 의미를 내포하고 있다.

왜, 주식회사인가?

1. 배경

고베시가 주식회사라고 불리어지는 것은 시정부와 시민들의 부단한 노력의 결과라 할 수 있다. 고베시는 적극적인 경영혁신과 각종 개발사업을 통해 수익성을 확보하고 이를 재투자하는 전략을 통하여 도시경영의 합리화를 이룩하였다. 민간부문 에너지의 적극적 활용과 효율적인 경영마인드의 발휘, 그리고 민간기업과 지방자치단체의 유기적인 협력관계가 고베시의 도시경영을 가능하게 한 근본적인 요인으로 지적될 수 있다.

고베시는 공공 개발주체와 일본에서는 외곽단체로 불리는 지방공기업을 주축으로 독특한 도시경영을 전개하여 왔다. 물론 이러한 도시경영은 고베시만이 아닌 일본의 지방자치단체 경영의 일반적 현상이다. 고베시만이 주식회사라 불리는 것은 기업적 도시경영의 센스와 재벌그룹의 복합경영과 같은 기업적 경영의 복합화를 고베시의 외곽단체 경영에 도입하고 있기 때문이다. 바다를 메워 인공섬을 개발한 포트아일랜드 프로젝트와 이의 완성을 기념으로 '포트피아 '81' 의 박람회 등을 고베시의 성공적인 도시경영 사례의 일부로 들 수 있다.

고베시의 도시경영의 본질은 제2차 세계대전 전으로 거슬러 올라간다. 지방공기업 경영에서 얻어진 수익금을 가지고 용지를 선행 취득하여 비축하는 부동산 투자 등에서 도시경영의 노하우를 살펴 볼 수 있다. 제2차 세계대전 후에는 모든 자치단체들이 재정악화에 직면하여 지출을 줄이는 감량경영만이 재정위기를 극복할 수 있다고 판단하고 있을 때, 고베시는 거꾸로 외채를 도입하는 등, 지방자치단체의 재정을 민간기업과 같이 탄력적·신축적으로 운용하는 적극적 재정운용을 시도하였다. 이러한 고베시의 재정운용방식은 중앙정부의 심한 규제와 반대에 부딪치기도 하였고, 혁신적 자치론자들은 고베시의 재정운용 방식을 행정제도와 복지를 무시한 처사라고 비난하기도 하였다. 이러한 규제와 비판 속에 미야자키 시장은 기업적 도시경영이야말로 지역경제를 활성화시키고 지방자치단체를 회생시키는 전략이라고 제시하였다. 감량경영을 통해 발생하는 인센티브와 지가상승으로 인한 개발이익을 개인이나 기업에게 돌려줄 수 없다는 입장에서 도시경영 전략과 수법을 수립 추진하였다.

고베시의 이와 같은 정책은 많은 어려움에 직면하였으나, 결국 혁신적인 도시경영을 통해 주식회사라는 애칭과 기업적 도시경영이 가능하게 되었으며 오늘날의 고베시를 가능하게 하였다. 물론 이러한 도시경영전략이 성공할 수 있었던 배경에는 지가앙등과 일본 엔화의 가치가 상승한 행운도 지적될 수 있다.

2. '주식회사 고베'의 실체

고베시를 주식회사라고 부를 때 일부의 고베시 시민들이나 공무원들은 다소의 저항감을 느끼기도 하나 대부분의 시민들과 공무원들은 이를 매우 자랑스럽게 생각하고 있다. 그것은 주식회사라는 용어가 비능률, 비효율, 비생산, 비활력적인 관료행정의 반어적인 용어로 쓰여지고 있다고 믿기 때문이다. 그러면 고베시의 실체는 어떠한가를 살펴 보기로 하자.

첫째, 고베시는 시정의 기본 목표를 수익성에만 두고 있는가? 주식회사라고 불리고 있지만, 고베시정 전체가 수익성을 행정의 제1의 목표로 하고 있는 것은 아니다. 물론 공공개발사업 이나 외곽단체의 경영은 수익성을 추구하지만 얻어진 수익은 고베시의 도시발전을 위한 사업에 재투자되고 있다. 그 밖의 일반 행정은 공공성을 최우선 이념으로 삼고 있으며, 궁극적인 목표는 수익의 극대화가 아닌 시민복지의 극대화이다.

둘째, 주식회사라고 하지만 주식회사 고베의 기본이념은 도시경제의 매카니즘에 개입하여 얻어진 이익을 사회적으로 환원하는 것이다. 한 예를 들면, 15년의 사업기간과 3천억 엔에 가까운 거액의 자금이 투입되어 완성된 포트아일랜드의 경우 이익은 불과 160억 엔에 불과하였다. 이러한 결과를 살펴볼 때 기업적 도시경영이라 하더라도 기본방향은 어디까지나 질서있는 도시경영, 개발이익의 사회환원, 중간서비스의 공급, 민간에너지 활용, 지역경제 활성화에 있다고 할 수 있다

셋째, 주식회사론에 기초를 둔 기업경영이라 하더라도 이것이 행정개혁이나 중앙과 지방간의 재원배분 등의 기능포기를 의미하지는 않는다. 고베시는 다른 자치단체와 마찬가지로 지방정부의 행정개혁을 위해 가능한 최대한 노력을 기울이고 있다. 또한 주식회사론에 기초를 둔 기업적 도시경영은 정치적 역량과 결의가 필수적이다. 도시경영은 행정관리의 개혁을 중심으로 하는 내부경영에 바탕을 두고 외부경영 즉, 지역경영을 중심으로 하는 정책경영을 동반하지 않는 한 기업적 도시경영이라고 할 수 없다. 고베시의 미야자키 시장은 외채발행, 초과과세, 고속도로 과세 등의 정책 결정에서 중앙정부와의 대립·갈등도 피하지 않았으며, 이러한 갈등을 중앙정부와의 끈질긴 협상을 통해 해결하여 왔다.

넷째, 고베시가 시정의 비즈니스를 목표로 하고 있지만 시장을 중심으로 한 관료 엘리트에 의한 일방적 행정이라는 비판도 많이 받고 있다. 서구와 같이 주민투표에 의한 주민소환과 같은 권리가 없기 때문에 고베시정에 시민이 적극적으로 참여한다고 말할 수는 없다. 그러나 어떤 의미에서는 관료제 극복은 시장 매카니즘, 기업적 경영감각을 자치단체행정에 도입하는 조직 문화적 충격에 의해 보다 효과적으로 달성될 수 있고 행정개혁도 가능하다고 할 수 있다.

경영전략

1. 공공개발사업의 적극적 활용

고베시의 기업적 도시경영의 가장 큰 특색으로 공공개발사업의 적극적 활용을 들 수 있다. 그러면 공공개발사업이 모두 성공적으로 이루어진 비결은 어디에 있는가?

경영비결은 첫째는 토지의 선행취득에 있다. 고베시는 제2차 세계대전 패전 직전인 1944년 8월에 고베시 특별부동산 자금규칙을 제정하고 1천만 엔의 기금을 조성하여 1945년에 500만 엔으로 도시배후의 산구릉지 300만 평을 구입하였다. 이렇게 구입한 토지를 활용하여 오늘날 토지의 부가가치를 극대화시키고 있다. 이미 확보한 국공유지를 재정수입 확보라는 이유로 처분하는 우리나라 도시들과 비교할 때 미래에 대한 기본적 시각의 차이가 너무나 크다는 것을 알 수 있다. 1940년대부터 토지비축제도(Land Banking)를 시행하였다는 점도 높게 평가할 수 있다.

기업경영의 시각에서 볼 때 인플레이션에 대비한 스톡으로서 부동산 취득은 당연한 의사결정이다. 이러한 토지의 선행취득이 지방자치단체에 의해 이루어졌으며, 이를 위해 기금회계를 설치 운영하였다는 점에서 고베시의 도시경영은 높게 평가받는다. 내부 유보적 기금으로 서북부개발, 항만개발기금 등 많은 기금회계를 운영하면서 그 이익을 단기적 목적에 쓰지 않고 장래에 대비하는 것이 역시 고베시의 기업회계적 발상이라고 할 수 있다.

둘째는 장기저리의 자금 확보이다. 지방자치단체의 기채는 중앙정부 측, 자치성의 인가사항으로 되어 있다. 인플레이션 기간은 물론 그렇지 않을 때에는 대형프로젝트의 전개, 수익사업의 추진에서 자금확보는 불가결한 전제조건이다. 따라서 공공사업 시행에는 정규의 지방채 이외의 자금조달이 경영수지의 경계선(Break Even Point)을 결정하는 주요인이 된다. 이러한 방법으로는 제3섹터에 의한 민간자본의 참가, 외곽단체의 시중은행 차입채 그리고 외채의 발행 등을 들 수 있다.

포트아일랜드, 록코아일랜드의 건설에서 합계 15회, 독일 마르크, 스위스 프랑채 등을 1,500억 엔 정도 발행하였으나, 금리 차이가 7~8리 정도라고 하여도 100억 엔 가까운 이자부담이 줄어들었고, 최근의 엔화 강세로 인해 환차익도 발생하고 있다.

오늘날 지방자치단체가 기채발행을 할 때 금리 선호성은 현저하게 높아지고 있으나, 고베시는 일찍부터 자금조달에 있어서 질과 양 모두 관심을 두었다. 커뮤니티 펀드나 일반시장 공모채의 시민매입 등과 같은 독특한 사례를 볼 수 있다는 것도 이같은 자금에 대한 관심이 있었기 때문이다. 고베시의 이와 같은 자금에 대한 관심을 가장 잘 나타낸 것은 하수도사업을 위한 기채주의이다. 사업규모가 작은 사업보다도 규모가 매우 큰 사업에 기채를 발생하여 선행투자를 한 후 인플레이션에 편승하여 쉽게 기채를 상환하는 방법을 택하였다. 대규모 프로젝트의 수행에 있어 중앙정부의 보조금 타령만 하는 관료적 감각을 탈피하고, 실질적인 건설비를 산정하여 자금원을 선택해 가는 사업전략도 기업적 감각이라 할 수 있다.

셋째로 공공투자의 집약투자이다. 공공개발 사업은 민간개발자와 달리 자신의 개발용지에 재원을 우선적, 집약적으로 투자할 수 있다. 이 경우 관료적 감각은 어떻게 해서든지 개별원가방식에 집착하나 공공개발사업에서는 전체적으로 토지의 부가가치가 오르고 이를 통해 건설부담이 보상이 되면 족하다는 사고가 필요하다. 이것은 개별수지에 집착하지 않고, 관련 사업의 종합수지로 균형을 취한다는 관점이다. 이것도 기업경영적 발상과 유사점이 많다.

넷째로 선행투자형이다. 토지에 있어서 선행투자는 이미 살펴보았으나, 록코산 전면의 유료도로는 1956년 일본에서 두 번째로 개설된 유료도로이다. 고베상공무역센터 빌딩도 초고층빌딩으로는 전국에서 두 번째인 대담한 건설이었으나, 오일쇼크 이전이었기 때문에 40억 엔으로 건설할 수 있었다.

2. 외곽단체의 경영

고베시 도시경영의 두 번째 특성은 외곽단체의 경영에 있다. 우리나라의 지방공기업과 마찬가지로 일본의 지방공기업의 대부분이 적자투성인데, 고베시의 외곽단체의 대부분이 흑자경영을 하고 있은 이유가 어디에 있는지 살펴 보기로 한다.

첫 번째 타입은 흑자·적자부문을 합병하여 수지균형의 원칙 하에서 경영안정화를 도모하고 있다. 즉, 인위적인 흑자경영이다. 예를 들어, 공원협회는 적자인 유료공원을 관리하고 있으나, 주차장 경영으로 이를 보충하고 있다. 외곽단체의 경영은 자신의 경영노력에 의한 것보다도 외부요인에 의해 좌우되는 비중이 크기 때문에 적자단체는 경영마인드를 상실하지 않고 수익기업은 방만 지출을 하지 않도록 시장이 조정하고 있다.

실례로 산노미야(三宮) 지하상가라는 고수익 사업체가 고베지하상가의 건설·운영을 분담하여 수익을 조정한다든지, 적자의 관광케이블카를 인수한 도시정비공사에게 골프장 임대계약을 분담시켜 적자보전을 행한다든지 하는 사례가 상당히 많다. 이러한 배려는 기업감각이라기보다는 기업적 경영마인드를 상실하지 않도록 경영조건을 설정한다고 하는 탑 매니지먼트의 기업전략인 것이다. 외곽단체의 경영은 개개의 기업경영 마인드보다도 전체적인 경영전략이 큰 비중을 차지하고 있다고 한다.

둘째는 외곽단체 등의 계열화에 의해 형성된 복합기업으로서의 종합력을 발휘하는 복합기업 경영원칙이라고 할 수 있다. 고베시의 무역센터빌딩은 당초 입주율이 겨우 46%로 건설비의 상환과 거액의 이자부담 때문에 고전하였다. 그러나 1972~73년에 걸쳐 입주율이 급속하게 상승하였다. 그 이유는 고베지하상가가 경영하는 교통센타빌딩으로부터 주택공급사, 도시정비공사 등 시의 외곽단체가 입주하여 왔기 때문이다. 1974년에는 입주율 91.1%로 되었다. 부득이 이전을 한 공사는 분명히 고통스러울 것이나, 전체 외곽단체의 경영을 위하여 어쩔 수 없이 협력하였을 것이다. 민간에서는 계열기업 상호 간에 자주 행해지는 경우이다. 이것도 앞에서 살펴본 경영전략 중의 하나이다. 많은 자치단체 외곽단체가 수직적 분할로 인해 종합 경영적 장점이나 재정적 종합력을 충분히 발휘할 수 없다는 사실과 비교할 때 고베시에서는 시장의 리더십이 외곽단체 경영에 충분히 침투하고 있다는 하나의 증거가 될 수 있는 사례이다.

셋째로 다목적 사업의 원칙에 근거한 사업경영의 안정이다. 지방자치단체의 외곽단체 중에는 소위 행정 보완단체로서 명목적인 사업을 대행하고 있으나, 독립법인으로 되어 경영상 적자로 타격을 받고 있는 단체도 적지 않다. 고베시도 예외는 아니다. 하지만 행정 보완단체에 대하여 가능한 한 사업부문을 분담시켜 관리비의 경감, 사업수입의 확보 그리고 수익화의 경영능력 향상을 통해 행정 하청단체라기보다는 경영단체로서의 의욕과 독립심을 가지도록 하고 있다. 예를 들면, 국제관광협회가 두 개의 국민숙사를 경영하고 고베항 진흥협회가 포트 타워와 항만박물관을 운영하고 사회복지협의회가 복지시설을 관리하는 등 본래의 단체 사업에 비하여 위탁·부대사업이 5~10배나 되는 경우도 있다. 이것들도 적자경영을 불명예스럽고 더욱이 공공자금의 낭비가 될지 모른다는 의식을 가지게 하여 가능한 한 흑자경영의 기반과 조건을 굳혀가기 위한 하나의 전략이다. 이점은 적자단체의 경영을 어떻게 하여 궤도에 올려놓는가 하는 것이 항상 시장의 최대의 관심사이며, 민간의 관련 기업·자회사의 경영 문제를 모회사인 본사가 고민하고 있는 것과 마찬가지이다.

넷째가 민주적 통제의 원칙이다. 외곽단체는 독립법인이다. 민간기업과 달리 시장메커니즘에 노출되는 것은 없다. 적어도 경영보상은 지방자치단체가 최종적으로 커버해 준다. 자치단체의 일반회계사업과 다르기 때문에 형식상으로는 시의회, 시장 등의 감시가 없어서 부정을 비롯한 방만한 운영이 나타나는 경우가 적지 않다. 이 때문에 고베시에서는 시의회에 외곽단체 특별위원회를 설치하여 일반적 통제를 함과 동시에 시장이나 부시장이 직접 최고경영 책임자로 취임하여 외곽단체의 경영을 총괄하고 있다. 외곽단체에는 퇴직 공무원이 아닌 유능한 현역 공무원을 파견시켜 그곳에서의 경영실적에 따라 승진시키고, 또 민간기업 직원들과 교류 등 적극적이고 과감한 인사제도를 운용하고 있다. 이러한 방식은 시장이 종합조정권을 발휘할 수 있게 할 수 있을 뿐 아니라 수직분할의 폐해를 저지하고 파견 직원은 경영센스를 배울 수 있다는 큰 장점을 가지고 있다.

3. 경영시스템의 구축

도시경영의 특색을 살펴 볼 때 고베시는 기업적 감각을 살리고 있으나, 민간과 달리 오히려 거시적 베이스에 있어서 기업수지, 가격의식을 배려해 나가면서 도시경영을 행하고 있다고 할 수 있다. 이것은 내부경영관리에 있어서 다른 자치단체와 별로 다르지 않는 급여체계나 노무관리를 행하고 있다는 의미이다. 생활보호, 주민등록 등에 관한 서비스제공도 무난한 수준에 있다. 그러나 공공 투자·서비스의 제공시스템을 살펴 보면 사무 관리적 측면보다는 경영관리 시스템의 탁월함을 엿볼 수 있다. 그 사례로서 다음과 같은 점을 들 수 있다.

첫 번째 사례로 들 수 있는 것은 포트아일랜드의 건설에서 나타난 경영적 효율성의 발상이며, 이것은 계획, 건설, 이용, 관리시스템 등 모든 경영시스템에 걸쳐서 나타난다.

우선 첫째 계획단계에서 부두방식을 경단형으로 변형함으로서 내부에 도시재개발 용지 80만 평을 확보하는데 성공하였다. 이것은 계획단계에서의 경영적 발상이다.

둘째는 설계상의 경영적 발상이다. 그 예로 포트아일랜드 남측의 해안벽을 방파제를 겸하도록 조성한 것, 또 콘테이너 부두 해안벽과 재개발용지를 합병·시행한 것 등을 들 수 있다. 이로써 고베시는 매립에 필요한 외측 해안벽을 조성할 필요가 없게 되어 비용을 절감할 수 있었으며, 부두공단으로서는 매립에 드는 수고를 덜 수 있어 쌍방에 이점을 가져다 주었다.

셋째로 설계상의 경영적 발상의 한 예를 들 수 있다. 포트아일랜드에 주택을 입지시킴으로써 신 교통시스템을 구축하는 효과를 발생시켰으며 이러한 신 교통시스템은 반대 교통을 발생시켜 낭비 없는 경영환경을 만들어 연간 수억엔의 운임이 증가되는 결과를 가져왔다.

넷째는 '산, 바다에 가다'라는 말로 유명한 토사운반 방식이다. 토사운반에 있어 필요한 비용은 공사비에 전부 산입되나 적지가 주택으로 분양되어 그 결과 토사운반 가격은 직접 경비에 한정되기 때문에 비용이 절감되었다.

다섯째는 외곽단체의 활용이다. 건설은 직영, 외곽단체 방식 모두 마찬가지이나 관리는 외곽단체 쪽이 우위를 가지고 있다. 그 때문에 포트아일랜드에서도 많은 시설운영에 외곽단체가 관여를 하고 있다. 신 교통주식회사, 국제교통협회, 개발 관리사업단 등이 그것이다.

여섯째는 복합기업체로서 상승효과의 발휘이다. 포트아일랜드에 신 교통시스템, 병원, 스포츠시설, 주택단지 등이 일시에 집약적으로 건설됨으로써 수익상으로도 플러스의 상승효과를 보았다. 예를 들면, 스포츠시설, 국제교류회관, 병원 등의 입지로 인해 신 교통시스템의 주간이용객이 증가였으며 이는 곧 수입의 증대로 이어졌다. 이러한 시설을 공공개발사업의 종합수지면에서 고베시가 강력히 추진한 것은 세수를 포함한 종합적 수지계산 위에서 사업을 전개할 수 있었기 때문이다. 이것이 공공개발사업의 강점이기도 하다.

두 번째 사례는 시장 메커니즘의 철저한 이용이다. 이러한 방식은 포트피아 '81, 유니버시아드 대회 등에서 나타난다. 포트피아 '81에서는 파빌리온은 물론 벤치, 재떨이, 텐트 등과 같은 관련시설도 참가기업의 부담으로 정비되었다.

세 번째는 건설보다 경영, 생산보다 판매라는 서비스 산업화에의 대응사례이다. 일본의 지방자치단체들은 많은 공공시설을 건설하였으나, 경영수지 때문에 고전하였다. 고베시도 예외는 아니었으나 경영을 대담하게 외곽단체에 위탁하고 경영비용의 절감을 꾀하였다. 건강교육공사, 문화진흥협회, 복지진흥협회 등이 여기에 속한다. 비용측면 이외에도 지금까지의 시설 수용적 관리행정과는 달리 시설 서비스적 제공행정에서는 유연한 조직, 노무체제를 가진 외곽단체 방식 쪽이 우수하기 때문이라고 그 이유를 설명할 수 있다. 더구나 고베와인의 경우를 보아도 생산보다도 판매에 포인트를 둔 전략은 역시 일반 관료적 발상과는 거리가 있는 것이다.

네 번째 사례는 사업추진 과정에서 연합시스템을 형성하여 정부, 민간기업의 에너지를 도입한 점을 들 수 있다. 주택·공업단지 조성에는 용지취득, 관련 공공사업, 완성후의 시설건설을 위해 막대한 투자자본이 필요하게 된다. 기채로 그 투자 자본을 보충한다 하여도 한 자치단체의 재정력으로는

한계가 있고 더욱이 위험부담이 너무 크다. 그래서 국고보조를 위시한 국가의 직할사업, 공단, 민간 개발자 등 모든 관계기관의 협력·도입을 도모하는 것이 바람직하다. 포트아일랜드의 경우에는 국가(제3항만건설국)와 한신(阪神) 외화부두공단, 그리고 고베시와의 연합처리 방식을 채택하였다. 공사규모가 거대한 점을 생각할 때 고베시 단독의 재정력으로는 불가능했을 것으로 판단된다. 포트피아 '81과 유니버시아드 대회는 비록 정부의 보조를 받지 못했으나 효고켄(兵庫縣), 지역경제계, 매스콤 등의 지원을 잘 이용하여 무드를 잘 조성하였기 때문에 성공적으로 치룰 수 있었다. 이와 같이 고베시는 하나의 이벤트를 성공시키기 위하여 PR, 타이밍, 운동 등 멋진 연출과 협력요청의 무드조성에 뛰어난 수완을 발휘하였다.

고베시의 도시경영, 창조적 파괴이다.

고베시의 공공개발사업, 외곽단체의 경영, 경영시스템의 구축 등에서 보인 기업적 도시경영전략을 분석 정리해 보면 다음과 같다.

첫째로 비용의식이다. 지방행정체제는 제도적으로 비용의식이 작용하기 어려운 구조로 되어 있다. 지방재원은 지방세, 보조금, 교부세 등으로 큰 비용을 들이지 않아도 확보된다. 사회적 공평이라든가 시민복지의 확충이란 면에서는 가능한 낮은 비용으로 서비스를 제공하는 것을 최선으로 생각할 수 있다. 따라서 이와 같은 제도 하에서는 비용의식이 배양되지 않는다. 그 때문에 총계주의 하에서는 개별시설이나 서비스에 대한 각각의 비용은 무시되기 쉽다. 의무교육·주민등록과 같은 순수한 서비스는 물론이거니와 레저시설, 택지개발 등에서도 비용이 불명확한 경우가 적지 않다. 외곽단체화, 특별회계화는 이와 같은 각각의 서비스에 대한 사업별 회계화의 한 변형으로서 각각의 사업·서비스에 어울리는 공급형태를 형성하고 있다. 예를 들면, 항만사업을 개발사업과 별도의 회계로 하고 특별회계가 아닌 기업회계방식을 적용하고 있다. 이것은 항만을 공공재라기보다 시장재로 보고 엄격한 독립 채산제를 채택하고 있다는 증거의 하나이다. 지금까지는 비용주의, 수익주의라던가 수익자부담으로 오해되어 왔다. 그러나 원래는 주어진 서비스관리를 최소의 경비로 행한다는 내용으로 공급측의 낭비를 없애는 최선의 수단이다. 비용주의가 지금까지 거부반응을 나타낸 것은 역설적으로 관료주의의 자기방어 구실에 지나지 않는다. 비용주의를 관념적으로만이 아니라 실제 행정에서 발휘하기 위해서는 역시 기업적 사업을 체험하는 것이 더욱 확실한 연수라고 할 수 있다.

둘째로 경영방침의 확립이다. 어느 자치단체에서나 모두 총괄적 정책

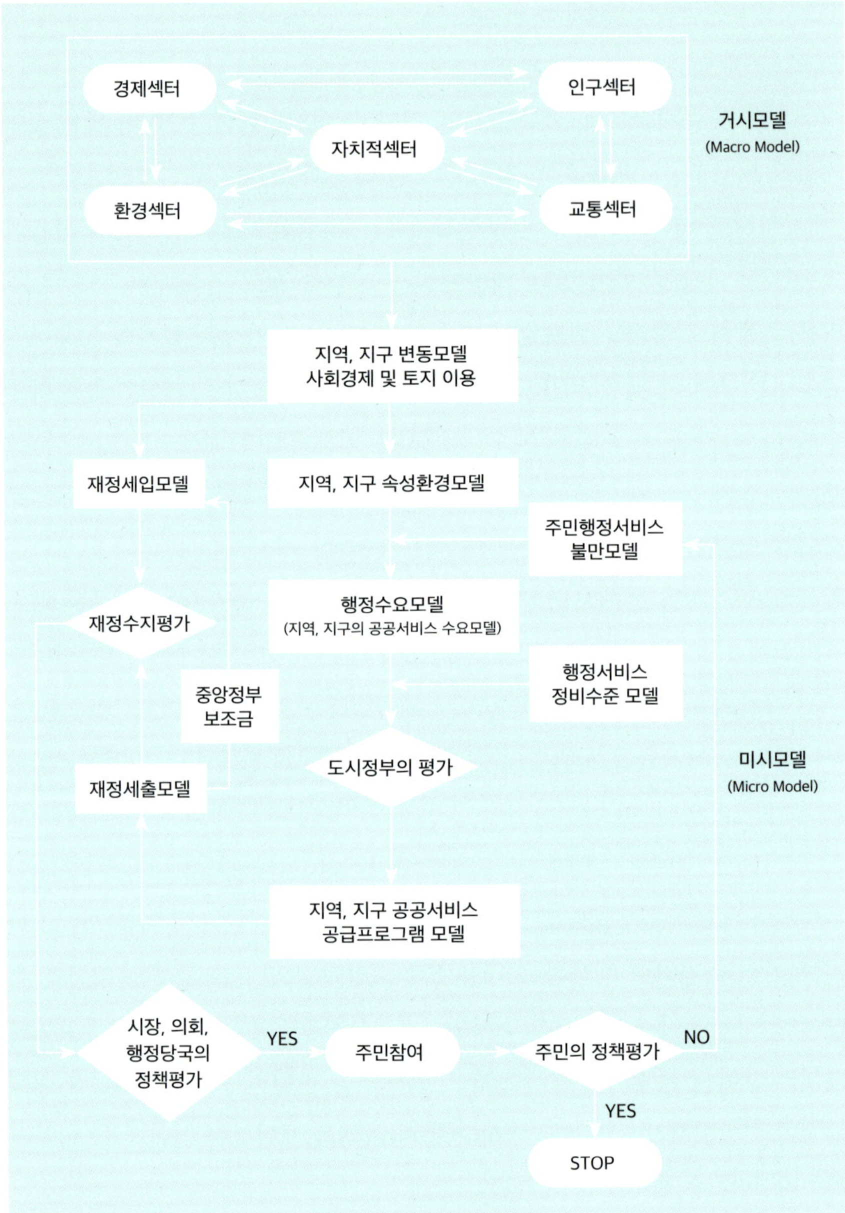

도시경영 시스템 전체 플로우

은 존재한다. 그러나 복지우선, 지역진흥 등 개개의 사업·서비스를 어떻게 실시하는가에 대한 운영방침은 매우 드물다. 지배적인 가이드라인은 진부화된 관료적 방식이다. 예를 들어 학교교육 운동시설과 레저용의 스포츠 시설과는 자연히 그 비용부담, 공급형태 책임범위도 달라야 할 것이나 동일한 경우가 적지 않다. 고베시의 도시경영에서 눈에 띄는 것은 직접 시장으로부터 지시가 있는 경우 뿐만이 아니고, 각각의 분야에서 자각하여 운영원칙의 최적화를 꾀하고 있다는 점이다. 예를 들면 시가 경영하는 시설이라도 레저시설은 독립채산제를 요구한다. 따라서 수족관, 동물원 등과 달리 바다낚시공원, 농업공원 등은 당초부터 비싸다고 생각되는 요금을 설정하고 사업수익 확보를 위하여 자동판매기 등도 설치하고 있다. 이와 같은 엄격함은 포트피아 '81이나 유니버시아드대회 등에 적용되어 시세수입은 전혀 지출하지 않고 사업수익과 기부금을 조성하여 행사를 운영하는 것을 원칙으로 하였다.

셋째로 시대의 변화를 선취하는 감각이다. 콘테이너 부두, 시가지 개조, 노인맨션 등 새로운 선구적 사업은 수없이 많다. 그 가운데서도 컨벤션 도시로의 전환은 뛰어난 것으로 평가할 수 있다. 컨벤션 센터가 가지는 경제효과에 한걸음 빨리 착안하여 호텔, 회의장, 전시장이라는 컨벤션 3점세트를 포트아일랜드에 집약시켜 그 거점으로 하였다.

고베와인 판매도 대단히 인기가 높다. 국유지를 불하받아 농업공원으로 이름을 내걸고 관광 세트화 하여 와인성(城)을 만들었다. 고베와인, 고베비프(Beef), 고베생수까지 제품화하여 3점세트로 그 이미지를 높인 고베시의 상혼은 혀를 내두를 정도이다. 더구나 원래 50만 평에 이르는 국유지를 농업진흥을 위하여 어떻게 활용할 것인가하는 발상이 화려하게 변신하여 포도재배와 이에 따른 와인판매 루트 확보로까지 연결되었다. 지방행정에는 본래 경쟁이 없다고 말한 앞으로의 도시는 다채로운 행정 분야에 있어서 도시 간의 경쟁이 치열할 것으로 생각된다. 고베시는 경영능력을 가지고 새로운 행정시스템을 열어 갈 것이다.

넷째로 조직의 활성화이다. 기업조직의 특색은 수익이 높은 분야를 지향한다. 조직을 항상 창조적 파괴의 과정을 겪게 한다는 점이다. 이와 같이 기업과 닮은 조직을 가지려면 어떻게 하면 좋은가? 자치단체로서는 어려운 문제이다. 그 해답은 선구적 사업을 보다 많이 직접 추진함으로써 위임행정이나 보조행정에 구속되지 않고 수익적 사업에 도전하는 것이다.

바다낚시공원, 고베와인, 고령자 맨션, 고베 백화점, 신 교통시스템, 컨벤션 센터 등 일일이 다 열거할 수가 없다. 이러한 것은 특히 시재정을 투입하여 시행한 것이 아니다. 각각의 수익베이스를 기초로 독립채산제로 경영할 수 있다고 예측한 사업이다. 현재도 그렇게 운영되고 있다. 이러한 사업은 시장 메커니즘 가운데서 전개되어야 하는 만큼 관료적인 경직된 사고로는 실패하고 말 것이다. 그래서 창조적 파괴에 적합한 행동·선택이 행해진다. 이와 같은 사업운영 가운데서 얻어진 지혜와 체험은 조직의 활성화를 위해 몹시 소중한 자극제로 작용되고 있다.